高等职业教育“十二五”规划教材

大学体育与健康

主　编　王小安

副主编　冯　皓　曹建华
　　　　龙　玥　唐　伟

同濟大學出版社
TONGJI UNIVERSITY PRESS

内容提要

本书从高校实际出发，按体育课程和教学要求，着眼于增强学生体质，培养学生树立“健康第一”的观念，旨在使学生养成参加体育活动的良好习惯，学会欣赏体育运动项目，以促进学生身心健康的全面发展。

本书适合普通高等院校在校大学生学习使用。

图书在版编目(CIP)数据

大学体育与健康/王小安主编. -- 上海：同济大学出版社，2015.8

ISBN 978-7-5608-5909-5

Ⅰ.①大… Ⅱ.①王… Ⅲ.①体育—高等学校—教材②健康教育—高等学校—教材 Ⅳ.①G807.4

中国版本图书馆 CIP 数据核字(2015)第 173273 号

高等职业教育“十二五”规划教材

大学体育与健康

主编 王小安

责任编辑 陈佳蔚 **责任校对** 徐春莲 **封面设计** 陈益平

出版发行 同济大学出版社 www.tongjipress.com.cn

(地址：上海市四平路 1239 号 邮编：200092 电话：021-65985622)

经 销 全国各地新华书店

印 刷 常熟市大宏印刷有限公司

开 本 787mm×1092mm 1/16

印 张 12.75

印 数 1—3 100

字 数 318 000

版 次 2015 年 7 月第 1 版 2015 年 7 月第 1 次印刷

书 号 ISBN 978-7-5608-5909-5

定 价 29.00 元

编委会

主　编　王小安

副主编　冯　皓　曹建华

　　　　　龙　玥　唐　伟

编　委　刘　艳　徐媛媛

　　　　　徐　艺　左　威

前　言

与我国教育改革的不断深化相适应，高等学校体育教学改革也朝着科学化、制度化、规范化的方向发展。《国家中长期教育改革和发展规划纲要（2010—2020年）》明确指出：应加强体育，牢固树立健康第一的思想，确保学生体育课程和课余活动时间，提高体育教学质量。促进德育、智育、体育、美育有机融合，使学生成为德智体美全面发展的社会主义建设者和接班人。《全国普通高等学校体育课程教学指导纲要》也认为，高校体育课程是实施素质教育和培养全面发展人才的重要途径。体育课程是高校体育工作的中心环节，高校体育教育可以带动早锻炼、课外体育、校园竞赛、校园文化等活动的开展，体育课程在提高学生身体素质，增进学生心理健康，增强学生社会适应能力等方面的积极作用也在逐渐增进人们对体育教育价值的理解与认可。

为了全面推进素质教育，贯彻落实第三次全国教育工作会议，体现“学校教育健康第一”的指导思想，落实《全国普通高校体育课程教学指导纲要》，必须逐步做到从高校实际出发，尤其是从体育课程和体育教材着手，着力于增强学生体质，促进学生身心健康，着眼于学生的全面发展。为此，我们组织教学一线的骨干教师编写了《大学体育与健康》一书，以适应社会的发展和高等教育改革的需要。本书有以下几个特点：

一、健康性。以“健康第一”和“终身体育”为指导，淡化课堂教学和课外锻炼的界限，使体育融入学生的生活方式中，健身与文化相结合，促进大学生身心全面发展，全面培育大学生的终身体育意识。

二、实用性与创新性。突出学生的主体作用，以学生的视角，从学生的需要、兴趣出发理解体育课程内容和运动技能学习途径，内容力求丰富多彩，考虑实际效果，主动适应学生个性发展和社会发展需要，尽量避免一般的理论描述和空洞的说教，使学生在阅读和实践的过程中掌握基本的体育知识和方法。

三、可接受性。体现以人为本原则，考虑到大学生的文化层次、认知特点和情感行为特征，力求简洁实用、重点突出。这样既保证了个体差异明显的大学生都能从书中找到适合自己的运动内容、学习方法和手段，也更加符合大学生的身心特点。

本书重点介绍了高校体育的一般知识，体育锻炼的原则、方法、内容以及锻炼计划的制定，运动损伤的类型与防护等；体育运动的门类，包括田径运动、球类运动、游泳以及健美操、体育舞蹈和跆拳道等内容。

本书的编写尽量追求适时、实用、严谨、准确，但是限于作者水平，书中不足之处在所难免，敬请专家同行和读者朋友批评指正！

编　者

2015年7月

目　录

第一章 高等学校体育概述

第一节 高等学校体育的目标

一、高等学校体育的地位

体育在学校教育中的地位是在教育发展的长河中确立的。高校体育教育是以学生为主体,以教师为主导,以训练为主线,按照体育大纲进行有目的、有意识、有计划、有组织的教育活动。体育的目的在于增强学生体质,促进学生身心健康发展,让学生在学习技能的同时,掌握学习技能的方法,并使学生养成终身体育锻炼的良好习惯,而后者更为重要。

2007 年 4 月 23 日,中共中央政治局召开会议研究加强青少年体育工作和网络文化建设工作。会议强调:学校要把增强学生体质作为一项重要指标,全面实施《国家学生体质健康标准》,切实抓好青少年学生体育工作的落实。

高等学校体育担负着培养身心健康的高级人才、发展我国体育事业、丰富课余文化生活、建设社会主义精神文明的重任。它不仅是国民体育的组成部分,也是社会体育、竞技体育和终身体育的基础,更是发展我国体育事业的战略重点。因此,高等学校体育教育是我国高等教育的重要组成部分,也是我国社会主义建设中的一项重要事业。

(一) 高等学校体育是培养身心健康全面发展人才的需要

《中共中央关于教育体制改革的决定》中指出:“高等学校担负着培养高级专门人才和发展科学技术文化的重大任务。”高等学校应面向现代化,面向世界,面向未来,认真贯彻德、智、体全面发展的方针,使学生身心健康发展,把高校体育与培养合格人才的目标紧紧联系在一起,采取有力措施,全面完成高校体育的各项任务。

(二) 高等学校体育是发展高校体育事业的需要

首先,学校教育是国民体育的基础,发展高校体育是学校教育的需要,也是我国体育事业发展的需要。新中国成立后,在党和政府的高度重视下,我国高校体育发生了深刻变化,并取得了长足的发展。我国大学生的体质和健康水平与世界一些发达国家相比尚存在一些差距,如我国大学生各年龄组的身高、体重、胸围、肺活量等各项指标均低于日本。又如我国大学生除男生立定跳远(爆发力)的水平略高外,其他所有的指标均低于日本和加拿大。针对我国青少年体质的调研发现,近年来我国大学生肺活量呈下降趋势。此外,我国大学生中的常见病,如视力不良,神经衰弱症、心血管疾病等也占有相当的比例,有的已严重影响大学生身心健康。因此,在加强中小学体育与健康、打好基础的同时,必须十分重视高校体育与健康，努力改善高校体育条件，进一步搞好高校体育工作，促使高校体育的各项任务全面完成，这是我国高校一项十分紧迫的任务。

其次，高等学校体育是培养我国体育后备人才、提高竞技水平的重要源泉。尤其是当代竞技体育的发展，要求进行科学化训练，以科学的训练方法提高运动员竞技能力。大学生在体能与智能上具有较强实用性和优势，有条件也有能力为我国竞技体育的发展做出贡献。

《学校体育工作条例》规定："学校应当在体育课和课外活动的基础上，开展各种形式的课余体育训练，提高学生的运动技术水平。普通高等学校经教育部批准，可以开展培养优秀体育后备人才的训练。"

再次，大学生形成良好的体育习惯，掌握体育的知识与技能，提高运动能力，不仅是大学生自身完善和推动高校群众性体育活动的需要，也是大学生毕业走向社会后坚持终身体育训练、成为社会体育骨干的需要，有利于推动我国体育事业的发展。

（三）高等学校体育丰富大学生课余文化生活，推动校园文化建设

体育活动能够使大学校园充满活力和生机，在紧张的学习氛围中，调节大学生身心全面发展的需求，以其丰富多彩的运动内容和形式多样的组织来吸引广大学生参与，因此，高校体育不仅丰富了大学生课余文化生活，还促进了校园精神文明建设。

体育在高等教育中具有至关重要的地位，高等学校体育关系到大学生身心健康的发展，关系到大学生的智能和整体素质的提高，关系到我国全民健身计划的实施和终身体育习惯的培养，更关系到我国社会主义物质文明和精神文明建设，因而高等学校体育是不容忽视的一项重要工作。

二、高等学校体育的目的任务

根据我国社会主义事业对当代大学生身心发展的要求，我国高等学校体育的培养目的在于使学生了解和掌握体育与健康的基本知识；培养学生终生体育意识和体育能力；养成体育锻炼的良好习惯，增进身心健康；形成科学的体育生活方式和体育素养，使之成为国家和社会所需要的专门人才。

为达到高等学校体育教育的目的，应完成以下基本任务。

（1）掌握体育基本理论知识，学会掌握正确的运动技能和科学锻炼身体的方法，养成自觉锻炼的习惯，为终生体育意识奠定基础。

（2）进一步促进学生身体的正常发育和机能的发展，全面提高身体素质。

（3）在体育教学中培养学生良好的思想品质和道德修养。

（4）成立高水平运动队，发掘大学生的体育才能，提高运动技术水平，适应大学生各项比赛和交往的需要。

第二节　实现高等学校体育目的的基本要求

我国高等学校体育教育在培养德、智、体、美等全面发展的社会主义现代化事业的建设者和接班人的工作中已做出了巨大的贡献。中共中央国务院《关于深化教育改革全面推进

素质教育的决定》中明确指出："健康体魄是青少年为祖国和人民服务的基本前提，是中华民族旺盛生命力的体现。学校教育要树立健康第一的指导思想，切实加强体育工作，使学生掌握基本的运动技能，养成坚持锻炼身体的良好习惯。确保学生体育课程和课外体育活动的时间，不准挤占体育活动时间和场所。举办多种多样的群体性体育活动，培养学生的竞争意识、合作精神和坚强毅力。地方各级人民政府要统筹规划，为学校开展体育活动提供必要条件。培养学生的良好卫生习惯，了解科学的营养知识。"这标志着我国体育事业已进入了新的时期。为了促使高校体育教育事业的规范化和制度化，全面完成高校体育教育的各项任务，实现高校体育教育的目的，结合高校实际，不断深化体育教育改革，努力做到以下几点基本要求。

一、全面贯彻党的教育方针，摆正高校体育的位置

体育是党的教育方针重要组成部分，必须给予足够的重视，摆正它应有的位置。必须转变观念，进一步端正办学思想，加强领导，保证全面贯彻党的教育方针，切实开展和做好高校体育与健康工作，促进大学生德、智、体、美等全面发展。

二、面向全体大学生，全面开展高校体育工作

为了实现高校体育的目的，高校要面向全体大学生，动员和组织大学生自觉参加体育课及各种体育活动，并建立相应的规章制度，保证其活动的开展。由于高校体育教育的复杂性，必须课内与课外相结合，普及与提高相结合，训练与竞赛相结合，开展多种多样的"阳光"体育活动，以保证大学生每天至少锻炼一小时。

三、加强科研建设，不断改革高校体育

高等学校必须坚持教学改革，在改革中发展和提高教学质量。要重视体育科学研究，充分利用高校自身的优势和条件，有目的、有计划、有组织地开展体育科学研究，不断探索我国高校体育与健康教育的规律，按照我国社会主义特色发展高校体育工作，培养更多的专门人才服务。

四、加强教师队伍，不断提高教师素质

建设高质量的教师队伍，是全面推进素质教育的基本保证。教师要热爱党，热爱社会主义祖国，忠诚于党和人民的教育事业；要树立正确的教育观、质量观和人才观，增强实施素质教育的自觉性；要不断提高思想政治素质和业务素质，教书育人，为人师表，敬业爱生；要有宽广厚实的业务知识和终身学习的自觉性，掌握必要的现代教育技术手段；要遵循教育规律，积极参与教学科研，在工作中勇于探索创新；要与学生平等相处，尊重学生人格，因材施教，保护学生的合法权益。

五、加强领导，实施科学管理

高校体育是高校教育重要组部分，必须健全领导机构，形成自下而上的管理系统。在校内，必须由主管体育工作的校长负责，体育部门积极参与，统一认识，才能做好高校体育工作。在具体管理工作中，要针对高校体育工作加强计划，从实际出发，建立高校体育的规章制度和评价体系，包括对大学生"阳光"体育运动、大学生体质健康标准测试、体育课堂评价

和体育教师年度考核等规定。

第三节　高等学校体育的组织形式

一、体育课教学

高等学校体育课是体育教育的基本组织形式，它是教师按照教学大纲和教学任务执行有目的、有计划、有组织的教学过程。其指导思想是：从增强学生体质出发，将体育知识与科学锻炼身体有效地结合起来，树立终身体育意识，培养终身锻炼身体的能力。

体育课分理论课和实践课。理论课主要是向学生系统地传授体育基础知识和科学锻炼身体的方法，激发学生对体育的兴趣。而实践课则是实现体育教学的目的和任务，掌握基本运动技术和练习方法，增强学生体质。体育实践课一般分为准备部分、基本部分和结束部分。每部分的内容和组织安排等，因课程的目标、教学内容、学生情况以及条件（场地、器材、季节气候等）的差异而有所不同。

（一）准备部分

准备部分是迅速将学生集合起来，检查课堂常规，集中学生注意力，让学生明确课的内容和要求，做好针对性的准备活动（徒手操或体育游戏），使身体各个器官系统进入工作状态，时间控制在 8～15 分钟。

（二）基本部分

基本部分是教学过程中的主要环节，也是衡量体育课教学目标完成与否的主要部分。进行基本部分的组织教学，应注意以下几点。

（1）要合理安排好主要教材的学习顺序。

（2）应根据课的目标和教材的性质与学生的特点，有目的地安排一些必要的辅助练习、诱导性练习或转移性练习，以及发展身体素质练习，以便学生更好地掌握课的内容和提高身体训练水平。

（3）要合理安排好密度与运动负荷，注意练习与休息合理交替。练习的次数少、时间短、强度大，不利于体育技术、技能的掌握，而对发展身体，增强体质效果也不大。教师要善于根据课的目标、教材性质、学生特点和场地器材设备等具体条件，采取切实可行的方法组织教学。

（4）基本部分可根据人数、场地器材条件以及教材的特点，采用全班的、分组的或个人的形式进行练习，以便贯彻区别对待的原则，一般可采用分组练习的方法。

基本部分内容主要是参考大纲规定教材内容以及身体素质练习，时间控制在 65～75 分钟。

（三）结束部分

结束部分的内容应选择一些逐步降低运动负荷的练习，一般采用全班共练的形式进行。在教学中，不能忽视结束部分。

也可以选择一些放松性游戏，并简要进行教学内容的总结和布置课外练习等。结束部分时间控制在5～8分钟。

二、课外体育锻炼

课外体育锻炼包括早操、课外体育活动、课余运动训练和体育竞赛。

（一）早操

早操是在早晨进行体育锻炼的一种形式，对促进学生身心健康发展，增强身体素质，养成良好的生活习惯都有一定的特殊作用。早操可以培养良好的养生习惯，增加氧的摄取量，可提高神经系统的兴奋性，提高机体各器官的工作能力。早操一般以有氧运动为主，运动负荷不宜过大，时间控制在30～40分钟。

（二）课外体育活动

课外体育活动是指在课堂教学之外，由学校组织指导，用以补充课堂教学，实现教育方针要求的一种教育活动，是根据受教育者的需要和教育教学的需要，在教育者的直接或间接指导下，以实现教育目的。可培养学生独立运用已掌握的运动技能进行身体锻炼，养成自觉锻炼的习惯。保证每天至少有1个小时的课外体育活动时间。

（三）课余运动训练

课余运动训练是在课余时间对部分体育基础好、有一定体育运动天赋的学生进行系统的训练。大学课余运动训练一是作为竞技体育的组成部分，为我国竞技体育培养人才；二是学校群众性体育的组成部分，在开展学校群众体育活动中起骨干带头作用。运动队训练一般安排在早晨和下午课余时间，各高校应该将选项课和运动队训练结合起来，可安排基础班和提高班，让更多的学生参与进来，推动学校群众体育的广泛开展，促进运动技术水平的提高。训练时间控制在每周4次，每次90分钟。

（四）体育竞赛

体育竞赛是推动大学生群体性体育活动开展、丰富学生课余文化生活和提高课余运动训练的重要杠杆。大学体育竞赛主要分为校内竞赛和校外竞赛。校内竞赛可组织班级之间或院系之间的单项比赛、对抗赛和友谊赛等。每年学校应举行全校规模的田径运动会；校外竞赛有国家、省市级大学生之间的比赛，以推动学校体育活动的开展。

第二章　体育锻炼

第一节　体育锻炼的基本原则

体育锻炼的原则是指体育锻炼客观规律的反映，是指导人们从事体育锻炼实践、有效地增强体质、达到理想锻炼效果所必须遵循的基本原则，同时也是保护自我，提升自我综合素质的基本要素。它包括自觉性原则、坚持性原则、循序渐进性原则、全面性原则、合理性原则和重点性原则等。

一、自觉性原则

自觉性原则，即主动意识原则，是人在进行体育锻炼的趋向中主动意识所驱动的原则，是锻炼者实际需要，是自觉的行动。本着“生命在于运动”的科学原则，自觉地进行体育锻炼。体育锻炼是一个自我修炼、自我完善的过程，这也是对人们心理上的一个考验。体育锻炼总是伴随着克服自身的惰性，战胜各种困难从而达到理想目的的一种方法。

要做到自觉锻炼，首先必须明确锻炼目的，将锻炼的目的和动机与树立正确的人生观联系起来，这样才有助于形成或保持对体育锻炼的兴趣。学校是培养人才的地方。学生都应遵照德、智、体全面发展的教育方针，把自己锻炼成为一个有理想、有道德、有文化、有纪律的人，将来更好地为四个现代化和人类的进步事业多作贡献。一个人只有树立起这一远大目标，才能使体育锻炼更具有长久的动力和自觉性。另外，参加体育锻炼更多的是带有直接目的和动机的。例如，为了丰富文化生活，调节情绪，活泼身心，陶冶情操，锻炼意志等，或是为增进健康，促进身体的正常发育和造就一个健美的形体，以及防病治病等。不管带着哪种目的和需求，只要是有目的地去锻炼，这种锻炼就更具主动性和自觉性。对于当代的大学生，特别是我国的大学生来说，加强体育锻炼是一个非常重要的环节。大学生可以把体育锻炼的精神融入今后的学习、工作、生活中去，让今后的生活质量保持一个较高的水平。

二、坚持性原则

坚持性原则，亦可理解为“持之以恒”，是指一旦体育锻炼开始进行，就应该按照规定的计划持之以恒地坚持下去，把它看作生活中一个不可缺少的部分。

锻炼身体的效果是一个慢慢积累的过程，不可能在很短时间内使体质突飞猛进。人是一个有机体，只有进行持续性的体育锻炼，体质才能逐步得到增强。

体育锻炼是一个全身各个器官和组织，在神经支配的条件下进行的，它们是需要时间逐步形成协调配合的。每一次锻炼对于身体来说都是一个增强式的刺激，也就是说锻炼实质上就是一个损伤机体，而后机体进行再塑造的过程。这种连续不断的刺激作用下，身体所产生的应急机制就会积累下来，这种积累会使机体的结构和功能产生新的反应，体质也就会不断地增强。如果用“三天打鱼，两天晒网”的锻炼态度来进行体育锻炼的话，机体各部分将会由一个较高的平衡水平逐渐减退，这就是“用进废退”的道理。

三、循序渐进性原则

循序渐进性原则指的是锻炼者根据自身实际情况，遵循人体自然发展规律、集体适应性规律和超量恢复原理。循序渐进，是指在体育锻炼时所学习的技术、技能和方法，都要从简单到复杂，从易到难，从低级到高级，从少到多，运动负荷从小到大逐渐增加，锻炼时间从短到逐渐延长，运动量从小逐渐加大，因为人体的器官系统生理功能和心理状态对运动负荷的适应能力，人对锻炼的技术、技能和方法的认识，都有一个从量变到质变的过程。如果盲目刻意追求或好高骛远、急功近利地进行体育锻炼，结果会适得其反，甚至损害身体。

四、全面性原则

人体是在神经系统统一调节下的有机整体，人体各器官系统和经脉机能之间，既相互联系又相互制约。人体任何一方面的发展都能促进其他方面的发展，任何一个方面受到制约也会使其他方面受到制约，人体这种协同关系同样在体育锻炼中显示出来。体育锻炼项目繁多，对促进人体健康各有不同的作用。如果进行单一项目的锻炼，就有可能造成畸形发展，身体发展不平衡，如果交替进行较为全面的项目锻炼，身体就得到全面均匀的发展，特别是处于生长发育时期的青少年学生，更应全面锻炼全面促进身心健康发展。

五、合理性原则

合理性原则，即适宜运动负荷原则，也称适量性原则。是指锻炼者的生理和心理的负荷量。一般要求锻炼者感到一定程度的疲劳，同时这种疲劳又能被受体所承受，不影响正常的工作、学习和生活。锻炼者的性别、年龄、体质、健康状况以及锻炼基础不同，运动负荷也有所不同。过强的运动强度会容易造成锻炼者身体的突发性损伤以及疲劳性损伤，过弱的运动强度则不能达到锻炼的目的。

科学研究和实验表明：灵活轻快和不拘形式的适量运动负荷体育锻炼，才有益于人体身心健康。目前世界上公认的心率130次/分钟是适量运动负荷的体育锻炼；对中老年人来说(170－年龄)次/分钟是最佳的运动负荷的体育锻炼。

适量运动负荷应符合下列要求：①每次持续运动时间，心跳频率一般控制在极限心率(220－年龄)次/分钟的60%～80%为宜。例如：一个21岁的青少年，他(她)的适量运动负荷应该是(220－21)次/分钟乘以60%～80%，相当于119～159次/分钟的心率。②每次从运动中至少消耗能量300卡(1.255千焦)，每周从运动中至少消耗能量1 800～2 200卡(7.511～9.256千焦)。③运动时间应根据个人的实际情况来确定。一般而言，每次体育锻炼时间以每周3～5次，每次20～30分钟为宜。④运动量与运动强度应根据个人的需要取得平衡，做到互为互补。⑤体育锻炼后，心率较快恢复到平时状态，心情舒畅，精神饱满，食欲、睡眠良好，保持良好生理和心理状态。

六、重点性原则

重点性原则是指在锻炼过程中，应针对其中某个方面进行重点锻炼，不能每一个部分都是重点，也不能每一个部分都是辅助。例如，拳击运动员讲求的是以上肢力量训练为重点，其他训练为辅助的训练模式；跆拳道运动员讲求的是以下肢力量训练为重点，其他训练为辅助的训练模式。在人体运动生理中，如果把每一个部位的锻炼都看作是锻炼的重点，那么其心脏功能会受到极大的影响，从而影响身体的健康。所以，根据个人的需求选择适合自己的锻炼方案和强度在体育锻炼中是必须要考虑的一个部分。

总之，体育锻炼的目的是增强体质，促进身心健康。为了达到预期目的和效果，要求每一个人在体育锻炼时都要从个人的年龄、性别、职业、健康状况，以及对体育锻炼知识、技术、技能、方法和爱好等方面的实际情况出发，制定切实可行的锻炼计划，确定适合个人的运动负荷和内容，做到既有一般要求又有区别对待，量力而行不可盲从。

第二节　体育锻炼的内容与方法

一、体育锻炼的内容

生命在于运动，体育的根本目的在于促进身心健康、增强体质。在这总的目标下，有更具体的目的要求。因此，体育锻炼的内容多样，丰富多彩，不拘形式，可因地制宜，根据自己锻炼的目的、要求、兴趣和爱好，选择合适的内容和方法。

体育锻炼的内容一般可分为：全面发展身体素质和提高身体基本活动能力的锻炼；健身健美和矫正体形体态的锻炼；娱乐性锻炼；医疗康复性体育锻炼；利用自然因素的体育锻炼。

体育锻炼内容的选择，要从年龄、性别、健康状况、生活工作需要和兴趣爱好出发。在校学生要结合体育教学和实施《国家学生体质健康标准测试》的要求，选择一至二项自己爱好的项目进行锻炼，这有利于提高运动技能，培养运动兴趣和养成良好的锻炼习惯。选择内容时，要从实际出发，重锻炼的价值，重实效而不追求运动的外部形式。方法力求简单易行，同时要考虑具体的环境条件、季节气候，做到因时因地制宜。

二、体育锻炼的一般方法

（一）负重练习法

负重练习法即载负重量进行锻炼，它要求锻炼者按一定的次数、重量、标准和动作频率去锻炼身体，增强体质。一般来说，为增强体质而进行负重锻炼，应采用最大摄氧量和最大心输出量以下的负荷。因为过大的负荷可能给心血管和呼吸系统带来不良的影响，为了保证这种锻炼方法对身体的良好作用，在运动负荷值阈范围内（心率在 120～140 次/分钟）可以多次重复或连续练习。如使用杠铃、沙袋等锻炼身体和增强力量素质。

（二）重复锻炼法

重复锻炼法是在运动锻炼的过程中，多次重复同一练习，两次（组）练习间安排相对充分休息，从而增加负荷的锻炼方法。此方法的关键是一次练习后，间歇时间应当充分，这样可以有效提高锻炼者的无氧、有氧混合代谢能力，提高各种技术应用的熟练性与机体的耐久性。重复次数的多少不同，对身体的作用就不同，重复次数越多，身体对运动反应的负荷量就越大。如果重复次数不断持续增加，可能使身体承受的负荷超过极点，乃至破坏身体的正常状态而造成损害。如发展下肢力量和速度素质，可以重复进行 60 米加速跑 4～6 次，每次跑后间歇 1～2 分钟，且每次跑的距离和速度不变。

(三) 间歇锻炼法

在运动锻炼的过程中，对多次锻炼的间歇时间作出严格规定，使机体处于不完全恢复状态下，反复进行锻炼的方法叫做间歇锻炼法。该方法的关键是间歇时间严格控制，使机体处于不完全恢复状态，要求每次练习的负荷时间较长、负荷强度适中。此方法可使锻炼者的心脏功能明显增强，通过调节负荷强度，可使机体各机能产生与锻炼项目相匹配的适应性变化，提高有氧代谢供能能力，增强体质。同重复锻炼方法一样，间歇的时间也要依据负荷的有效价值去调节。一般说来，当负荷反应(心率)指标地低于有效价值标准时应缩短间歇时间，而高于有效价值标准时可延长间歇时间。实践中，一般心率在 130 次/分钟左右时，就应再次开始锻炼。间歇时不要静止休息，而应边活动边休息，如慢速走步、放松手脚、伸伸腰或做深而慢的呼吸等。

(四) 连续锻炼法

在锻炼的过程中，为了保持有价值的负荷量而不间断地连续进行运动的方法叫连续锻炼法。此方法要求负荷强度较低、负荷时间较长、无间断地连续进行运动。从增强体质出发，需要间歇就停一会儿，需要连续就接二连三地进行下去，所以不能仅讲究间歇，还要讲究连续。连续、间歇、重复都是在整个锻炼过程中实现的。连续、间歇、重复等各因素各有其独特的作用，连续的作用在于持续保持负荷量不下降，维持在一定的水平上，使身体充分地受到运动的作用。连续锻炼时间的长短，同样要根据负荷价值有效范围而确定，通常认为在 140 次/分钟左右的心率下连续锻炼 20～30 分钟可使机体的各个部位都长时间地获得充分的血液和氧的供应，因而能有效地发展有氧代谢能力，发展耐力素质。

(五) 循环锻炼法

循环锻炼法是练习前，设立几个不同的练习点(或称作业站)，练习者按照既定顺序和路线，依次完成每个练习点的练习任务。即一个点上的练习一经完成，练习者就迅速转移到下一个点，下一个练习者依次跟上。练习者完成了各个点上的练习，就算完成了一次循环。这种练习方法就叫循环锻炼法。其结构因素有：每点的练习内容、每点的运动负荷、练习点的安排顺序、练习点之间的间歇、每遍循环之间的间歇、练习的点数与循环练习的组数。

(六) 变换锻炼法

变换锻炼法是通过不断变换运动负荷、练习内容、练习形式以及条件，以提高锻炼者的积极性、适应性及应变能力的方法。此方法可以有效地调节生理负荷，提高兴奋性，强化锻炼意识，克服疲劳和厌倦情绪，以达到提高锻炼效果的目的。如刚参加锻炼时，可多做些诱导性练习和辅助性练习。随着锻炼水平的提高，应加大练习的难度，如用越野跑代替在田径场的长跑等。由于锻炼条件的变化，可使锻炼者的大脑皮层不断产生新异的刺激，提高兴奋性，激发锻炼的兴趣，从而提高机体对负荷的承受能力，提高锻炼效果。另外，不断地对锻炼的内容、时间、动作速率等提出新的要求，可有效地调节生理负荷，使机体不断产生适应性变化，达到更好的锻炼身体的目的。

（七）身体不同部位锻炼方法

1. 头颈运动

头为人之首，常练可使大脑供血充分，有利于消除脑疲劳、增强记忆力。锻炼方法有头前屈、后屈、侧屈、回旋等。

2. 上肢运动

锻炼方法有俯卧撑、双杠臂屈伸、单杠引体向上及持器械的各种练习。

3. 躯干运动

锻炼方法有仰卧起坐、仰卧举腿、仰卧两头起，悬垂举腿、腰侧屈等。

4. 下肢的运动

下肢为人体支柱，应使其发达、健壮。锻炼方法有杠铃深蹲、半蹲、提踵、跳跃等。

三、发展身体素质的方法

（一）发展力量素质的方法

力量是指肌肉紧张或收缩时所表现出来的一种能力。力量素质是身体素质的基础。发展力量素质应根据目的的不同采取不同的方法。一般情况下，发展绝对力量采用重量大、组数多、次数少的方法，发展速度力量采用中重量、中次数、组数少的方法，发展小肌肉群力量和力量耐力采用重量小、组数少、次数多的方法，具体可参见表 2-1 中对应的方法进行锻炼。

表 2-1　　发展力量素质的一般方法

	增大肌肉体积	发展力量耐力	发展速度力量	发展绝对力量
方法	连续举中等重量，次数较多直到举不起来为止，使肌肉工作到最大限度	连续举一定重，次数较多，使肌肉长时间持续收缩，直到举不起来为止	连续举中等或小重量，次数较少或中等，以最快速度完成练习	以较少次数举接近最大负重量或本人的最大负重量
重量	60%～80%	50%～60%	60%～80%	80%～100%
组数/组	2～3	2～4	4～6	6～10
次数/次	6～8(做到极限)	12 次以上(做到极限)	5～12	1～5

（二）发展耐力素质的方法

耐力素质是有机体长时间工作克服疲劳及疲劳后快速恢复的能力。按运动的外在表现可分为速度耐力、力量耐力和一般耐力，按所影响的器官分为心血管耐力和肌肉耐力等，按能量供应特点分为有氧耐力和无氧耐力等。练习时，应强调意志品质、呼吸深度和呼吸方法。

（1）发展有氧耐力的方法：发展有氧耐力主要是提高心肺功能。运动时间要求在 15 分钟以上。锻炼时负荷强度应达到所能承受最大强度的 80%左右（心率大约在 150 次/分钟），经常采用持续负荷（包括连续负荷法和交替负荷法两种）方法，如选用的跑步、跳绳、原地跑、球类、自行车、溜冰、划船等锻炼手段进行锻炼。锻炼时应注意逐渐增加运动强度和密度。

(2) 发展无氧耐力应着眼于心血管系统机能的提高,间歇锻炼法是比较好的方法,在采用间歇锻炼法时,间歇时间不应超过负荷时间。当获得一定耐力后,必须适当增加运动负荷。持续锻炼法对发展耐力素质也有明显效果。长时间的匀速持续跑能较快地改善呼吸系统和心血管系统的机能,对神经系统亦有很大好处。

(三) 发展速度素质的方法

速度素质是指人体快速运动的能力。包括对外界信号的刺激快速反应的能力,人体快速获得高速度完成动作的能力,最短时间完成单个技术的能力,最短时间重复多次运动的能力,最短时间移动身体到达最长距离的能力,等等。不同类型的速度素质的练习方法各不相同。

(1) 可采用突发信号令练习者做出应答反应来提高反应速度。

(2) 利用追逐跑或追逐接力游戏等方式,提高人体快速获得高速度完成动作的能力。

(3) 使用高速跑或高速做其他投掷、跳跃练习法,使练习者体会和建立在高速情况下完成各种动作的能力。

(4) 运用助力练习法,借助于外力迫使练习者作出快速动作,建立新的动作节奏,从而达到提高速度的目的。如顺风跑,下坡跑,牵引跑等。

(5) 逐步缩小完成动作的空间和缩短完成动作的时间,以提高完成动作的速度。

(6) 利用听觉,视觉等信号诱导练习者伴随信号快速运动,以帮助练习者建立新的动作节奏以提高动作速度。

(7) 采用改变联系条件,环境等手段,激发或引起练习者的兴奋性,以利于建立快速完成动作的条件反射。

(8) 可利用测验或比赛等方法,提高练习的强度,引发练习者的高度兴奋性,有利于建立快速完成动作的条件反射。

(四) 发展灵敏素质的方法

灵敏素质是指人在复杂、突变的条件下能快速、准确、灵活、协调地完成动作的能力,是动作技能熟练程度、身体素质和大脑皮层灵活性等多种因素在运动过程中的综合表现。发展灵敏素质应从培养各种能力入手,如掌握运动的能力、反应能力、平衡能力、观察判断能力、节奏感等。发展灵敏素质应采用多种练习手段和方法。动作技能掌握的越熟练就越灵敏。各种球类活动,体操、技能、游戏以及一些专门辅助练习,都是发展灵敏素质的有效手段。但灵敏素质的发展有赖于速度素质的发展,因此应与各项素质的协调发展结合进行锻炼。

(1) 要提高灵活性,一般多采用变向跑、闪躲跑以及各种变化条件下跑的练习。如听数跑、听令急起急停等。

(2) 提高灵敏性应加强肌肉的力量及关节柔韧性锻炼,尤其应注意发展爆发力和培养协调性及放松能力。

(3) 体操、球类、技巧、摔跤、武术等项目的锻炼,能有效发展灵敏素质。

(五) 发展柔韧素质的方法

柔韧素质是指人体的关节活动幅度,肌肉和韧带等软组织的伸展能力。柔韧素质取决于骨的结构，关节周围组织的体积、韧带、皮肤的延展和弹性，以及中枢神经的调节等。发展柔韧素质通常采用伸展性练习。其运动形式有两种，即在助力作用下进行关节活动的运动形式和主动控制肌肉紧张与放松进行关节活动的运动形式。发展肩部、腿部、臂部和足部的柔韧性，主要手段有：压、搬、劈、摆、踢、绷以及绕环等练习，可以徒手、持器械或在器械上进行主动和被动活动。练习前要充分地做好准备活动，动作幅度要逐渐增大，速度由慢到快，用力由大到小，使肌肉和结缔组织充分的拉长，并以感到酸、胀、痛为限，并保持一定时间，同时有意识放松对抗肌。要合理安排时间，次数和练习顺序，以防运动损伤。

四、几种常见的锻炼方法

(一) 步行锻炼法

步行是体育锻炼中最简便易行的锻炼方法，步行锻炼主要由步行的距离、速度决定其运动强度，锻炼者应根据本人的实际情况进行选择。常言道，“百练不如一走，饭后百步走，活到九十九”，这足以见得：步行是古今长寿的妙法之一。

(二) 跑步锻炼法

跑步是一种有关肌肉群反复活动的全身有氧运动，利用跑步可以消耗体内过剩的热量，有助于减少体内的脂肪和控制体重。

(三) 游泳锻炼法

游泳的锻炼价值与跑步非常相似。由于人在水中受到水的阻力和浮力及水温的影响，其游进同样的距离，所需的能量是跑步的 4 倍之多，但心率却处于较低水平，因此是一种更安全的健身方法。

(四) 跳绳锻炼法

跳绳能提高心血管系统和呼吸系统的功能，提高肌肉长时间工作的能力，同时能使人的速度、灵敏、协调性等体能得到加强，跳绳锻炼还是最好的减肥方法之一。

(五) 有氧操锻炼法

有氧操是一种充满活力的锻炼方法，在提高心血管系统和呼吸系统的功能方面有明显作用。通过跳操，可以使体重得到有效控制，健美身材，愉悦身心。

五、利用自然力锻炼的方法

自然力锻炼身体的目的在于提高人体对外界的各种不良气象因素的抵抗力。自然力锻炼的方法包括日光浴和冷水浴。

(一) 日光浴对锻炼身体的作用

日光浴对身体健康具有重要意义。日光对机体的作用是多方面的，其中紫外线具有杀菌、抗佝偻病等作用，又能提高皮肤抵抗力和关节的活动性。红外线能起温热作用，提高新陈代谢、改善组织营养等。又如气温、湿度、气流对皮肤的刺激，特别是低温的刺激，通过神经的发射作用，改善体温调节系统，促进血液循环。空气中的阴离子对人体神经系统、血液循环、呼吸及内分泌活动等，都能产生良好的刺激作用。因为机体对外界环境具有巨大的适应性,变化了的环境条件作用于机体,大脑皮层立刻进行调节,使机体适应变化了的外界环境,保持机体与环境在新的条件下的平衡。新的刺激,又形成新的反射,从而进一步提高机体的适应能力。

(二) 冷水浴锻炼方法

冷水浴锻炼应从夏天开始,每周至少练习 2 次以上,时间以早晨为好,冷水浴常见锻炼方法如下。

(1) 冷水洗脸与洗足。初练冷水浴,可以从冷水洗脸与洗脚开始,特别是洗脚,应泡在水中一至数分钟,用以提高对冷刺激的适应能力。每天最好晨起用冷水洗脸,睡前用冷水洗脚,洗后擦干。

(2) 冷水擦身。冷水擦身伴随按摩动作,对初练者更为适宜。在擦身过程中,要不断地把毛巾在冷水中浸泡拧干再擦,擦身可作为淋浴、浸浴、冬泳的过渡。也可单练擦浴,每天最好睡前进行。

(3) 淋浴与冲洗。淋浴冲的水温,开始不要过低,在锻炼过程中可逐步降低,最后用冷水冲洗。冲洗前先用冷水拍打胸部,再淋上肢,然后从头向全身冲淋,时间不要超过 1 分钟。经过一段时间锻炼后,再逐步延长时间,每天早晚均可进行。从夏秋开始,浴后用干毛巾擦遍全身。

(4) 浸浴。浸浴在室内外均可进行。浸浴前先用冷水拍胸,浸水后用毛巾不断摩擦全身,特别是胸腹部要用力擦。浸泡时间根据个人情况而定,以不出现寒颤为度。浴后用干毛巾擦腰、肩、膝关节部位,擦到发热为止。

(5) 冬泳。冬泳在天然水域进行。是日光、空气、水的综合利用,也是冷水浴锻炼的最好形式。下水后不能停止活动,可以进行一定强度的游泳活动,然后再在水中擦摩全身。冬泳的时间应根据个人锻炼的基础而定,以不出现寒颤为标准。由于冬泳能量消耗大,每天进行时间不宜过长,并适当控制运动量。出水后应迅速擦干擦热全身,并立即穿衣。

冷水浴注意事项:

(1) 浴前要充分做好准备活动,使身体发热;浴后要适当做整理活动,以使尽快恢复温暖感觉。

(2) 各种形式的冷水浴,都应从温暖季节开始,一经开始就要坚持,以免减弱效果。淋浴、浸浴、冬泳如因故中断,重新开始时,最好经过一个时期的擦浴后再继续进行。

(3) 饭前饭后 1 小时内,不宜进行冷水浴,否则,将会影响消化。

(4) 剧烈运动和劳动后,体温较高,不宜立刻进行冷水浴,要适当休息后再进行。

(5) 冷水浴虽然对某些慢性病有治疗作用,但必须征求医生意见。如有发烧、急性或亚急性疾病,严重的心脏病,严重的肺结核等病症,都不宜进行冷水浴。

第三节 体育锻炼计划的制定

“凡事预则立,不预则废”,体育锻炼也不例外。要想取得良好的锻炼效果,实行“计划锻炼”是最好的方式。一个科学的锻炼计划应该包括锻炼项目、锻炼强度、锻炼频率、锻炼时间。

一、制定体育锻炼计划的含义

体育锻炼计划是以增强体质、增进健康、发展身体为目的而制定的一系列符合个人身体状态、针对性强，而又行之有效的科学运动方法。

根据制定体育锻炼计划的目的，可分为健身性、预防性、治疗性和竞技性四种体育锻炼计划。

二、有效的制定体育锻炼计划的作用

（一）增进身体健康

包括两个方面，其一是预防疾病，特别是由于经济的日益发达，现代人生活水平的不断提升，致使人们过多地耽于享受，不注意自己的生活方式而引起所谓“文明病”；其二是改善身体状态，提高对环境的适应能力。

（二）提高身体机能

（1）指导锻炼：使肌肉力量、耐力、爆发力、身体的灵敏性、技巧性、平衡性、柔韧性等素质和运动能力加强。

（2）治疗疾病：把运动当做康复疗法的一种手段，严格地按计划进行，可以大大提高运动中的安全感，尽可能少地出现意外危险。

三、制定体育锻炼计划的基本原则

（1）体育锻炼计划要个体化。

（2）体育锻炼计划要修订、调整。

（3）以全身耐力为基础。

（4）保持安全界限和有效界限。

四、制定体育锻炼计划的种类

（一）临床治疗、康复体育锻炼计划

用于某些疾病或处伤的治疗和康复，它使医疗体育更加定量化、个别对待化。例如，某人中等肥胖，体重超标 10 千克，他需每天慢跑 1 小时，约 3～4 个月的时间体重可以降到标准范围，这就是治疗性体育锻炼计划。

（二）预防保健体育锻炼计划

主要用于健身防病。如人过中年，身体就开始衰退，如动脉硬化等就慢慢开始了。为了预防动脉硬化，体育锻炼计划规定了中等强度的耐力跑，使脂肪和胆固醇等物质不易沉积，从而达到预防动脉硬化的作用。这就是预防性体育锻炼计划。

五、体育锻炼计划的内容

体育锻炼计划一般可分为长远计划、阶段计划、每周计划和每次计划。对学生来讲，做到阶段计划、周计划和每次计划就可以了。

1. 阶段计划内容

(1) 确定阶段计划的时间。对学生来讲，最好以一个学期为一个阶段，这样便于安排和检查。

(2) 任务和要求。根据每个人的情况，确定每个阶段的锻炼任务，如田径项目中的短跑，球类项目中的足球等，并明确要求，便于检查。

(3) 内容和办法。根据自己的爱好和特长，结合季节的气候特点，逐项进行安排，并提出具体的实施办法。

(4) 锻炼时间。根据课表安排，确定在什么时间锻炼，切实落实。

(5) 检查措施。要订出切实可行的检查措施及成绩考核办法。

2. 每周计划内容

(1) 本周锻炼的任务和要求。确定本周以发展某项身体素质为主及学习有关基本知识等。

(2) 锻炼时间。确定早操与课外体育活动的次数及每次锻炼的时间。

(3) 检查措施。星期六下午安排一定时间写锻炼日记。

3. 每次计划内容

(1) 确定内容。根据每周计划确定每次的锻炼项目，拟定练习的具体动作和方法、练习的时间和重复次数等。根据体育运动参加者的目的选择有针对性的运动项目。例如，为了健身或改善心脏功能和代谢，或者为了预防文明病，宜选择以有氧代谢为主的走、慢跑、游泳、自行车等耐力性项目；为了增强肌肉，宜选择力量性项目；为了松弛精神，预防高血压和神经衰弱，可选择太极拳、保健按摩、散步和放松体操等。

(2) 科学分配和安排。在具体安排练习时，一般先安排重点项目。就身体素质而言，应先练速度和灵敏项目；就运动量而言，应先小后大；就技术而言，应先易后难；就锻炼部位而言，应当上下肢搭配；如有类似项目，应当间隔练习。

(3) 写出实施办法。主要是要写出每次锻炼计划表，包括准备活动、主要内容和整理活动三个方面，并在时间分配上做合理安排。身体锻炼的持久，体质也会逐步增强。因此，在主要锻炼内容的负荷安排上，也应逐渐增加，不能总停留在同一运动负荷上。

六、制定锻炼计划的依据

(一) 从实际出发

在制定计划时，要考虑主观因素和客观因素，如年龄、性别、体质、基础、场地、器材、气候、时间等因素，定出切实可行的计划。通过反复时间，不断修改充实，使计划更科学、更完善。

(二) 全面锻炼、循序渐进

在制订计划时，必须根据自己的体质条件、素质水平和爱好等，既要注意全面发展，又要注意自己的特点和弱点；既要考虑自己的爱好，又要注意锻炼的效果。在整个计划的内容安排上应遵循由简到繁、又易到难；在运动量的安排上应遵循从小到大、逐步增加的原则。做到既科学，又全面；既要达到增强体质的目的，又不要影响一天的学习与工作。

（三）“达标”与体育课学习相结合

锻炼内容要与“国家体育锻炼标准”和体育课内容相结合，这样既能通过一段时间的锻炼，达到“国家体育锻炼标准”，又能使体育课所学内容得以复习、巩固和提高。

（四）自我监督和医务监督

在制订和执行锻炼计划时，要注意自我监督和医务监督，最好能写锻炼日记，以便及时发现问题，及时加以调整，使锻炼计划不断完善，锻炼效果不断提高。

七、体育锻炼计划的制订方法

制定体育锻炼计划需按一定的程序：

（1）汇总参加者的个人资料；

（2）对每个人进行医学检查以便全面地了解参加者的身体状况；

（3）进行负荷的试验和体力测定，为制度体育锻炼计划中的运动强度提供依据；

（4）根据上述情况，按着体育锻炼计划的格式制定出体育锻炼计划。

八、减肥者“体育锻炼计划”参考

（1）在体育锻炼过程中，想减肥的人应当每日进行有规律的、中等强度以下的体育运动，且最好是全身性运动，否则减肥效果不明显。

（2）应根据个人的体质来选择运动项目，轻度肥胖且体质较好者，可选择运动量较大的项目（如中、长距离跑）；肥胖程度较重且体质较差者，可选择运动量较小的项目（如散步、快走或慢跑等）。量力而行，循序渐进。

（3）一般说来，肥胖者适宜的运动项目有以下几类：

① 力量性运动。加强肌肉力量，是消耗脂肪的有效活动。身体较好者可做仰卧位腹肌运动，以减少腹部脂肪；俯卧位的腰背肌和臀肌运动，如双直腿后上抬运动、上身和腿同时向后抬起的“V”形运动等，以减少腰背和臀部的脂肪；做哑铃操以减少胸部和肩部脂肪。身体较差者可做缓和的体操，使全身肌肉运动，促进脂肪代谢。

② 耐力性运动。适合肥胖者进行的耐力性运动有步行、慢跑、骑自行车、划船、有氧操、游泳、在活动平板（跑步机）上做定量运动等。

③ 球类运动。耐力与力量结合的运动，运动量较大。适合肥胖者参加的有乒乓球、排球、篮球、羽毛球、网球、门球等，但胖人不宜参加此类运动的比赛。

④ 中国传统健身术。气功、太极拳、八段锦、太极剑等，很适宜肥胖者。运动强度适宜。

运动强度的确定要根据个人的体质、原有运动基础等情况综合考虑。运动强度太大会产生副作用，太小又达不到减肥效果。

运动强度应定期监测、及时调整，最为简便易行的监测方法为结合靶心率、自觉疲劳程度确定运动强度。

第三章　运动损伤与防护

第一节　运动损伤发生的因素

了解运动损伤发生的原因是预防运动损伤的前提。发生运动损伤的原因是多方面的，既与锻炼者的运动基础、身体素质有关，也与运动项目的特点、技术难度以及运动环境等因素有关。综合起来，可概括为主观和客观两个方面。

一、主观因素

(一) 思想认识不够

运动损伤的发生，常与体育教师和体育锻炼者对预防运动损伤的意义认识不足有关，缺乏预防意义，在体育教学、运动训练、体育锻炼中没有积极地采取各种预防措施。特别是青少年，由于缺乏经验，思想上麻痹大意，盲目或冒失地进行体育锻炼；有时情绪急躁，急于求成，忽视了循序渐进和量力而行的原则；或在练习中因畏难、恐惧、害羞等因素引起的犹豫不决和过分紧张；器械练习中注意力不集中等思想心理状态，常是造成运动损伤的重要原因。

(二) 准备活动不充分

据国内有关调查资料分析，在体育锻炼中因缺乏准备活动或准备活动不合理、不充分，是造成运动损伤重要原因。在准备活动中常存在的问题有：①不做准备活动或准备活动不充分。在神经系统和其他器官的功能尚未达到适宜的运动水平即进入紧张、激烈的运动或比赛，此时由于内脏器官存在惰性，肌肉、韧带的弹性和伸展性都不够，身体协调性差，难以适应激烈运动的需要；或对做准备活动的生理作用认识不足，做准备活动马虎敷衍，因而容易发生肌肉拉伤和关节扭伤，甚至发生伤害事故。②准备活动的内容安排与运动项目的内容不匹配。这就使运动中负担较重部位的功能没有得到充分的改善。如冬天进行跳远练习前只做一般性的徒手练习，而没有专门针对踝关节的准备活动，容易造成踝关节损伤。③准备活动的量过大。身体在进入运动项目以前已感疲劳，此时参加剧烈运动就容易受伤。④准备活动距运动项目间隔时间过长。准备活动所产生的生理作用已经减弱或消退，失去了做准备活动的意义。

(三) 运动负荷过大

运动中运动负荷超过了锻炼者可以承受的生理负荷量，尤其是局部负荷过大，常会引起微细损伤的积累而发生运动劳损。

(四) 技术上的错误

动作技术错误,违反了人体结构功能特点和运动时的力学原理,也易导致损伤。这是训练水平不高或学习新难动作时发生损伤的主要原因。

(五) 身体功能和心理状态不佳

在睡眠不足或休息不好时,身体疲劳,或在受伤和患病的恢复阶段,身体的生理机能下降,力量减弱,动作的准确性、协调性下降,反应迟钝的情况下参加锻炼或比赛,很容易引起运动损伤。精神不集中或因运动中遇到的问题而忧心忡忡,勉强参加锻炼或比赛,也会引起运动损伤。不良的心理状态主要表现为缺乏经验、思想麻痹、情绪急躁,或在练习中因恐惧、害羞而产生犹豫不决和过分紧张等。

二、客观因素

(一) 环境欠佳

不良的气候变化。如过高的气温和潮湿的天气,导致大量出汗失水;在冰雪寒冷的冬季易发生冻伤或其他损伤事故。

(二) 场地和设备原因

运动场地不平,有碎石或杂物,跑道太硬或场地太滑,沙坑太硬或有石块;器械维护不良造成运动时断裂,器械安装不牢固造成练习时倒塌,器械的高低、大小或重量不符合锻炼者的体格和体能要求;练习时保护措施不当;运动时着装不合适,穿皮鞋、塑料底鞋等都极易引起损伤。

(三) 运动组织不当

组织工作不当常会导致运动损伤,常见的有:体育锻炼时,缺乏必要的帮助和保护,或保护方法不当;体育器材分布不当,场地上活动人数过多过挤,组织纪律性差,互相打闹、干扰;投掷场地缺乏安全防范措施;竞赛秩序安排不当或时间临时变更,参赛者缺乏必要的心理和生理准备,赛场秩序混乱;或允许有病、身体不合格的学生参加比赛等。

(四) 运动方式不适宜

在体育教学或代表队的训练中,没有充分考虑到学生的生理特点来区别对待,使运动方式超过学生可以承受的生理负担量,尤其是局部负荷过大,引起微细损伤的积累而发生损伤。

(五) 医务监督不到位

在体育训练前后要按照运动员年龄、体质等身体状况的不同分别采用不同的措施进行医务监督,防止运动损伤后遗症的发生。

第二节 运动损伤的预防

运动损伤的种类很多,各个运动项目对人体各部位的运动伤害各不相同。根据国内有关资料显示，运动员总的来说是小损伤多，慢性损伤多，严重及急性者少。这些慢性的小损伤者中，有的是一次急性损伤后尚未完全康复就投入训练而变成慢性损伤，更多损伤是由于运动量安排不当造成局部过劳，最终导致疲劳损伤。因此，要注意对急性损伤做及时而正确的处理，并科学地安排运动量，以防各种组织劳损的发生。

在学校体育课教学和课外活动中，锻炼者运动损伤的发生情况与运动员有相似之处，但也有较大差异。学生急性损伤者相对较多，而劳损者较少。因此，要特别注意急性损伤的预防。但学生锻炼时也要注意合理安排运动量，以防发生劳损，其中尤其要注意腱与骨相接部分和骨组织的劳损。此外，学生锻炼时关节扭伤的发生率也较高。因此，在从事球类和跑运动项目时应注意手指及足踝关节的扭伤。

一、预防运动损伤的意义

在体育锻炼过程中，预防是主动的，通过提高预防意识、加强预防措施，可以把运动伤害事故消灭在萌芽状态。如果在体育锻炼时，不重视预防工作，不采取积极的预防措施，就可能发生各类损伤事故，轻者影响学习和工作，重者造成残疾甚至危及生命，对国家和个人都带来不应有的损失。因此，积极主动地预防运动损伤，就要提高思想认识和预防意识，并采取切实有效的措施，努力消除各种致伤因素，从而达到以防为主，防患于未然的目的。

二、运动损伤的预防要求

(1) 树立安全观念，克服麻痹思想，发扬互相帮助、互相保护的风尚。在教学、训练和比赛中，认真贯彻“预防为主”的方针。加强对学生、运动员进行组织性、纪律性教育，培养他们良好的体育道德风尚。

(2) 针对个体特点，为了减少这些损伤，教师、教练员应严格遵守运动训练原则，根据年龄、性别、健康状况、训练水平和各项运动项目的特点，个别对待，循序渐进，合理安排运动负荷。防止过度疲劳或局部负担过重。在学习新动作时，要遵循从易到难、从简到繁、从分解到完整的学习过程原则。

(3) 注意科学锻炼。锻炼者应对体能进行全面训练，而不是单纯针对某一特定动作反复练习。渐进性是指锻炼者应逐步提高运动负荷和增加锻炼时间，以防机体一时不能适应而导致运动损伤。个别性是指锻炼时必须因人而异，每个人性别、年龄、体力、技术熟练程度不同，其活动量和活动方法也应不同。

(4) 做好准备活动，提高中枢神经系统的兴奋性，加强各器官系统之间的系统活动，克服各种功能惰性，增强肌肉弹性，提高运动能力并保持准备运动和正式运动的内容相一致。

(5) 加强保护与帮助及自我保护能力的培养。保护和自我保护能力是预防运动损伤的重要手段。如摔倒时应立即低头、屈肘、团身，以肩背着地顺势滚翻，切忌直臂撑地，以防手腕部和前臂骨折、脱位等损伤；从高处跳下时要用前脚掌着地，同时屈膝以增加缓冲作用。

(6) 加强保健指导。经常参加体育锻炼的人，要定期进行体格检查，了解体育锻炼前与体育锻炼后的身体变化，对体重、运动成绩、脉搏、食欲、睡眠、面色、锻炼欲望等要及时观察、及时调整运动量，做到科学锻炼。对患有各种慢性病的人，应加强医务监督，进行定期的和不定期的体格检查。根据具体情况，采取针对性医务监督措施和开运动处方。禁止患病带伤参加剧烈的运动和比赛。

(7) 注意环境和场地设备卫生。锻炼时要对用具(如护腕、护膝)进行安全卫生检查,应在要求的场地上锻炼,不穿皮鞋或塑料底鞋等不符合体育卫生要求的服饰等进行运动。

第三节　常见运动损伤处理

一、软组织损伤的处理

软组织损伤是运动损伤中常见的一种,根据损伤组织是否有创口与外界相通,可以分为闭合性软组织损伤和开放性软组织损伤两大类。

(一) 闭合性软组织损伤的处理

1. 急性损伤

急性损伤因遭受一次较大外力作用所致。发病急,病程短,临床症状和体征较明显。若处理不当,常可演变成慢性损伤或留下不同程度的功能障碍。因此,及时而正确地处理急性软组织损伤是避免伤势扩大和减少后遗症(重者出现关节僵直和运动功能受限)的重要环节。

根据损伤的病理发展过程,急性软组织损伤的处理,大致可分为早、中、后三个时期。

(1) 早期。也称为急性炎症期,指伤后(24 小时内)。此期组织内出血和局部出现红、肿、痛、热及功能障碍等征象。处理原则主要是制动、止血、防肿、镇痛和减轻炎症。治疗方法:一是采用冷敷,即受伤局部用冷自来水冲淋 15 分钟或用冰水、冰袋、白酒、50%~75%酒精冷敷。应急时,可就近买棒冰捆绑在肢体受伤部位。有条件时可用冷镇痛气雾剂、“好得快”等喷射受伤部位,喷射距离约 10 厘米,喷射时间约 3~5 秒,重复使用至少间隔半分钟(此方法不宜使用面部和创口)。冷敷时要注意防止冻伤,尤其是在寒冷的冬天。急性软组织损伤 1~2 天内原则上不能搓拿和热敷。二是加压包扎,它是处理急性软组织损伤的关键,包扎得当可止血、防肿和缩短伤后康复时间。冷敷后伤处可用绷带、手帕、布条加压包扎约 24 小时。包扎时要注意松紧适当,包扎太松起不到加压作用,太紧会引起局部血液循环障碍。一旦出现肢端青紫、麻木感,应及时松开,重新包扎。三是制动和抬高伤肢,当肢体受伤较重时,为防止局部继续出血,减少肿胀和疼痛,一般应限制肢体活动和抬高患肢数日,促进血液、淋巴回流,有利于消肿。然后外敷伤药。疼痛较重者,可服止痛片,淤血较重者可服跌打丸、七厘散等。在损伤急性期,伤后一般不做按摩,否则会加重出血和组织液渗出,使肿胀加重。

(2) 中期(受伤 24~48 小时后)。此期间伤部出血停止,急性炎症逐渐消退,但仍存淤血、肿胀和功能障碍。处理原则主要是改善伤部的血液和淋巴循环,促进组织的新陈代谢,使淤血与渗出液迅速吸收以及坏死组织及时消除,促进再生修复。处理方法有理疗按摩、针灸、药物痛点注射、外贴活血膏或外敷活血药等综合治疗,其中热疗、按摩在此期间治疗中极为重要。同时根据伤情的好转,尽早进行伤肢的功能锻炼,以促进愈合和功能恢复。

(3) 后期。此期损伤组织基本修复,肿胀、压痛等局部征象已经消失,但可能有粘连或瘢痕形成,功能尚未完全恢复,锻炼时或运动后仍感疼痛、酸胀无力,个别严重者出现伤部僵硬或活动受限等现象。处理原则是恢复和增强肌肉、关节功能。处理方法以按摩、理疗和功能锻炼为主,并配合中药熏洗和保护支持带的应用等。

2. 慢性损伤

慢性损伤可由急性损伤因处理不当或运动过早转变而来,或因长期局部负荷过度,由微细损伤的积累形成劳损。慢性损伤的处理主要是减轻患部肢体负担,改善伤部的血液循环和新陈代谢。处理方法与急性损伤中后期基本相同,以按摩和痛点注射药物的治疗效果较好。

(二) 开放性软组织损伤的处理

局部皮肤或黏膜破裂,伤口与外界相通,常有组织液渗出或血液自创口流出。应急处理的要点是及时止血和处理创口,预防感染。先止血后处理创口,是处理开放性软组织损伤的基本原则。在体育运动中,常见的开放性软组织损伤有擦伤、切伤、刺伤和撕裂伤。

1. 擦伤

皮肤受到外力急剧摩擦所引起表面被擦破出血或有组织液渗出称为擦伤。创口较浅、面积较小的擦伤,可用生理盐水或冷开水洗净创口或用70%酒精棉球消毒,然后涂抹红汞或紫药水,待干即可。不必包扎,使之在空气中很快形成干痂,避免细菌侵入和繁殖。创口内若存有煤渣、细沙等异物时应由医生处理。

2. 撕裂伤、刺伤与切伤

撕裂伤是因钝物打击引起皮肤和软组织的撕裂,伤口边缘不整齐,组织损害广泛,严重者可导致组织坏死。刺伤是因尖细物件刺入人体所致。切伤是因锐器切入皮肤所致。这些伤口若撕裂伤口小,经止血,消毒处理后,可用黏膏粘合;伤口较大则需赴医院缝合,使用抗菌素治疗等。

二、运动中常见损伤及处理

(一) 肌肉拉伤

1. 原因与症状

肌肉损伤是指肌肉在运动中急剧收缩或过度牵拉引起的损伤。局部疼痛、压痛;肿胀、肌肉紧张、发硬、痉挛;引起运动功能障碍。当受伤肌肉主动收缩或被动拉长时疼痛加重;肌肉收缩抗阻力试验阳性,即疼痛加剧或有断裂的凹陷出现。有些伤员伤时有撕裂样感,肿胀明显及皮下淤血严重,触摸局部有凹陷或见一端异常隆起者,可能为肌肉断裂。

2. 处理方法

肌纤维轻度拉伤及肌痉挛者,用针刺疗法会取得显著疗效。肌纤维部分断裂者,早期用冷敷、加压包扎,还要把患肢放在使受伤肌肉松弛的位置以减轻疼痛。48小时后开始按摩,手法要轻缓。怀疑有肌肉、肌腱完全断裂者,应在局部加压包扎、固定患肢后,立即送医院确诊,必要时还要接受手术治疗。部分断裂者,局部停训2～3天,健肢及其他部位可以继续活动,以后逐步进行功能锻炼,但应避免重复受伤的动作。1周后可逐渐增加肌肉的力量和柔韧性练习。在作伸展练习时以不增加伤部疼痛为度。大约10～15天后,症状基本消除,可逐渐进行正规训练。训练时伤部必须使用保护支持带,并充分做好准备活动。肌肉、肌腱完全断裂或撕脱骨折者,应立即停止训练,完全休息,积极治疗,伤后训练和专项训练都应在医生指导下进行。

(二) 脑震荡

1. 原因与症状

脑震荡是脑损伤中最轻而又较多见的一种。脑受到外力打击后神经细胞和神经纤维所引起的意识和功能的一时性障碍,不久即可恢复,多无明显的解剖病理的改变。在体育运动过程中,足球撞击、棒球打击或体操练习时从高处跌下撞地等,都可能发生脑震荡。

伤后立即出现意识障碍。一般意识障碍都较轻,有一时性意识丧失(昏迷)或神志恍惚。意识障碍的时间长短不一,短则几秒钟,长则几分钟乃至20～30分钟不等。在意识丧失时,伤员呼吸表浅,脉率缓慢,肌肉松弛,瞳孔稍放大但左右对称,神经反射减弱或消失。意识清醒后出现逆行性健忘,患者不能回忆受伤经过和情境,但能清清楚楚地回忆受伤以前的事情。头痛、头晕,在伤后数日内较明显,表情紧张、活动或变换体位时,症状加重;恶心、呕吐,伤后数天内多可逐渐减轻和消失。此外,还伴有情绪不稳、易激动、不耐烦、注意力不集中和耳鸣、心悸、多汗失眠等植物性神经功能紊乱的症状。

2. 处理方法

急救时,应让伤员平卧、安静,不可坐起或立起。头部冷敷,身上保暖。若有昏迷可指掐入人中、内关穴,呼吸发生障碍时,可施行人工呼吸。

伤员昏迷的时间超过4分钟以上,或两侧瞳孔大小不对称,或耳、鼻、口内出血及眼球青紫,或伤员清醒后剧烈头痛、呕吐或再度昏迷者,都说明损伤较严重,应该立即送医院进行处理。在转送医院时,伤员要平卧,头痛两侧要用枕头或衣服垫起使之固定,避免颠簸振动。意识不清者,要注意保持呼吸道的通畅,伤员侧卧,以防止呕吐物吸入气管或舌头后坠而发生窒息,要密切观察病情的变化。

对无严重征象、短时间意识丧失后很快恢复的伤员,经医生诊断后,也应平卧送回宿舍休息,并应卧床休息到头痛、头晕等症状完全消失。

(三) 骨折的急救

1. 原因与症状

运动中,身体某部受到直接或间接的暴力撞击时,造成骨折。例如,在踢足球时,小腿被踢造成胫骨骨折;摔倒时手臂直接撑地引起尺骨或桡骨骨折;跪倒时可造成髌骨骨折等。

骨折是比较严重的损伤,但发病率较低。骨折分不完全性骨折和完全性骨折两种。常见的骨折有肱骨骨折、小腿骨折、肋骨骨折、脊柱骨折和头部骨折等。

骨折发生后,患处立即出现肿胀,皮下淤血,有剧烈疼痛(活动时加剧),肢体失去正常功能,肌肉产生痉挛,有时骨折部位发生变形,移动时可听到骨摩擦声。严重骨折时,伴有出血和神经损伤、发烧、口渴,甚至休克等全身症状。

2. 处理方法

若伴有休克出现时,应先进行处理,即点按人中穴,并进行口对口人工呼吸或心脏胸外按压;若伴有伤口出血,应及时实施止血和包扎。骨折后暂勿移动患肢,应用夹板或其他代用品固定伤肢,及时护送医院检查和治疗。

(四) 脱臼

1. 原因与症状

因受外力作用,使关节面失去正常的连接关系,叫关节脱位,又称脱臼。关节脱位可分为完全脱位和半脱位(或称错位)两种。严重的关节脱位,伴有关节囊撕裂,甚至损伤神经。运动中发生的关节脱位,大都是间接外力撞击所致。

关节脱位后,常出现畸形,与健肢相比不对称,因软组织损伤而出现炎症反应,局部疼痛、压痛和关节肿胀,并失去正常活动功能,甚至发生肌肉痉挛等现象。

2. 处理方法

用长度和宽度相称的夹板固定伤肢。如果没有夹板,可将伤肢固定在自己的躯干或健肢上,防止震动,随后及时送医院治疗。必须指出,如果没有把握作整复处理时,切不可随意作整复手术,以免再度增加病情。

(五) 胫腓骨疲劳性骨膜炎

胫腓骨疲劳性骨膜炎是初参加运动训练的人或因跑跳练习过多而引起小腿骨疼痛的常见损伤。

1. 原因与症状

在跑和跳的运动中,身体的重力和地面反作用力对胫骨凸面产生拉张力,对凹面产生压张力,同时,骨内部产生相对应的拉应力和压应力,构成了矛盾平衡的两个方面。若跑跳运动过多或受力不当,使骨内部应力的提高跟不上外力的增加,导致矛盾平稳关系的改变,受到影响最大的是胫骨凸面最外层的骨膜,引起骨膜松弛或分离、淤血、水肿等一系列病理性改变,甚至发生局部骨质脱钙或断裂。

初期多在运动中或运动后出现小腿骨疼痛,休息后症状可消失,若再继续参加负荷较大的跑跳运动,疼痛逐渐加重,部分患者会出现夜间疼痛现象,个别严重者跛行。急性期多有局部凹性水肿,以小腿下段较明显。胫骨内侧面、内后缘或腓骨下端有压痛。病程较长的患者,在胫骨内侧面上常能触摸到小结节或肿块,压之锐痛。

2. 处理方法

早期症状较轻的病人,无需特殊治疗,仅用弹力绷带将小腿裹扎,减少下肢运动,休息时抬高患肢,多可痊愈。经常疼痛或运动后疼痛较重的病人,应休息并用弹力绷带裹扎小腿,抬高患肢,可配合中药外敷或熏洗、理疗、按摩、针灸、碘离子透入等。治愈后重新参加锻炼时,运动负荷要逐步增加,以免复发。

第四章　田径运动

第一节　田径运动概述

一、田径运动简介

公元前776年，在古希腊奥林匹克村举行了第一届古奥运会，从那时起，田径运动成为正式比赛项目之一。1894年，在法国巴黎成立了现代奥运会组织。1896年在希腊举行了第一届现代奥运会，在这届奥运会上田径的走、跑、跳跃、投掷等这些项目，被列为大会的主要项目。至今已举行的各届奥运会上，田径运动都是主要比赛项目之一。

田径运动包括跳、投类，以有效成绩距离大者名次列前的田赛和跑、走、跨(含3 000米障碍)类完成全程时间短者名次列前的径赛以及由上述田、径两类各部分项目组成的全能项目和短跑团体接力项目，是比速度、比高度、比远度和比耐力的体能项目，或要求在很短的时间内表现出最大的速度和力量，或要求在很长的时间内表现出最大的耐力，是最能体现奥林匹克“更快、更高、更强”的比赛项目。

二、田径运动的功能

(一) 健身功能

随着现代社会经济、科学技术的迅速发展，人们生活水平的不断提高，锻炼身体、增强体质已成为广大人民群众的迫切要求。田径运动是增强人民体质的重要手段之一。经常从事田径运动，能促进机体的新陈代谢，改善与提高内脏器官的机能，全面发展人的身体素质。田径运动的项目较多，锻炼形式多样，场地、设备和器材比较简单，练习时不易受到性别、人数、时间和季节等条件的限制，便于广泛开展。

(二) 竞技功能

田径运动是奥林匹克运动会的重要组成部分。田径运动项目是奥运会中奖牌数量第一大户，田径运动奖牌的数量直接影响一个国家奥运会的整体成绩。随着奥运会的升国旗、奏国歌通过电视向全世界转播，现在人们已把获得奖牌和一个国家与民族的政治、经济地位连在一起。它既能提高全民体质又能显示国民的体育实力，所以，政治、经济与体育强国都十分重视田径运动。一些弱小的国家为了以较小的付出来扩大国家的影响，也尽量把目标放在田径运动的个人夺冠上。世界各国优秀运动员参与的竞技田径运动是以追求达到人类体能、技能极限为目的，探求人类究竟能够跳多高，投多远，跑多快，并以他们高超的运动技艺吸引人们欣赏和观看，成为人们精神文化产物的一部分。

(三) 基础功能

田径运动能全面地、有效地发展人的身体素质和运动技能，对其他各项运动技术的发展和成绩的提高都有很好的作用。因此，各项体育运动都把田径运动作为发展身体素质的训练手段。实践证明，许多优秀运动员，特别是球类运动员，都有较高的田径运动能力和素质水平。

(四) 教育功能

通过田径运动教学、锻炼、训练和竞赛，能对学生和运动员进行爱国主义、集体主义等方面教育，并能培养竞争意识和勇敢顽强、吃苦耐劳的优良品质。

第二节 跑类项目

跑是由单脚支撑与腾空相交替、蹬与摆紧密配合、动作协调连贯的周期性运动。将运动员的身体作为一个整体，跑的一个周期要经历两次单脚支撑和两次腾空状态。就一侧腿动作而言，在一个周期内经历了支撑和摆动两个时期，这两个时期又可分为折叠前摆、下压准备着地、着地缓冲和后蹬四个阶段。当两腿同时处于摆动时期时，人体处于腾空状态。在一个周期中，运动员身体重心移动轨迹会产生上下波动，这是腾空与着地缓冲的必然结果。但在跑动时，应防止身体重心的左右晃动，注意跑的直线性。

跑的项目包括在跑道上进行的短距离赛跑、中距离赛跑、长距离赛跑、接力赛跑、跨栏跑、障碍跑和在公路上进行的马拉松。

一、短跑

短跑是指 400 米(包括 400 米)以下距离的跑，要求人们在较短的时间内，用最快的速度跑完规定的距离。由于它是在 1 分钟左右完成的项目，其供能特点是属于无氧供能，其中 100 米主要是无氧磷酸元供能，特点是时间短，恢复快；200 米、400 米主要是无氧乳酸供能。平常如果缺乏相应的锻炼，在小型运动会中进行以上项目时可以感受到嘴里有甜味和乳味，并有难受感觉。短跑是发展速度素质最有效的手段。短跑的整个过程是有机联系的统一体，各部分不是孤立存在，也不能把它们截然分开。为了便于有效地进行田径运动，有必要对田径短跑技术和有关常识进行了解。

(一) 学习步骤和练习方法

短跑的全程包括起跑、加速跑、途中跑和终点跑(图 4-1、图 4-2)。下面结合 100 米跑，简单介绍一下短跑的技术。其他短跑项目大体相同。

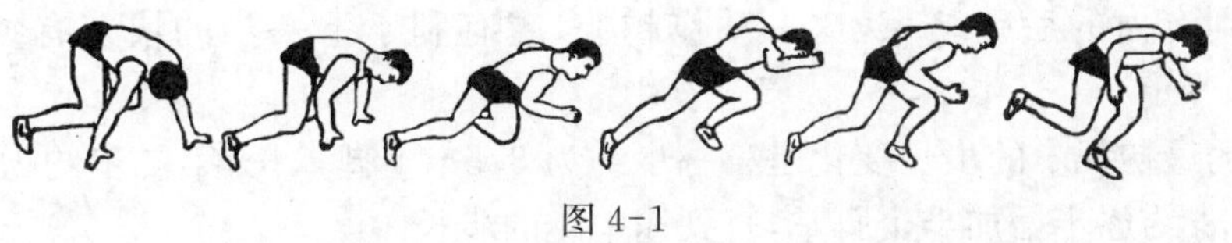

图 4-1

图 4-2

1. 起跑

起跑的任务是获得向前的冲力，使身体摆脱静止状态，为起跑后的加速跑创造有利的条件。田径规则规定，运动员在短跑比赛中必须采用蹲踞式起跑，必须使用起跑器。安装起跑器的目的是使两脚有牢固的支撑，形成良好的预备姿势，以使运动员获得较快的起跑速度。比较常见的前起跑器与起跑线以及后起跑器间距离均为 1.5 个脚掌长度。

短跑的起跑过程包括“各就位”、“预备”和鸣枪（或“跑”）三个环节。

“各就位”时，运动员轻快地走到起跑器前，两手撑地，两脚依次踏在前、后起跑器的抵足板上，后膝跪地，两手收回紧靠起跑线后沿并撑地面，两臂伸直，两手间距离比肩稍宽，手指成拱形地做弹性支撑，头与躯干保持在一直线上。身体重量均衡地落在两手、前脚和后膝关节之间。

“预备”时，逐渐抬起臀部，使身体重心向前上方移动，此时身体重量落在两臂和前腿之间，其重心投影点距起跑线 15～20 厘米。臀部抬起稍高于肩，使两小腿趋于平行。“预备”姿势时，不要过分地把身体重量移向两手是非常重要的。两脚贴紧在前后起跑器抵足板上，注意力放在后腿脚的“蹬”上，准备随时蹬离起跑线。

鸣枪（或“跑”）时，运动员应立即全速向前。这个动作开始于两手迅速推地、两腿有力蹬伸，而且几乎是同时进行的。两臂屈肘有力地前后摆动，同时两腿快速用力蹬起跑器。后腿快速蹬离起跑器后，便迅速屈膝向前上方摆出。摆出时腿不应离地面过高，这有利于摆动腿迅速着地并过渡到下一步。

2. 起跑后的加速跑

起跑后的加速跑是从蹬离起跑器到途中跑开始的一个跑段，一般为 20 米左右，用 13～15 步跑完，其任务是充分利用向前的冲力，尽快加速达到自己的最高速度。

起跑后的加速跑第一步，自前腿充分蹬伸到后腿蹬离起跑器前摆着地结束。摆动腿前摆与支撑腿间的夹角稍大于 90 度，摆动腿过分高抬并无好处，这会使躯干的前倾和向前运动产生困难。第一步的摆动腿应积极下压，着地点在身体重心投影点的后方，以前脚掌着地并迅速过渡到有力的后蹬结束，这一动作越快，越有利于下一步的快速有力地完成蹬地技术。

起跑后的最初几步的步长变化是第一步约为 3.5～4 脚掌长，第二步约为 4～4.5 脚掌长，以后的步长约逐步增加半个脚掌，直到途中跑的步长。

加速跑最初几步的支撑点是处在身体总重心投影点后面，因此是发展速度的最好条件，可以形成良好的后蹬角，并使后蹬的大部分力量用于提高水平速度。起跑后的加速跑段的支撑腿着地位置，一般是前2～3步脚着地于身体总重心的投影点后面；随后几步在身体总重心投影点着地；往后，则在总重心投影点前面着地。而最初几步的两脚着地点间的距离比途中跑稍宽，随着速度的发挥，两个脚着地点逐渐向中线靠拢。

起跑后加速跑段的两臂有力的前后摆动具有很大的意义，在开始几步身体处于很大的前倾姿态时，重心移动的初速度较小。因此，加速跑段应更加有力地大幅度地摆臂。

3. 途中跑

途中跑的任务是继续发挥和保持最高跑速。途中跑的每一个单步结构均由支撑期和腾空期组成。途中跑是由着地、垂直缓冲、后蹬和腾空组成。腾空阶段里小腿随时着蹬地后的惯性和大腿的摆动，迅速向大腿靠拢，形成大小腿边折叠边前摆的动作。与此同时，摆动腿以髋关节为轴积极下压，膝关节放松，小腿随摆动腿下压的惯性，自然向前下伸展，准备着地时，前脚掌应富有弹性。着地点距总重心投影点约27～37厘米，脚后跟不应落地，垂直缓冲为爆发性用力积蓄了动能；后蹬时，摆动腿迅速有力地屈膝向前上方摆出，摆至与水平面接近平行或平行，但不能超过水平面，否则会分散一部分力量或产生阻力。跑的成功很大程度上取决于跑的动作自然放松。

4. 终点跑

终点跑是全程跑的最后一段，其任务是尽力保持途中跑的高速度跑过终点。要求运动员在离终点线15～20米处时，尽力加快两臂摆动速度和力量，保持身体前倾角度。当运动员离终点线前一步距离时，上体急速前倾，双手后摆，用胸部或肩部撞终点线。跑过终点后逐渐减速。

对于200米、400米跑，除上述技术之外，还有弯道跑技术。运动员为了克服离心力，弯道跑摆腿时，整个身体向内倾斜，摆动腿前摆时，左膝稍向外展，以前脚掌外侧着地；右膝稍向内扣，以脚掌内侧着地，同时，并加大右腿前摆的幅度。弯道跑摆臂时，左臂摆动幅度稍小，靠近体侧前后摆动；右臂摆动的幅度和力量稍大，且前摆时稍向左前方，后摆时肘关节稍向外。弯道技术变化的程度与跑的速度、弯道半径有关联，速度越快、半径越小，技术变化的程度越大。从弯道进入直道时，身体逐渐减小内倾程度，放松跑2～3步，然后全力跑完全程。

（二）技术介绍

短距离跑简称短跑。据史料记载，短跑是公元前776年古希腊奥运会唯一的竞技项目，距离为192.27米。现代短跑起源于欧洲，最早被列入正式比赛是在1850年的牛津大学运动会上，当时设有100码、330码、440码跑项目。19世纪末，为规范项目设置，将赛跑距离由码制改为米制。

奥运会短跑项目男、女均设100米、200米和400米，运动员比赛时必须使用起跑器，听信号统一起跑，必须自始至终在自己的跑道内跑动。在国际赛事中，所有短跑项目必须采用蹲踞式起跑及起跑器。在“各就位”口令之后，运动员必须走向起跑线，在自己的分道内和起跑线后做好准备姿势。双手和至少一个膝盖应触地，两脚应接触起跑器。发出“预备”口令时，运动员应立即抬高身体重心做好最后的起跑姿势，此时运动员的双手仍须与地面接触，两脚不得离开抵脚板。一旦发令员认为所有运动员的"预备"姿势稳定后，即可鸣枪。除此以外，在"各就位"口令发出后，以声音或动作扰乱他人，也判为起跑犯规。在枪声响起前有任何起跑动作，均属起跑犯规。除了全能比赛，对起跑犯规负有责任的一名或多名运动员将被取消比赛资格。

(三) 常见错误及纠正方法

1. 抢跑

(1) 讲清动作要领和听枪声起跑的意义，严格要求遵守比赛规则。

(2) 调整起跑器到起跑线的距离和起跑器抵足板的角度。

(3) 适当调整预备姿势时身体重量的分配，增强手指和臂的力量。

(4) 延长或"缩短"预备—鸣枪的时间，养成听枪声启动的习惯。

2. 起跑动作无力，臂和腿的动作配合不协调

(1) 调整起跑器安装的距离与角度，做出有利于快速反应与发力的预备姿势。

(2) 预备姿势时两脚掌要贴紧起跑器。

(3) 反复做蹬离起跑器的摆臂摆腿练习或做单臂支撑半蹲踞式起跑，改进起跑第一步臂和腿摆动的协调配合动作。

(4) 结合发展腿部爆发力采用起跑的专门练习(如起跑、立定三级跳远等)。

3. 起跑后加速跑时上体抬起过早

(1) 讲清起跑后加速跑动作要领。

(2) 解除怕摔思想，加强蹬离起跑器的练习，强调加强摆臂抬腿。

(3) 适当拉长两起跑器间的距离。

(4) 用橡皮带牵引做起跑练习。

(5) 发展腿部力量。

(6) 用橡皮带牵引做起跑后的加速跑，在跑中逐渐加大身体前倾。

4. 加速跑阶段臀部后缩，摆动腿抬不起来，蹬离地面后"撩"小腿

(1) 讲清加速跑的技术特点和动作要领，强调摆臂和抬腿。

(2) 发展腰、腹肌力量。

(3) 用橡皮带牵引做起跑和起跑后头几步的练习，体会合理的前倾姿势。

5. 前摆低，大腿抬不起来

(1) 讲清后蹬结束后，大小腿折叠动作的重要性，并且反复做大小腿折叠前摆的辅助练习。

(2) 加强抬大腿的屈肌群力量和伸肌的柔韧性练习。

(3) 上体趋于正直，使髋关节处于前移的姿势，便于摆动腿前抬。

(4) 反复做高抬腿跑练习或加阻力做向前高抬大腿的练习。

6. 后蹬无力，坐着跑

(1) 讲清在后蹬时，髋、膝、踝三关节的用力顺序和充分伸展动作。

(2) 后蹬时，强调摆动腿前摆带动同侧骨盆前送。

(3) 加强腰、腹肌力量练习，跑时强调腰、腹肌保持适当的紧张。

(4) 身体保持正直姿势，使髋关节积极前送。

(5) 加强支撑腿的伸肌群力量练习,提高支撑能力。

(6) 多做高抬腿跑和后蹬跑等专门性练习。

(7) 负重弓箭步走和各种多级跳。

7. 前踢小腿跑

(1) 讲清动作要领,清除借前踢小腿来加大步幅的错误概念。

(2) 摆动腿大小腿应充分折叠,大腿高抬,然后大腿下压,小腿自然伸展。

(3) 反复做高抬腿跑。

8. 支撑腿和摆动腿配合不协调,动作脱节无力

(1) 讲清支撑腿与摆动腿配合的动作要领。

(2) 做50～60米的快速跨跳,要求快蹬、快摆,动作幅度大。

(3) 做30～50米的蹬摆跳。单腿屈膝支撑,摆动腿从体后向前摆出,同时支撑腿迅速用伸展成跳跃,接着以摆动腿着地支撑。

(4) 用中等速度跑,体会蹬地腿与摆动腿协调用力。

9. 步频快,步幅过小

(1) 讲清短跑的技术特点和步长、步频的关系。

(2) 反复做大步跑、加速跑以及并列同步加速跑(由步幅大的同学带跑)。

(3) 增强腿部力量和腿部肌肉柔韧性。

10. 步幅大,步频过慢

(1) 反复做快频率的小步跑、高抬腿跑等专门性练习。

(2) 发展快速力量。

(3) 由频率较快的同学带跑或牵引跑。

(4) 下坡跑或控制步长的定格跑。

11. 摆臂动作不正确

(1) 讲清正确摆臂的技术要领,明确摆臂动作的重要性。

(2) 增强手臂、肩带以及腰、背肌群的力量。

(3) 多做原地摆臂的练习。

(4) 用中等速度跑改进摆臂技术。

二、接力跑

接力跑是田径运动中唯一一项集体形式出现的竞赛项目,它是由跑和传、接棒技术组成的。接力跑传、接棒时精湛的技艺和每名参赛队员为集体竭尽全力所表现出的高度的默契,以及比赛场面激烈的竞争性和比赛结果变化无常带来的戏剧性,使它成为田径场上最具吸引力、最令人兴奋的项目之一。接力跑一般分为场地接力跑和公路接力跑。这里主要介绍场地接力跑,其设置的项目一般为男、女4×100米接力、4×400米接力、4×800米接力等。群众性的体育竞赛活动中,也有不同形式、不同距离、不同人数的接力跑,如迎面接力等。

接力跑的途中跑技术基本上与短跑相同,只是要求各棒队员之间协调配合,保证在高速跑进中完成传棒、接棒技术。为了更好地观赏接力跑比赛以及接力跑技术的有效利用,下面对它的技术作一简要介绍(图4-3)。

图 4-3

(一) 起跑

在接力跑的起跑技术中分为持棒起跑和接棒起跑。第一棒运动员采用持棒起跑技术，而第二、三、四棒运动员采用接棒起跑技术。第一棒运动员以右手握棒，采用蹲踞式起跑，接力棒不得触及起跑线以及起跑线前的地面。握棒方法一般是用右手的中指、无名指和小指握住棒的后部，拇指和食指分开撑地；第二、三、四棒运动员多采用半蹲踞式，接棒人站在接力区的后端预跑区内，选定起跑位置，并且头转向左后方，目视传棒人的跑进和自己的起动标志线。接棒运动员起跑姿势的选择，主要取决于能否快速起跑，并能清晰地看到传棒选手以及设定的起动标志(图 4-4)。

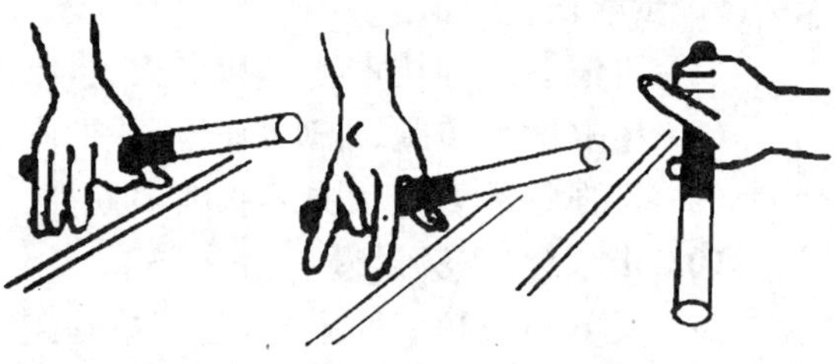

图 4-4

(二) 传、接捧方法

传、接棒在接力跑项目中非常重要，是影响成绩的关键点。传、接棒方法一般分上挑式、下压式和混合式三种。

上挑式是接棒人手臂自然后伸，掌心向下，传棒人将棒由下向前上方“挑”送到接棒人手中，优点是动作自然，不影响速度，缺点是接棒后还需要调整，且容易掉棒。下压式是接棒人手臂后伸，但掌心向上，传棒人将棒的前端由上向下“压”送到接棒人手中，优点是棒不容易掉，缺点是影响速度、不自然，传、接棒位置还需要调整。混合式是在一次接力跑中综合使用了前面两种方式(图 4-5)。

接力跑是由 4 个人密切配合、奋力拼搏完成全程跑的。4×100 米接力跑在安排各棒队员时，必须考虑发挥每名队员的特长与优势。在 4×100 米项目中，第一棒安排起跑快、跑弯道技术好者；第二棒是直线快速跑、速度耐力好、传接技术好者；第三棒除应具备第二棒的长处外，还要善于跑弯道；第四

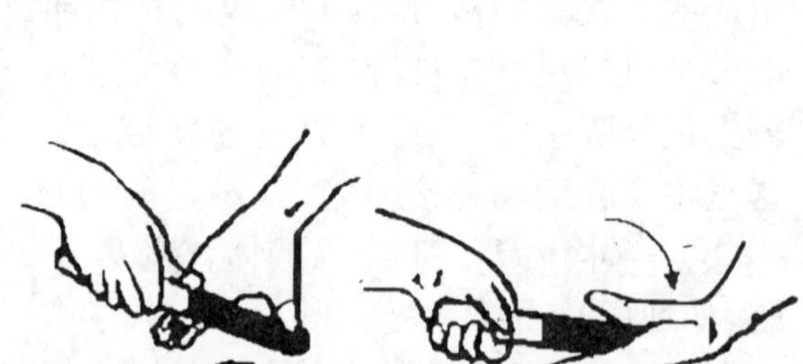

图 4-5

棒是全队实力最强的主力。4×400 米接力跑，由于 400 米后程的跑速明显地降低，传接棒的技术比较简单。各棒之间的配合以第一棒和第四棒的安排为主。一般将速度较快的运动员放在第一棒，争取获得领先地位；第四棒安排速度耐力好，意志品质较顽强地运动员，一旦前三棒落后，可奋起直追，一拼到底。

三、跨栏跑

跨栏跑产生于英国，兴起于欧洲，发展于美国。它是技术最为复杂的田径项目之一。起初是简单地将羊圈的栅栏移植到大学的运动会上，后来栏架形状由"⊥"变为"∟"，这些都促进了跨栏技术革新。由于跨栏跑具有速度快、节奏感强、竞争激烈、技术含量高等特点，所以它是一项极具观赏性的运动项目。

(一) 学习步骤和练习方法

跨栏跑项目包括女子 100 米栏、男子 110 米栏和男、女 400 米栏。每个项目都设 10 个栏架，但栏高和栏距不同。以男子 110 米栏为例，全程跑技术可分为起跑至第一栏技术、途中跑技术、终点冲刺跑技术。起跑至第一栏技术的任务是在有限的距离内发挥高的跑速，为积极过第一栏做好准备，为全程跑形成良好的节奏奠定基础。途中跑是由 9 个跨栏周期组成的，跨栏跑周期包括一个跨栏步和栏间三步跑。

在跨栏跑训练过程中，要抓住主要环节，针对运动员在技术上存在的薄弱环节进行训练。坚持做到以下几点：第一，接受现代跨栏技术的理论概念。通过直观法，对跨栏技术进行理论上的分析，加深运动员对技术的理解。跨栏技术的核心是跨栏步，它决定了跨栏成绩的快慢。跨栏步是由摆动腿攻栏，起跨腿提拉过栏和下栏着地组成。通过反复地观摩及分析，加强并提高了运动员的认识理解和接受能力。第二，强调"摆动腿"。运动员在起跨腿踏上起跨点开始的一刹那，摆动腿就进入了攻栏摆动阶段。一直到摆动腿落地才完成了摆动腿的使命。摆动腿攻栏是否充分积极，落地是否快速都直接影响着跨栏步，故多做摆动腿的练习是提高跨栏技术的重要因素。可以说没有充分积极的摆动腿攻栏就没有快速的栏间跑。

在跨栏跑比赛中，必须使用起跑器和蹲踞式起跑。跨越栏架这一步叫做"跨栏步"，包括起跨、过栏和下栏三个部分(图 4-6)。

图 4-6

1. 起跨

起跨前应保持较高的跑速，最后一步比前一前的步长小一点，当起跨腿脚掌着地时，摆动腿由体后向前摆动，大小腿在体后开始折叠，膝关节摆至超过腰部高度。两腿蹬摆配合完成起跨运动过程中上体随之加大前倾，摆动腿异侧臂往前上方摆出，另一臂屈肘摆至体侧，形成"攻栏姿势"。

2. 腾空过栏

腾空后身体重心沿着起跨所形成的腾空轨迹向前运行。起跨腿蹬离地面后，摆动腿大腿继续向前上方摆至膝关节超过栏架高度，小腿迅速前摆，当脚掌接近栏架时，摆动腿几乎伸直，脚尖微微上跷。摆动腿的异侧肩臂一起伸向栏架上方。上体加大前倾使头部接近或超过摆动腿的膝略高于踝。

3. 下栏着地

摆动腿积极下压，起跨腿加速向前提拉，以髋为轴完成两腿交接动作，摆动腿脚掌移过栏架的同时，起跨腿屈膝外展，小腿收紧抬平，脚尖勾起足跟靠臀，以膝领先经腋下加速前拉，当脚掌过栏后，膝继续收紧向身体中线高抬，脚掌沿最短路线向前摆出，身体成高抬腿跑的姿势，伸直下压的摆动腿在接触地面时，前脚掌做积极扒地动作。

（二）技术介绍

跨栏跑各参赛者必须在自己的线道内完成比赛，而且当参赛者跨越栏架时，若其腿或足从低于栏架项的水平线跨越，或跨越并非自己赛道上的栏架，均应被取消资格。若裁判员认为参赛者故意以手或足撞倒任何栏架，亦应取消其参赛资格。

奥运会比赛项目分男子110米跨栏跑、400米跨栏跑（1896年列入）；女子100米跨栏跑（1932年列入，当时为80米跨栏跑，1972年改为100米跨栏跑）、400米跨栏跑（1984年列入）。男子110米跨栏跑的栏高为106厘米，400米跨栏跑的栏高为91.4厘米；女子100米跨栏跑的栏高为84厘米，400米跨栏跑的栏高为76.2厘米。比赛时，如果出现下列情况的运动员也将被取消比赛资格：

（1）在过栏瞬间其脚或腿在栏架两侧外（任意一边）低于栏顶水平面；

（2）裁判长认为运动员有意撞倒栏架。

（三）常见错误及纠正方法

1. 直腿攻摆

产生原因：

（1）对动作要领理解不够，动作概念不清。

（2）攻栏时，大小腿折叠和向前上方摆高度不够，造成小腿摆伸过早。

（3）摆动腿膝关节过分紧张，动作不正确。

纠正方法：

（1）观看优秀运动员的录相。用DV拍摄自己的动作并和优秀运动员的录相动作进行比较并找出不足。

（2）面对肋木、墙壁多做攻摆练习，一定要有意识做大小腿折叠和向前上方摆动的动作。

（3）多做膝关节放松摆伸练习，熟练掌握攻摆动作。

2. 跳栏

产生原因：

（1）起跨腿弯曲过大，脚跟着地跨地角度大，垂直分力过大。

（2）起跨点离栏架太近，限制摆动腿向栏迅速前摆，怕碰栏。

（3）摆动腿上摆，下放摆动腿消极缓慢。

纠正方法：

(1) 确定适宜的起跨点，使起跨点距栏架不短于自己的 7 个脚掌长，适当加快栏前跑的速度。

(2) 利用活动轻便的铝塑管代替栏架的横板做跨栏练习，消除害怕碰栏的顾虑，当有信心时转入正式栏架的练习。

(3) 加强柔韧性的练习，掌握摆动腿屈腿摆动的攻栏技术。

3. 上栏前拉大步

产生原因：

(1) 下栏后速度下降过快，第一步太短被迫拉大后两步。

(2) 练习时，栏间距太长，跑速和腿部力量不够，不拉大步到不了起跨点。

(3) 栏间跑只注意跨步，忽视腿臂的积极配合，失去正确的平跑姿势。

(4) 对三步跑过必要的栏间距缺乏信心。

纠正方法：

(1) 在第一步落地点划上标志，以加大下栏后第一步的步长。并注意下栏后要保持速度强化过栏后紧接跑的意识。

(2) 缩短栏间距或降低栏架高度，也可适当重复练习栏间 5 步跑的连续跨栏。

(3) 发展腿部力量，提高弹跳力，注意改善平跑技术。

四、中长跑

中长跑包括中距离跑和长距离跑。中距离跑包括 800 米、1 500 米、3 000 米，它对速度和耐力都要求较高。而长跑以耐力为主，包括 5 000 米、10 000 米，可以充分地锻炼人的意志品质，提高人体心肺功能。现代中长跑技术的特征为：身体重心位移平稳，动作实效、经济、轻松、自然，并保持良好的节奏、高步频，积极有效地伸髋和快速有力地摆动动作。

在中长跑比赛中，合理运用战术及分配体力是取得优胜的关键。在集团作战时，为了节省优秀运动员的体力，其他运动员将其掩护起来，并做出一定的牺牲，如跑外圈，挡住后面运动员等。其中包括速度较快运动员的战术和速度较慢运动员的战术之分，如 2004 年第 28 届奥运会上，中国选手邢慧娜在 5 000 米比赛中，出发时处于最后一位，但是她稳步地一圈一圈地追赶，最后以强劲的冲刺，获得了冠军。

中长跑时，应注意呼吸的节奏。呼吸的节奏取决于个人特点和跑的速度。一般是跑两步或三步一呼气，跑两步或三步一吸气，随着跑速的提高，呼吸频率也相应加快。在强度大、竞争激烈的情况下，应采用半张口与鼻同时呼吸来最大限度地满足机体对氧气的需要。中长跑时，由于内脏器官机能的惰性，氧气的供应暂时落后于肌肉活动的需要，跑一段距离后会不同程度地出现胸部发闷、呼吸困难、动作无力等现象，迫使跑速降低，甚至有难以坚持下去的感觉。这种生理现象叫“极点”，它与准备活动、训练水平有关。训练水平高，内脏器官的适应能力强，“极点”出现就缓和、短暂。当“极点”出现时，可适当降低跑速，注意加深呼吸，同时要以顽强的意志坚持下去。

(一) 学习步骤和练习方法

尽管中长跑的技术结构比较简单，但是运动员的技术类型是日常生活中形成的，改进错误的技术动作比学习一门新的技术动作困难得多。因此应根据中长跑技术形成和改变的内在规律和特点，科学地安排好中长跑的技术训练。

中长跑强度相对较低，运动时间较长，这为运动员改进某一环节的动作创造了条件。因此首先应该让运动员建立正确的完整的技术概念，了解自己技术动作的缺点。其次在训练中，应不断指出运动员要改正的某一错误动作，引起运动员注意，这样才能收到较好的效果；在训练实践中，有时稍不注意或不提醒，原有的错误动作又会出现，这就需要不断地强化，直到改进为止。

在技术训练中，针对一些错误动作，应采用专门性的练习手段和分解练习及辅助练习手段加以改进。如为了消除摆动腿折叠不紧的错误技术，可以徒手练习后折叠跑，也可加阻力进行专门的折叠摆腿练习，做完这些练习后立即结合到完整的技术中去。这种以分解练习或辅助练习转换到完整技术训练的方法，在技术训练实践中会收到很好的效果。

1. 起跑和起跑后的加速跑

中距离跑采用半蹲踞式或站立式起跑，长距离采用站立式起跑。

(1) 半蹲踞式起跑。两臂一前一后，一手的拇指与其他四指成八字形撑于起跑线后，另一臂在体侧，体重主要落在前腿和支撑臂上。起跑动作近似蹲踞式起跑。

(2) 站立式起跑的动作顺序按下列口令进行：听到“各就位”口令后，先做一两次深呼吸，然后走或慢跑到起跑线后，两脚前后开立，有力的脚在前，紧靠起跑线的后沿，前脚跟和后脚尖之间的距离约一脚长，两脚左右间隔约半脚，体重大部分落在前脚上，后脚用前脚掌支撑站立。眼向前看 3～5 米处，身体保持稳定姿势，集中注意力听枪声或“跑”的口令。

听到枪声或“跑”的口令时，两腿用力蹬地。后腿蹬地后迅速前摆，前腿迅速蹬直，两臂配合两腿动作做快而有力的摆动，使身体快速向前冲出，在短时间内获得较快的跑速。

2. 中长距离跑的呼吸

初参加中长跑练习的人，应掌握正确的呼吸方法。刚开始跑时可在自然的情况下加深呼吸，呼吸的节奏要和跑的节奏相配合。一般是跑三步一呼气，跑三步一吸气，并有适宜的呼气深度。随着疲劳的出现，呼吸的频率有所增快，应着重将气呼出。

3. 途中跑

(1) 上体的姿势。正确的上体姿势是正直或稍前倾，头部自然，眼平视，面部和颈部的肌肉要放松。

(2) 腿部动作。跑的速度大小决定于步长和步频。

(3) 后蹬与前摆。在一个跑的周期中，当身体重心移过支撑点后，开始后蹬与前摆的动作。当摆动腿通过身体垂直部位向前摆动时，支撑腿的各个关节要迅速蹬伸，首先伸展髋关节，再迅速有力地伸展膝关节和踝关节。后蹬结束时，腿几乎伸直或伸直。蹬伸的时间应短促，这样才能在蹬伸后及时向前摆腿。

(4) 腾空。后蹬腿蹬离地面后，身体进入腾空时期。当后蹬腿的大腿开始向前摆动时，小腿顺惯性自然摆起，膝关节弯曲，形成大小腿折叠的姿势。

(5) 脚的着地与缓冲。当摆动腿的大腿开始下落时，膝关节亦随之自然伸直，并用前脚掌着地。

(6) 摆臂动作。中长跑时，两臂稍微离开躯干，肘关节自然弯曲，以肩为轴前后自然摆动，摆幅要适当。

4. 终点跑

终点跑是临近终点的一段加速跑，进入最后的直道时，要竭尽全力进行冲刺跑。加速跑的时间，要根据比赛的距离、个人训练水平和战术决定。

（二）技术介绍

奥运会所有的中长跑比赛都采用站立式起跑。其中，800 米比赛的起跑是运动员分别在自己的跑道里，直到通过抢道标志线以后运动员才能离开自己的跑道，切入里道。1 500 米比赛和长距离跑通常采用集体出发的形式，从起跑开始，运动员就可以切入里道。在“各就位”口令后，运动员应走向起跑线，在起跑线后做好起跑准备姿势（完全在自己的分道内）。运动员就位时，其双手或双脚均不得触及起跑线在起跑中或线前地面的任何部分。一旦发令员认为所有运动员的起跑姿势稳定后，即可鸣枪。除了全能比赛，对起跑犯规负有责任的一名或多名运动员将被取消比赛资格。

与跑道竞赛项目不同，马拉松跑属于公路赛，比赛也同样采用集体出发方式，而且一次比赛就评定出最后名次。国际田联将 1908 年奥运会所采用的 42.195 公里确定为马拉松跑的标准距离。马拉松比赛可采用起、终点在同一地点的往返路线，也可采用起、终点不在同一地点的单程路线。比赛时，沿途必须摆放标有已跑距离的公里牌，并要每隔 5 公里设一个饮料站提供饮料，两个饮料站之间设一个用水站，提供饮水或用水。因比赛路线、条件差异较大，故国际田联不设世界纪录，只公布世界最好成绩。

（三）常见错误及纠正方法

1. 重心偏低，即俗称的“坐着跑”

（1）反复讲解和示范，建立正确的技术概念。

（2）反复进行后蹬跑、上坡跑的练习，强调摆腿时高抬大腿并带动同侧髋关节前送以及后蹬充分有力。

（3）加强下肢力量练习，反复进行跨步跳、多级跳等练习。

（4）注意发展髋、膝、踝各关节的柔韧性和灵活性。

2. 前摆高度和幅度不够

（1）做高抬腿的各种练习，提高腿的高幅度以及摆动腿前摆时的高度，要求大腿前摆与水平部位平行或略高一些。

（2）强调跑动中上体保持稍前倾姿势，进行上体较正直的慢跑、下坡跑以及各种高抬腿跑。

（3）注意发展腰腹部肌肉力量。

3. 身体左摇右晃

（1）原地进行摆臂练习，慢跑或中速跑中注意正确的摆臂技术。加强以肩为轴，以肘发力的两臂前后摆臂练习。

（2）手持重物的摆臂练习。

（3）沿跑道线等有明显直线标志的跑道直线，要求两脚的着地点落在中线的两侧近点。

4. 起跑抢跑和起跑后速度过快

（1）加强中长跑起跑技术的练习，学习和掌握站立起跑技术，注意在“各就位”姿势时身体重心的位置。

（2）制定合理的分配体力方法，按预定的方案跑，不受他人干扰。

(3) 掌握科学合理的技术、战术方案和抢位的方法。

5. 摆动腿在垂直阶段折叠不够

(1) 反复进行折叠腿的各种练习。如跑动中后踢小腿,以足踵触及臀部等练习。

(2) 发展膝关节的柔韧性和灵活性。

6. 柔韧性差

(1) 在慢跑或中速跑时,自然轻松地摆臂,体会肌肉的放松和用力,提高肌肉神经的灵活性。

(2) 提高和发展专项耐力,保持正确的身体姿势。

(3) 用自然呼吸进行跑步练习,体会和掌握呼吸与步频的自然协调配合。

(4) 发展专项必备的柔韧性练习。

第三节　跳跃项目

跳跃项目包括跳远、三级跳远、跳高和撑竿跳高。它是人体在短时间内高强度地以肌肉用力克服障碍的运动,如克服地心引力,身体重量,克服器械、心理、情绪等阻力。因此,跳跃练习能提高控制身体和集中用力的能力,能充分发展和提高弹跳力、下肢爆发力和灵敏性、协调性,培养勇敢精神。

一、跳远

跳远既要有快速的助跑,又要有准确的踏板起跳,高的腾空和稳健的落地。所以,它除了能发挥人体速度、弹跳力等素质外,更重要是能提高神经系统的分析、综合和应变能力,以及内脏器官的生理功能。

跳远是田径比赛中的一个项目,同时也是人越过障碍物的实用技能。从事跳远运动可以有效地发展弹跳力、速度和提高控制身体的能力。

(一) 学习步骤和练习方法

跳远的完整技术是由助跑、起跳、空中动作和落地四个部分组成(图 4-7)。正确完成跳远技术的各部分动作,以及实现各部分动作的有机结合是完善跳远技术的关键。

图 4-7

跳远的助跑速度与跳远的成绩密切相关。助跑的任务是获得更快的水平速度,并为准确地踏板和快而有力的起跳做准备。优秀运动员助跑的加速有两种方法:平稳加速和积极加速。美国优秀跳远运动员刘易斯采用前一种，而后一种适合绝对速度较快的运动员。助跑要提高重心、高抬腿、富有弹性、节奏明显，最后几步助跑有两种技术特征：一是最后几步的步长相对缩短，步频明显加快，形成一种快速进入起跳的助跑技术节奏；另一种是在步长相对稳定的情况下，加快步频，形成快速上板的技术特征。目前，世界优秀运动员大都采用后一种跑法。因此，要有积极向踏板进攻的意识。快速、准确是助跑技术的要点，节奏是完成这一要点的关键。一般说来，助跑距离和步数，优秀男子运动员为40～45米，跑18～24步；女子为30～40米，跑16～18步。

起跳是跳远的关键环节，是将水平速度保持和传递的重要阶段。起跳时，应充分利用助跑所获得的速度，在较短的时间内，创造尽可能大的腾起初速度和适宜的腾起角。起跳脚着地时，足跟和足掌几乎同时着地，躯干成90度～107度；蹬伸时，身体迅速前移并伸展，充分地伸展起跳腿的髋、膝、踝，上体和头部保持正直，摆动腿大腿摆至水平或高于水平位置，两臂前后摆起。

起跳离地后，人体向空中腾起，由于起跳时产生使身体向前的旋转力，空中动作就是要减少身体向前旋转，保持身体在空中的平衡，最大限度地利用身体重心抛物线轨迹，把两腿充分地前伸，为合理地落地作准备。跳远的空中姿势有蹲踞式、挺身式和走步式。在三种空中姿势中，"蹲踞式"比较简单，且容易掌握。它的技术要点是：起跳进入腾空步后，摆动腿大腿继续高抬，躯干正直，两臂向前上方摆动，随后起跳腿向摆动腿靠拢，成蹲踞姿势。

落地动作要点是：小腿前伸，两臂向体后摆动。着地前尽量减少双腿与地面的夹角，以便于足的着地点更接近身体重心轨迹的落点。在脚接触沙面的瞬间，屈膝缓冲，髋部迅速前移，双臂快速前摆，使臀部移过落地点。也可以采用落地侧倒的方法。

现代跳远技术是由助跑、踏跳、腾空和落地四个部分组成的完整技术。

1. 助跑

助跑是为获得最大的水平速度，为强而有力的踏跳作好准备。助跑的步数一般采用18～24步，起动方法可根据个人的习惯采用站立式或行进间方式。助跑时，肩带自然放松、两臂协调地配合两腿动作前后摆动，跑的节奏明显，并逐渐加速，使助跑最后几步达到或接近本人最快速度上板。

图 4-8

2. 踏跳

起跳腿着地后，身体重心应迅速前移，到垂直阶段时，起跳腿被迫屈膝，上体基本保持正直，与此同时，折叠的摆腿在两臂协调配合下迅速有力地大幅度地向前上方摆出，使身体重心迅速移过支撑点。起跳腿迅速做蹬伸动作，并提肩拔腰，头向上顶。起跳腿蹬伸结束时，髋、膝、踝关节充分伸直，两臂摆至与肩相平的位置，成腾空步(图4-8)。

3. 空中动作

徒手跳远根据空中动作可分为蹲踞式、挺身式和走步式三种。

(1) 蹲踞式

起跳离地后，在空中形成一个较大的腾空动作，尽量加大两腿之间的夹角。待身体移过重心轨迹最高时，摆动腿大腿部位继续高抬，而起跳腿大腿部位向上方提起与摆动腿靠拢，这时两大腿高抬，上体伸直或微向前倾，两臂向上高举。两小腿前伸准备落地。

(2) 挺身式

起跳后在空中有明显的腾空步，接着摆动大腿并积极下压，膝关节放松，同时向前挺髋。摆动腿向下后方放下，与起跳腿靠拢使身体在空中形成一个背弓形的姿势，双臂此时应配合摆动腿在空中做相互补偿的挺身动作，以维持身体的平衡。待身体越过重心轨迹线最高点时，两大腿积极高抬，小腿前伸准备落地。

(3) 走步式

起跳腾空后，摆动腿积极下压向下后方摆动，同时起跳腿大腿积极向前迈出，形成空中换腿的第二步。接着，处于身后方的摆动腿大腿再向前高抬与起跳腿并拢，即完成走步式两步半的动作。双臂在换腿的同时，在体侧做交叉绕环的协调摆动。当双腿并拢后，要高抬双膝并向前伸小腿，准备落地。

4. 落地动作

在双脚即将落地时，两小腿应尽量前伸，双脚跟接触沙面的瞬间，立即屈膝缓冲动作，髋部在双臂向前摆动的配合下积极前移，使身体迅速落地。

(二) 技术介绍

跳远源于人类猎取或逃避野兽时跨越河沟等活动，后成为军事训练的手段，为公元前708年古代奥运会五项全能项目之一。现代跳远运动始于英国，1827年9月26日在英国圣罗兰·博德尔俱乐部举行的第一次职业田径比赛中，威尔逊越过5.41米的远度，这是第一个有记载的世界跳远成绩。跳远的腾空动作有蹲踞式、挺身式和走步式。20世纪70年代出现前空翻跳远，因危险性大，被国际田联禁用。最初运动员是在地面起跳，1886年开始采用起跳板。起跳板白色，埋入地下，与地面齐平，长1.22米，宽20厘米，距沙坑近端不少于1米。起跳板前有起跳线，起跳线前有用于判断运动员起跳是否犯规的橡皮泥显示板或沙台。运动员必须在起跳线后起跳。比赛时，如运动员不足8人，每人可试跳6次，超过8人，则先试跳3次，8名成绩最好的运动员再试跳3次。以运动员6次试跳的最好成绩排列名次。男、女跳远分别于1896年和1948年被列为奥运会比赛项目。

(三) 常见错误及纠正方法

1. 助跑步点不准

产生原因：

(1) 开始助跑的姿势不固定。

(2) 助跑加速不均匀，节奏和步长不固定。

(3) 受气候、场地、身体机能和心理因素影响。

纠正方法：

(1) 固定助跑的起动方式，正确使用助跑标志物。

(2) 固定加速方法，确定和掌握住跑节奏。

(3) 注意在各种环境下进行练习，培养适应能力，提高助跑稳定性。

2. 助跑最后几步减速

产生原因：

(1) 步点不准，最后几步步长过大或过小。

(2) 跑时上体后仰、臀部后“坐”或后蹬不充分等。

(3) 怕犯规或跑快了跳不起来。

(4) 急于做强有力的起跳。

纠正方法：

(1) 要强调跑得动作正确，跑的路线正值，反复进行各种跑的练习和跑步点。

(2) 要强调跑过踏板，起跳动作轻而柔和，利用速度争取出好成绩。

(3) 改进起跳技术。

(4) 采用俯角斜板提高起跳速度。

3. 起跳腿蹬伸不充分

产生原因：

(1) 摆动腿摆动的速度慢，幅度较小。

(2) 起跳蹬伸时机掌握不好，起跳腿力量不够。

(3) 起跳时髋没有积极前送。

纠正方法：

(1) 起跳中加快摆动腿的速度和幅度。

(2) 改进起跳技术，进行各种起跳的专门性练习。

(3) 发展腿部力量。

4. 起跳后做不出"腾空步"动作

产生原因：

(1) 起跳时，起跳腿还没有蹬直就离地收腿。

(2) 起跳时，上体过于前倾或后仰。

(3) 起跳时，摆动腿摆动无力。

纠正方法：

(1) 起跳后，用头、手或摆动腿的膝去触及一定高度的悬挂物。

(2) 连续做跨步跳练习。

(3) 在高处(如利用斜板)起跳，做"腾空步"练习。

5. 起跳方向不正

产生原因：

(1) 最后几步助跑的路线偏斜或起跳时身体侧倾。

(2) 摆动腿方向不正。

(3) 起跳中身体积极前移不够。

纠正方法：

(1) 强调直线助跑的重要性，按事先画好的直线，反复进行助跑和起跳练习。

(2) 反复做起跳的模仿练习，强调头和躯干成一条线，摆腿要正。

(3) 做完整的跳远练习，强调跑过跳板，或在俯角斜板上练习起跳。

6. "制动式"起跳

产生原因：

(1) 没有掌握正确的起跳技术，对保持高的水平速度的意义认识不足。

(2) 盲目追求过高的腾空高度。

纠正方法：

(1) 正确认识水平速度对提高跳远成绩的重要性。

(2) 强调在快速跑过起跳板的条件下起跳，起跳腿着地时脚要积极“扒地”。

7. 挺身动作过早

产生原因：

(1) 起跳时上体过于前倾。

(2) 起跳不充分，腾空步幅度小。

(3) 腾空后，摆动下得过早。

纠正方法：

(1) 加强起跳练习，强调“腾空步”姿势，待身体腾跃一定距离后，再做挺身动作。

(2) 助跑起跳后成“腾空步”姿势越过一定高度的横杆，然后再放下摆动腿并向后摆动，形成挺身展体姿势。

8. 以挺腹代替挺身

产生原因：

(1)“腾空步”后，摆动腿下落不积极。

(2) 摆动腿没有后摆的动作，而且上体后仰。

纠正方法：

(1) 在器械上支撑或悬垂，做挺身的模仿练习。

(2) 加强短距离助跑的完整练习，要求上体保持正直，摆动腿积极下落并向后摆动。

9. 空中身体产生前旋

产生原因：

(1) 起跳时低头，上体过于前倾，过早收起起跳腿。

(2) 摆动腿大腿前摆不够，腾空步动作不明显。

纠正方法：

(1) 短程助跑起跳，要求上体保持正直，目视前方。

(2) 起跳后保持明显的“腾空步”姿势，越过横杆或橡皮筋后再向前收起跳腿。

10. 着地时小腿前移不够

产生原因：

(1) 着地前低头，上体前压。

(2) 腰腹力量和下肢柔韧性差。

纠正方法：

(1) 立定跳远，要求着地前小腿向前伸出。

(2) 短程助跑跳远，着地前高抬大腿。

(3) 加强腰腹肌力量和大腿后侧肌群、韧带的柔韧性练习。

11. 着地后臀部后坐

产生原因：

(1) 脚跟着地后，没有迅速屈膝前跪。

(2) 落地后身体不积极前移。

(3) 摆臂姿势不正确。

纠正方法：

(1) 坐落地的模仿练习，强调及时屈膝，屈踝和向前送髋。

(2) 做立定跳远练习，强调在着地前将两臂摆向体后，着地后用力前摆，协助身体迅速移过支撑点。

二、三级跳远

三级跳远项目最初起源于爱尔兰，当时的跳法是两次单足跳加一次跳跃的形式，现在这种形式的跳法是19世纪后期从英国发展起来的。三级跳远是一个对身体素质要求较高、技术比较复杂、身体素质与技术高度统一的项目。它经历了自由式跳法、高跳型技术、平跳型技术和速度型技术四个阶段。速度型技术，突出一个"快"字：助跑快、三跳节奏快。三级跳远是运动员经过助跑，沿直线连续进行三次水平跳跃的项目。它潇洒、飘逸，可以充分展示运动者的矫健，有效地发展人的协调性。

(一) 学习步骤和练习方法

三级跳远技术由助跑起跳、单足跳、跨步跳和第三跳四个部分组成。其中，第一跳(单足跳)用起跳腿落地；第二跳(跨步跳)用摆动腿落地；第三跳(跳跃)用双脚落入沙坑(图4-9)。这就要求运动员尽量减少强弱腿力量的差距。

图 4-9

三级跳远的助跑与跳远的助跑基本相同，一般跑16～24步，普通运动员为12～14步。与跳远助跑的不同点是：①助跑倒数第二步步幅没有明显加大；②不宜强调起跳的准备动作。

第一跳(单足跳)是起跳脚起跳，要求助跑与起跳紧密衔接，起跳方向相对向前，起跳腿的大腿低于水平，以缩短腾空时间，随后，在空中做交换腿动作，起跳腿积极前摆、落地。

要点是尽量保持水平速度，缩短时间，减少着地和腾空时的速度损失，动作充分，身体重心轨迹长而平。

第二跳(跨步跳)仍是起跳脚起跳，开始于第一跳腾空后，起跳腿积极下压、着地，同时摆动腿和两臂用力地向前摆动，身体重心保持较高的位置，第二跳的起跳角比第一跳的要小，腾空高度也较低。腾空后，摆动腿积极上提，上体前倾，起跳腿屈膝向后摆动，加大两腿间的夹角，为下一跳作准备。

第三跳是摆动腿起跳，应尽量利用所余的水平速度，并增加垂直速度，争取远度。第三跳着地角小于前两跳，但起跳角和腾空角都大于前两跳，起跳时，起跳腿的髋、膝、踝充分蹬直，两臂积极上摆，空中动作多采用蹲踞式。

三级跳远的摆臂动作有单臂摆、双臂摆和单、双臂混合等几种方式。单臂摆可减少速度的损失，双臂摆能保持身体的平衡。具体采用哪一种，应根据运动员自身技术特点进行选择。

(二) 技术介绍

三级跳远起源于18世纪中叶的苏格兰和爱尔兰，两者跳法不同。苏格兰采用单足跳、跨步跳、跳跃，而爱尔兰用的是单足跳、单足跳、跳跃。现规定必须使用苏格兰跳法。最早的正式比赛可以追溯到1826年3月17日首次举行的苏格兰地区运动会，比蒂(Andre Beattie)创造了12.95米的第一个纪录。比赛时，运动员助跑后应连续作3次不同形式的跳跃，第一跳为单足跳，用起跳腿落地；第二跳为跨步跳，用摆动腿落地；第三跳为跳跃，必须用双脚落入沙坑。男子三级跳远于1896年被列为首届奥运会比赛项目，女子三级跳远于20世纪80年代初逐渐广泛开展，1992年被列为奥运会比赛项目。

三级跳远是由单脚跳、跨步跳和跳跃组成的，从事三级跳远的练习，具有和跳远同样的锻炼价值。

三、跳高

跳高作为一项竞技运动项目，仅有100多年的历史，但是其技术的变革却很大。据记载，最早的跳高纪录是用跨越式创造的。之后，跳高动作先后出现过的形式主要有剪式、滚式、俯卧式、背越式等。现在，在大型比赛中几乎全部运用背越式跳高技术，这不得不让我们记住一个名字——福斯贝里，是他在1968年墨西哥奥运会上，第一个运用背越式技术并夺得冠军。这给跳高技术带来了崭新的形式和更高的突破。由于技术的合理性，我们将对背越式跳高技术做一介绍。另外，尽管跨越式是最原始的跳高技术，但是它源于生活，对我们提高跳跃能力并在生活中运用，有着一定的实践意义，所以也进行介绍。

(一) 跨越式跳高

跳高技术都是由助跑、起跳、过杆和落地四个部分组成。

(1) 助跑。在摆动腿一侧助跑，一般要跑6～8步。助跑路线与横杆的角度为30度～45度，助跑的开始三四步要轻松，富有弹性，随后逐渐加速，上体微前倾，助跑后几步重心稍低。

(2) 起跳。起跳点与横杆投影线的距离为50～70厘米，起跳时脚跟着地并迅速过渡到全脚掌，起跳腿迅速有力地起跳，踝、膝、髋充分蹬直，高抬摆动腿并积极前送小腿，身体重心迅速前上方移动，加大两腿间的距离。

(3) 过杆。当摆动腿摆过横杆高度时，身体前倾，脚尖内转下压，起跳腿积极高抬，上体沿纵轴向起跳方向旋转，使臀部和起跳腿迅速过杆。

(4) 落地。起跳腿随摆动腿的下压而抬高绕过横杆后，摆动腿缓冲落地(图4-10)。

图4-10

(二) 背越式跳高

背越式跳高技术的优越性在于能够利用助跑速度提高跳跃的效果。它有速度型、力量型之分。其中朱建华属于前一种，而索托马约尔属于后一种，他们都曾创造过世界纪录，是这两种技术的典型代表。背越式跳高的技术过程同样包括助跑、起跳、过杆和落地(图 4-11)。

图 4-11

四、撑竿跳高

撑竿跳高是田径项目中最为复杂的运动,它不仅要求运动员具有优秀跳远运动员的身体素质,而且还需具备优秀体操运动员的空间感觉和能力。撑竿跳高的发展始终伴随着撑竿材料的不断革新,从木杆、竹竿、金属竿到最后的尼龙竿,运动技术和运动成绩发生了巨大的变化,成绩也从 2.44 米提高到 6.14 米,世界纪录光是使用了尼龙竿后就被打破了 51 次,还出现了有史以来最伟大的撑竿跳高运动员布勃卡。目前,男子撑竿跳高运动员虽无法与布勃卡的技术和成就相比,但是比赛场面依然非常精彩。而相比较而言,女子撑竿跳高发生了翻天覆地的变化,出现了被称为"女布勃卡"的俄罗斯人伊辛巴耶娃。

我们从撑竿跳高的比赛中,可以感受到人类向更高目标挑战的毅力和决心。这种充分展现人类力量、速度、协调、胆识的运动,同样吸引着无数观众的眼球。人们为成功者欢呼雀跃、兴奋、沸腾,同时也支持、鼓励着失败者一次一次地挑战自我。

撑竿跳高运动源于生活,同时也应回归生活,人们借助撑竿,可以越过一定的障碍、沟渠等,对我们的生活具有实践性意义。

第四节 投掷项目

投掷是人类生产和生活活动中的常用动作,投掷还可以发展人的上肢爆发力和准确性等。

田径运动中的投掷项目有四项,即铅球、铁饼、标枪和链球,都是以投掷远度决定成绩的。它是在我们祖先生存、生活的过程中发展起来的,尤其是标枪,它是被用做捕食猎物的手段,还可以发展上肢力量和爆发力,故被作为一种练习的手段来进行学习。

一、铅球

推铅球最早源于士兵投掷炮弹,那时炮弹是圆的,重 7.26 千克。后来,人们制作成比赛专用的铅球,重量一直沿用至今天。最初推铅球是在直线后进行,后来,不断改进成今天的圆圈投掷区。推铅球运动员是站在直径为 2.135 米的投掷圈内,将铅球推在夹角为 34.92 度的扇形区之内,并且身体的任何部位不得超过前抵板,投出的成绩才有效。推铅球是一项以增强肌肉力量为主的动力性健身运动项目。其特点是要在最短的时间内,肌肉以最大的紧张度和最快的速度收缩所产生的爆发力量,以最协调和连贯的动作将铅球推到最远的地方。所以,长期坚持推铅球锻炼,既提高人体力量素质,又能改善人体的灵活性和协调性,提高神经系统生理功能。

目前,国内外流行的推铅球技术有三种:侧向滑步推铅球、背向滑步推铅球和旋转式推铅球(图 4-12)。第二、三种推铅球技术较复杂,一般多被竞技运动员采用。第一种推铅球技术较为简单、易学、易掌握,所以一般被健身者采用。

图 4-12

无论这三种推铅球技术有何差异,从技术整体结构上都有一个共同的技术结构,即包括握球与持球方法、预备姿势、滑步(旋转),最后用力和维持身体平衡五个部分。

(一) 学习步骤与练习方法

1. 握球和持球方法(以右手为例)

五指自然分开,将铅球放在食、中、无名指的指根上,拇指和小指托住铅球的两侧,手腕背屈,手握铅球贴住颈根部,肘关节外展,并略低于肩或与肩同高,不持球的臂放松举于左斜上方。

2. 预备姿势(以背向滑步推铅球为例)

推铅球技术主要有侧向滑步推铅球、背向滑步推铅球(图 4-13)和旋转推铅球三种方式。结合学生实际,现重点介绍背向滑步推铅球技术。

图 4-13

身体左侧正对投掷方向，两脚左右开立与肩同宽，右脚全脚掌着地站立，左脚前脚掌内侧着地，右肘稍低于肩，上体稍向右倾斜侧屈，身体重心落在右脚上，左臂向体前斜上方自然举起，眼睛看右斜下方。

3. 滑步(侧向)

背对投掷方向，持球贴近投掷圈的后沿站立，身体重心落在右脚掌上，左脚置于右脚跟后方 20～30 厘米处，以脚尖触地，维持身体平衡；运动员站稳后，从容地向前屈体，待上体屈至接近与地面平行时，屈膝下蹲，同时头部和左膝向右腿靠拢，完成团身；之后臀部主动后移，积极后摆左腿，充分利用"移、摆"产生的动力，完成右腿的滑步动作，随即左腿下放。

当做好侧向滑步推铅球预备姿势以后，左腿可做 2～3 次预摆。当最后一次预摆结束时，在左腿回摆的同时，右腿弯曲并降低身体重心，使身体成向右侧屈的半蹲姿势。当左脚回摆到靠近右脚时，要紧接着以左大腿带动小腿向投掷方向摆出。同时，右腿用力蹬伸，并利用这两个向前的力量带动髋部向投掷方向移动。当右腿充分蹬直后迅速收回小腿，前脚掌沿地面向投掷方向滑去。随着右脚落地的同时，左脚主动迅速地以前脚掌内侧着地。这时体重落在弯曲的右腿上，形成了有力的推铅球动作。

4. 最后用力和维持身体平衡

最后用力是从左腿落地到铅球出手，铅球出手的速度 80%是在此阶段获得的。最后用力时，右膝内压，右腿的侧蹬推动骨盆侧移，使躯干形成侧弓和左腿有力地支撑下，充分利用下肢蹬伸力量转髋转体，然后右胸前挺。当滑步即将结束时，左脚一触及地面右脚同时用力蹬地，右侧髋关节向投掷方向转动，上体迅速向投掷方向抬起，重心前移。当身体左侧移到与地面垂直的一瞬间，左肩固定，右腿迅速蹬直，上体和头部向投掷方向转动，右肩向投掷方向送出同时抬头挺胸。此时，右臂积极做推铅球动作并用手腕和手指的力量将球以 38 度～42 度的有效方向推出。右臂推铅球的同时，左臂由前摆向体侧制动。

铅球推出后，通常采用两腿交换并降低身体重心来减缓向前冲力，将右腿换至前面，并屈膝缓冲，将左腿后伸，降低其重心，改变重心移动方向，以便维持身体的平衡。

(二) 技术介绍

铅球项目起源于古代人类用石块猎取禽兽或防御攻击的活动。现代推铅球始于 14 世纪 40 年代欧洲炮兵闲暇期间推掷炮弹的游戏和比赛，后逐渐形成体育运动项目。铅球的制作经历了用铁、铅以及外铁内铅的过程。正式比赛男子铅球的重量为 7.26 千克，直径 11～13 厘米；女子铅球的重量为 4 千克，直径 9.5～11 厘米。早期推铅球没有固定的方式，可以原地推，也可以助跑推；可以单手推，也可以双手推；还出现过按体重分级别的比赛。最初采用原地推铅球技术，后逐渐发展到侧向推、上步侧向推。20 世纪 50 年代，美国运动员奥布赖恩发明背向滑步推铅球技术，该技术被称为"铅球史上的一场革命"。70 年代，苏联运动员巴雷什尼科夫发明旋转推铅球技术，由于旋转后难以控制身体平衡，至今只有极少数运动员使用。比赛时，运动员应在直径 2.135 米的圈内，用单手将球从肩上推出，铅球必须落在落地区角度线以内方为有效。男、女铅球分别于 1896 年和 1948 年被列为奥运会比赛项目。

(三) 常见错误及纠正方法

1. 推铅球时手指，手腕用力不当

要求握球时手指有一定紧张程度；注意发展手指、手腕和力量；多用较轻的铅球进行练习，注意用力顺序。

2. 推铅球时肘关节下降，形成抛球

注意持球时手臂的动作，多做正面推球，要求肘关节上抬（不高于肩），滑步和开始推球时（抬体阶段），两眼仍看前下方。

3. 滑步距离太短

徒手或持球反复练习蹬摆动作结合；连续做拉收小腿的练习；在地上画出两脚落地标志，要求学生滑步后落在标志上。

4. 滑步时身体重心上下起伏大

滑步前身体重心先稍后移；左腿摆动时，要求触及后方（投掷方向）的标志物（标志物高度低于臀部）。

5. 滑步结束后不能保持投掷前的正确姿势，上体过早抬起，身体重心在两腿之间

徒手或持球连续做收腿动作；教师在学生右侧（稍后）拉住学生的左手，或在背后压住上体，进行滑步练习。

6. 滑步后停顿

背对投掷方向，两脚左右开立，两腿弯曲，上体前倾，然后左脚后撤一步，积极着地后，右脚快速蹬地；持球滑步后结合右腿蹬地动作；加强腿部力量训练。

7. 推球时用不上腰背肌肉和下肢力量，单纯用手臂的力量

学生做好预备推球姿势，教师在前面抵住学生的右手，或者是教师在后面拉住学生的右手，要学生反复做蹬腿、抬体动作；学生做好预备姿势，教师在后用左手压住学生左肩，结合学生做蹬腿时，用右手推右髋向投掷方向转动；原地（正面或侧面）推球，利用下肢和上体鞭打动作将球顺势推出。

8. 推球时臀部后坐

教师站在后面，两手扶在学生髋的两侧，推球时帮助转髋、送髋；徒手做最后用力练习，要求用右手触及前上方一定高度和远度的标志物。

9. 推球时身体向左侧倾倒

先将左臂屈肘固定于体侧，做原地推球；右侧正前方固定标志物，原地推球时（也可徒手）按标志方向推出；地上画出两脚的位置，要求滑步后两脚落地标志上；背靠固定物体。徒手原地推球练习。

10. 推球时出手角度过低

在投掷前上方一定高度和远度处悬一标志物，要求推出地的球触及标志物；推过一定高度和远度的横杆（横杆和标志物的高度和远度根据学生的成绩而定）。

二、铁饼

（一）学习步骤和练习方法

掷铁饼的技术动作分为握法、预备姿势和预摆、旋转、最后用力和维持身体平衡四个技术环节。

1. 握法(以右手投掷为例)

五指自然分开，拇指和手掌平靠铁饼，其余四指的最末指节扣住铁饼边沿，铁饼的重心在食指和中指之间，手腕微屈，铁饼的上沿靠在前臂上，持饼臂自然下垂于体侧。

2. 预备姿势和预摆

预备姿势：背对投掷方向，两脚左右开立约一肩半，站于圈内靠后沿处的投掷中线两侧。两脚平行开立或左脚稍后，持饼臂自然下垂于体侧，眼平视。

预摆是为了获得预先速度，为旋转创造有利条件。目前常见的预摆有两种。

左上右后摆饼法：开始时，持饼臂在体侧前后自然摆动，当铁饼摆到体后时，体重靠近右腿，接着以躯干带动持饼臂向左上方摆起，当铁饼摆到左上方时，左手在下托饼，体重靠近左腿，上体稍左转。回摆时，躯干带动持饼臂将铁饼摆到身体右后方，身体向右扭紧，体重处于右腿上，上体稍前倾，左臂自然微屈于胸前，眼平视，头随上体的转动而转动。

身体前后摆饼法：开始时，持饼臂在体侧前后自然摆动，当铁饼摆向体前左方时，手掌逐渐向上翻转，右肩稍前倾，体重靠近左腿。铁饼回摆到体后时，手掌逐渐翻转向下，体重由左向右移动，上体向右后方充分转动，使身体扭转拉紧。这种方法动作放松，幅度大，是目前大多数优秀选手都采用的方法。

3. 旋转

预摆结束后，弯曲的右腿蹬地，上体向左转动，同时左膝外展，体重由右脚向边屈边转的左腿移动。接着两腿积极转动，并以左脚前脚掌为轴向投掷方向转动，身体向投掷方向倾斜，投掷臂在身后放松牵引铁饼。当左膝、左肩和头即将转向投掷方向时，右膝自然弯曲，以大腿发力带动整个腿绕左腿向投掷方向转扣（右脚离地不能过高），这时左髋低于右髋，身体成左侧单腿支撑旋转，接着以左脚蹬地的力量推动身体向投掷圈的中心移动，右腿、右髋继续转扣。当左脚蹬离地面，右腿带动右髋快速内转下压，左腿屈膝迅速向右腿靠拢，左肩内扣，上体收腹稍前倾。接着，左脚积极后摆，以脚掌的内侧着地，落在投掷圈中线左侧，圆圈前沿稍后的地方，身体处于最大限度的扭转拉紧状态，铁饼远远留在右后方，左臂自然微屈于胸前，为最后用力做好准备。

4. 最后用力和维持身体平衡

当左脚着地时，右脚继续蹬转，使右髋积极向投掷方向转动和前送。接着，头向投掷方向转动，左臂微屈于胸前，胸部开始向前挺出，体重逐渐移向左腿。当体重移向左腿时，右腿继续蹬伸用力，以爆发式的快速用力向前挺胸挥饼。与此同时，左腿迅速用力蹬伸，左肩制动，成左侧支撑，使身体右侧迅速向前转动，将全身的力量集中在铁饼上，当铁饼挥至右肩同高并稍前时，用小指到食指依次用力拨饼出手，使铁饼顺时针方向转动向前飞行。铁饼出手后，应及时交换两腿，身体顺惯性左转，同时降低身体重心，维持身体平衡。

(二) 技术介绍

铁饼项目起源于公元前12世纪～公元前8世纪古希腊人投掷石片的活动。公元前708年第18届古代奥运会列为五项全能项目之一。铁饼最初为盘形石块，后逐渐采用铜、铁等金属制作。现代奥运会史上，曾有过双手掷铁饼的比赛项目（左手＋右手）。掷铁饼技术经历过原地投、侧向原地投、侧向旋转投、背向旋转投几个发展过程。铁饼可用木料或其他适宜材料制作，男子铁饼重2千克，直径22厘米；女子铁饼重1千克，直径18.1厘米。铁饼比赛中，运动员应以单手投掷；进入投掷区开始投掷后，选手身体的任何一部分不得触及区外的地面、护笼和抵趾板的上面；投掷动作完成后，必须从投掷区半圆延长线的后面走出;每次试投的时间限制为 1 分钟;掷出的铁饼必须落在 34.92 度的扇形投掷区内方为有效。

(三) 常见错误及纠正方法

1. 双腿支撑启动进入单腿支撑旋转阶段,身体失去平衡

(1) 徒手双支撑进入单支撑的模仿练习,体会身体由右向左向圆心转动的路线及单支撑时身体的平衡感觉。

(2) 徒手或持辅助器械做旋转至双脚着地成用力姿势的练习,重点体会双支撑进入单支撑身体平稳地转动与向前的结合。

2. 双腿支撑进入单腿支撑旋转阶段,上下肢的动作结构不合理

(1) 徒手做开始起转练习,强调下肢的积极主动转动,特别是左腿的屈膝转动。

(2) 徒手旋转至双腿支撑用力前姿势,重点体会左肩左臂向圆心做弧形摆动的路线,使左肩左臂与左腿左膝形成一体转动。

3. 旋转后两脚落地的位置过于偏左或偏右

多做开始起转的练习,重点要求两腿支撑转动的程度和右腿弧形摆动与左腿支撑转蹬的配合,在圈内使用标志进行检查。

4. 旋转后用力前,上体过早抬起使身体重心前移

(1) 明确技术概念,多做徒手或持辅助器械旋转至用力前的姿势,强调旋转过程中始终保持半蹲收腹扭转。

(2) 发展腿部和腰背腹肌力量。

5. 旋转后用力前髋轴与肩轴没有形成扭转拉紧的最后用力姿势,超越器械不明显

在教师帮助下,做徒手旋转练习,要求学生适当控制上体,让学生体会旋转过程中下肢积极主动,特别是单腿支撑的转动要求前脚掌支撑转动,不能用全脚掌着地。并且要求上体被动放松,投掷臂留在身后的肌肉感觉,并指出旋转后用力前铁饼应处的位置。

6. 旋转至右脚着地成单支撑阶段明显停顿或转不起来

(1) 多做开始起转腾空后衔接单支撑的转动练习,要求低平摆动,防止高跳。

(2) 多做单支撑转动的专门练习,要求学生做好单支撑转动阶段合理的身体结构,特别是重心、转动轴和左腿的积极后摆,体会单支撑转动的肌肉感觉。

7. 最后用力上体过早发力,没有发挥下肢转动用力的能力

(1) 双人对抗练习,使学生体会右腿右髋主动用力的肌肉感觉。

(2) 原地投,强调由下而上的用力顺序。

(3) 投掷辅助器械,强调最后用力前半部分下肢的积极用力作用与后半部分上体爆发式用力的配合动作感觉。

8. 最后用力向前不够

纠正方法:应徒手或持木棒做打树叶练习。

要求:

(1) 两脚开立宽于肩。

(2) 右腿右髋转动中推动身体重量靠近支撑的左腿。

(3) 手或木棒接触树叶的那一点即出手点。

（4）胸带臂向前平打，不要提肩。

9. 最后用力向左侧倒

（1）徒手或持辅助器械做最后用力模仿练习，重点强调左腿的支撑用力动作和左肩的制动动作。

（2）初学者要求以“支撑投”动作类型为主，强调发挥支撑转动用力的作用。

以上仅是常见的易犯错误动作，由此而派生的错误动作多种多样，教师纠正时首先要分析错误产生的原因，根据学生的具体情况和教学条件，采用纠正的手段。一般应让学生明确该环节技术的概念，采用单个的、局部动作的专门练习体会肌肉感觉，再要求在完整技术中能做出正确的动作，反复练习，达到改进动作的目的。

第五章 大球运动

第一节 篮　球

篮球运动是在1891年由美国马萨诸塞州斯普林菲尔德市基督教青年会训练学校体育教师詹姆士·奈史密斯博士发明的。

篮球运动是将球投入对方球篮，以得分多少决定胜负的集体球类运动项目。它集跑、跳、投等运动于一身，具有较强的集体性、竞争性、对抗性；篮球运动能促进人体的速度、灵敏、力量、耐力、柔韧等身体素质的发展，能提高内脏器官、感觉器官和神经中枢的功能，能培养勇敢、机智、集体主义和组织纪律性等品质。它不受年龄、性别的限制，受场地因素影响较小，因此具有广泛性，深受广大群众的喜爱。

一、篮球基本技术

篮球技术是篮球比赛中为了一定目的的专门动作方法的总称，也是篮球运动攻守动作体系的总和。根据篮球比赛中攻守对抗的规律，可将篮球技术分为进攻技术和防守技术，其动作技术分类有如下几种。

(一) 移动

移动是篮球比赛中队员为了改变位置、方向、速度和争取高度、空间等所采用的各种脚步动作方法的总称。它是完成各项技术动作的基础，也是实现篮球战术目的的重要因素。

移动有走、跑、跳、转身、急停、滑步等各种脚步动作。它们的动作结构主要是下肢各个环节以踝、膝、髋关节为轴的多个动作所组成，上肢加以配合的动作。特别是脚、腿、腰、胯的协调用力对控制和移动身体重心，保持身体平衡起着主动的支配作用。脚步动作都是通过脚前掌踏地、碾地的用力或脚跟先着地的制动抵地来实现的。

(二) 传球

传球的种类有双手胸前传球(图5-1)、低手传球(图5-2)、双手头上传球(图5-3)、单手肩上传球、体侧传球(图5-4)和传反弹球等。不管哪一种传球，都是由传球的动作方法、球的飞行路线和球传到的位置三个方面组成的。各种传球都是全身协调用力，最后通过手腕、手指动作完成的。特别是运用最多的中、近距离的传球，主要靠前臂的伸、摆和手腕、手指的用力将球传出。传球出手的瞬间靠手腕翻转、前屈和拨指的用力方法来控制球的飞行方向和距离。

图 5-1

图 5-2

图 5-3

图 5-4

(三) 接球

接球有双手接胸部高度的球和单手接球两种(图 5-5)。不论是哪一种接球,都是在接球时眼睛要注视来球,肩臂要放松,手臂要迎球伸出,手指自然分开。当手指触球时,要屈肘、臂后引缓冲来球的力量,两手握球,保持身体平衡,以便做下一个动作。

图 5-5

(四) 运球

运球的基本动作一般是两脚前后开立,两膝微屈,上体微前倾,眼睛平视。两腿弯曲的程度视其运球高低而定,高运球可屈得浅一些,低运球屈得深一些。运球的手臂肘关节弯曲，以肘关节为轴，前臂做上下伸屈动作；另一手臂屈肘外展，以便保护球和维持身体平衡。运球的手指自然张开，用手指和手指根部以上的部位触球（手心空出）。运球时，用伸前臂、屈手腕和手指的动作按拍球。当球从地面反弹起来时，用屈前臂、伸手腕和手指的动作缓冲球向上反弹的力量，以控制球的反弹高度、速度和角度。一般运球的落点应在运球手的同侧脚的外侧前方。

运球的方法有高运球（图 5-6）、低运球（图 5-7）、运球急停急起（图 5-8）、体侧变向换手运球（图 5-9）、体前变向运球、运球转身和胯下运球等。

图 5-6

图 5-7

图 5-8

图 5-9

（五）投篮

投篮是持球队员将球投入篮圈所采用的各种动作方法的总称。投篮技术包括握球方法、出手力量、出手速度、球的旋转、瞄准点、出手角度、抛物线与入篮角等方面。

1. 握球方法

单手握球方法（以原地单手肩上投篮为例）：投篮手五指自然分开，用手掌外沿和指根以上部位托球的后下方，手心空出，手腕后仰，球的重心落在食指和中指之间，肘关节自然下垂,置球于同侧肩的前上方。

双手握球方法(以原地双手胸前投篮为例):两手手指自然分开,拇指相对成"八"字形,用指根以上部位握球的两侧后下方,手心空出,两臂自然屈肘,肘关节下垂,置球于胸前和颚之间。

2. 出手力量

投篮时的力量是从投篮准备姿势开始,用下肢蹬地发力,腰腹用力向上伸展,手臂向前上方伸直,手腕前屈(或翻转),手指拨球的全身综合协调的力量将球投出。

3. 出手速度

出手速度是指投篮时球出手瞬间身体各部位的力经过手腕和手指的调节,作用于球体,得以使球离手向空中运行的初速度。合理的投篮速度取决于出手力量和手腕、手指动作的突然性、连贯性和柔韧性,对取得合理的出手速度起着关键作用。

通常出手角度小,出手点低,则出手速度快;反之则慢。另外,投篮距离与出手速度亦密切关联,投篮距离愈远,出手速度通常较快;反之则较慢。所以,投篮出手速度的应用,要立足于既提高出手角度,又要提高出手速度。

4. 球的旋转

球的旋转是依靠伸臂举球、手腕前屈或翻转、手指拨球动作所产生的力作用于球体,使球产生一种有规律性的旋转。一般中、远距离投篮时,大都是使球围绕横轴向后旋转,这样等于加大球的飞行弧线,从而增大入射截面,有利于提高投篮命中率。而篮下低手投篮时,球围绕横轴向前旋转。篮下碰板投篮,球向侧旋转或向后旋转,它有利于缓和篮板的弹力,使球柔和地反弹入篮。

5. 瞄准点

投篮时眼睛注视篮圈或篮板的某一点。瞄准点有两种:一种是直接命中的瞄准点是篮圈前沿的正中点;第二种是碰板投篮的瞄准点是投篮时将球投向篮板上能够碰板入篮的一点。以投篮时与篮板成 15 度～45 度的位置时采用碰板投篮效果较好,以接近 30 度的地方最适宜。

6. 出手角度

通常,原地 6～8 米的中、远距离定位投篮,其出手角度为 50 度～55 度左右;3～5 米左右的中距离定位投篮,其出手角度约 70 度左右。投篮角度应由投篮人的身高和投篮距离的变化而决定(图 5-10)。

图 5-10

7. 抛物线及入篮角

通常 4 米距离的原地投篮,其抛物线的最高点离地约 3.50 米左右为宜;5～6 米距离原地投篮抛物线的最高点离地面 3.80～4.20 米左右为宜;7 米处的原地投篮,其抛物线的最高点离地面达 4.50 米以上。

(六) 持球突破

持球突破是持球队员运用合理的脚步动作与运球技术相结合,快速超越防守队员的一项攻击性很强的进攻技术，它主要由蹬跨、转体、探肩、推放球和加速等几个环节组成。

1. 蹬跨

突破时跨出的第一步要稍大些，抢占有利突破的位置。跨出的脚要落在紧靠对手的侧面，脚尖向着突破方向，以便第二步蹬地加速突破防守。

2. 侧身探肩

上体前移与侧身探肩同时进行，重心向里靠，内侧手臂前摆，迅速占据有利的空间和位置，便于突破对手和保护球。

3. 推放球

突破前，双手持球于腰胯部位，在侧身探肩的同时将球稍向侧前移，同侧手扶球的后上部位。另侧手托球的下部。突破时立即向前下方推放球，要做到球领人，以利于衔接下个动作和发挥速度。

4. 加速

在完成上述动作之后，中枢脚迅速蹬地，加速前进摆脱防守。

（七）防守对手

防守对手是防守队员合理地运用脚步移动和手臂动作积极地占据有利位置、阻挠和破坏对手的进攻意识和行动，并以争夺控制球权为目的。防守时务必积极主动、认真负责，把防守姿势、位置站法、脚步移动、手臂动作，以及抢、打、断球技术结合起来，加以合理运用。

防守对手有两种：对无球队员的防守和对有球队员的防守。

1. 防守无球队员

（1）防守无球队员的基本要求

随时抢占人球兼顾的有利位置，做到内紧外松（近球者为紧，远球者为松）和松紧结合；要阻截对手的移动接球路线，封锁对方的传、接球路线，防止对手摆脱，要及时果断地进行协调配合。

（2）防守无球队员的基本方法

防守队员要根据对手、球篮、球的位置和距离，以及对手的身高、速度、进攻特点、战术需要和防守队员的防守能力来选择防守位置和距离，要以能控制对手的行动为原则。防守离球较近的对于时，经常采用面向对手侧向球的斜前站立姿势，靠近对手的异侧脚在前，堵截对手摆脱移动的传、接球路线，伸前脚一侧的手臂，封锁接球的路线；防守离球较远的对手，经常采用面向球侧向对手的平行站立姿势，在防守住自己对手的基础上，便于断球或进行协同防守配合。防守时，防守队员要根据球和进攻队员的移动，运用上步、撤步、滑步、交叉步和快跑等脚步移动，随时抢占有利的防守位置，堵截其摆脱移动路线，不让对于在有利进攻的位置上传、接球。

2. 防守有球队员

（1）防守有球队员的基本要求

要站在对手与球篮之间有利位置上。要观察判断对手的进攻意图，合理地运用防投、防传、防运球的技术，不要被对方的假动作所迷惑；要及时发现对方的进攻特点，采取有针对性的防守行动。

（2）防守有球队员的基本方法

当对手持球时，应站在对手与球篮之间的位置上。一般来讲，对手离球篮远则离对手远些，对手离球篮近则离对手近些，并根据对手的进攻技术特点，即善投、传、持球突破等特点，以及防守战术的需要而有所调整。一般从脚步动作来讲有两种站法防守：一种是平步防守（即两脚平行站立，两臂侧伸进行不停地挥动）；另一种是斜步防守（即采用两脚斜前站立的防守姿势，前脚同侧的手臂向斜上方伸出，另一手臂侧伸）。

（八）抢篮板球

抢篮板球是比赛中双方队员在空中争抢投篮未中的球，它主要是由抢占位置、起跳动作、抢球动作和抢球后的动作所组成。

1. 抢占位置

无论进攻或防守队员，都应抢占在对方与篮之间靠近内线的位置，力争把对手挡在自己的身后。

2. 起跳动作

起跳前两腿屈膝，重心降低，上体稍前倾，两臂稍屈并举于体侧，重心放在两脚之间，注意观察和判断球的方向，及时起跳。起跳时，两脚用力蹬地，两臂上摆，手臂向上伸展，腰腹协调用力。防守队员一般多采用转身跨步的双脚起跳的方法。进攻队员则多采用助跑单脚起跳或跨步双脚起跳的方法。

3. 抢球动作

根据进攻和防守队员的位置及球的方向，可以分为双手、单手抢篮板球和点拨球三种。

（1）双手抢篮板球

起跳到最高点时，两臂用力伸向球反弹的方向，双手将球握紧，腰腹用力，迅速屈臂将球下拉置于身前。

（2）单手抢篮板球

身体在空中达到最高点时手臂要伸直，指端触球，用力屈腕、屈指迅速握球，前臂随之拉球置于胸前，另一手护球。

（3）点拨球

跳到最高点时也无法获球，可随机运用点拨球给同伴。

二、篮球基本战术

（一）进攻战术基础配合

进攻战术基础配合是指在篮球比赛中，进攻队员两三人之间有目的、有组织的协同作战。它是运动员在场上制造、捕捉或利用不同时机、不同人员位置、不同路线、不同动作、不同节奏，相互协同行动，相互配合，相互帮助，创造机会，以达到预定的攻防目的。它是组成全队攻守战术的基础。进攻基础配合包括传切配合、突分配合、策应配合、掩护配合。

1. 传切配合

传切配合是进攻队员之间利用传球和切入技术组成的简单配合。它包括“一传一切”和“空切”两种。

（1）“一传一切”配合

“一传一切”配合是指持球队员传球后，利用启动速度和假动作摆脱防守，向篮下切入接回传球投篮的配合。

(2)“空切”配合

“空切”配合是指无球队员掌握时机，摆脱对手，切向防守空隙区域接球投篮或其他进攻配合。

2. 突分配合

突分配合是持球队员突破对手后，遇到对方的补防或协防时，及时将球传给进攻时机最佳的同伴进行攻击的一种配合方法。

突分配合主要是突破要突然、快速，在突破过程中既要做好投篮的准备，又要随时注意观察场上攻守队员的位置和行动，以便抓住有利战机，及时、准确地把球传给有利进攻的同伴。

3. 掩护配合

掩护配合是掩护队员采用合理的行动，用身体动作挡住同伴防守者的移动路线，使同伴借以摆脱防守，或利用同伴的身体摆脱防守，从而接球进攻的一种配合方法。根据掩护者和同伴防守者的身体位置和方向的不同，可分为前掩护、侧掩护、后掩护三种形式。

前掩护是指掩护队员站在同伴的防守者前面，用身体挡住防守者向前移动的路线，使同伴借机摆脱防守的一种配合方法。

后掩护是掩护队员站在同伴的防守者身后，挡住他的移动路线，使同伴借以摆脱防守的一种配合方法。

侧掩护是掩护队员站在同伴的防守者侧面，挡住他的移动路线，使同伴借以摆脱防守的一种配合方法。

4. 策应配合

策应配合是指处于内线的队员侧向或背向球篮接球，由他做枢纽，与外线队员的配合而形成的一种里应外合的进攻方法。

策应配合主要是策应者要及时抢位要球，接球后，两手持球于胸前，两肘外展保护球。策应者如果身材高大，也可把球置于头上，要随时观察场上情况，以便及时把球传给处于最有利位置的同伴，同时注意自己的进攻机会，根据攻防情况，处理好内外结合的关系。在策应时，要用转身、跨步等动作协助同伴摆脱防守或个人进行攻击。配合队员要根据策应者的位置，及时把球传到远离防守的一侧，做到人到球到，并设法摆脱防守，准备接球。配合结束(投篮)后，两人立即跟进抢篮板球。

(二) 防守战术基础配合

1. 抢过配合

抢过配合是指对方进行掩护时，防守队员在掩护队员接近自己的一瞬间，要迅速向前跨出一步，靠近对手，从两个进攻队员之间侧身挤过，继续防守自己的对手。防守掩护的队员应及早提醒同伴并后撤一步，以备补防。

2. 穿过配合

穿过配合是指当对方进行掩护时，掩护者的队员及时提醒同伴并主动后撤一步，让同伴及时从自己和掩护队员之间穿过，继续防守自己的对手。

3. 交换防守配合

交换防守配合是指进攻队员利用掩护已经摆脱防守时，防掩护的队员及时发出换防的信号，与同伴互换各自的对手。在适当时候再换防原来的对手。

4. “关门”配合

“关门”配合是指进攻队员运球突破时，防守突破的队员向侧后方移动挡住其移动路线，临近突破一侧的防守队员，应及时快速向突破队员的前进方向移动，与突破的队员靠拢，通常在区域联防和半场人盯人防守战术中运用。

5. 夹击配合

夹击配合是两个以上防守队员利用对手在场地边角运球或运球停止时，突然快速上前封堵和围夹持球者的一种防守配合方法。

(三) 快攻与防快攻

快攻是由防守转入进攻时，进攻队以最快的速度将球推进至前场，争取造成人数上和位置上的优势与主动，果断合理进行攻击的一种进攻战术。

1. 发动攻击的时机

(1) 抢到后场篮板球之后，迅速发动快攻。

(2) 抢、断得球之后，迅速发动快攻。

(3) 掷界外球时，力争发动快攻。

(4) 跳球时获球，迅速发动快攻。

2. 快攻战术的形式

(1) 长传快攻

长传快攻是队员在后场获得球后，用一次或两次将球传给快下底线的同伴进行投篮的一种配合方法。

(2) 短传快攻

短传快攻是防守队员获得球后，立即以快速的短传和快速的跑动获得投篮机会的一种配合方法。

(3) 个人运球突破快攻

个人运球突破快攻是指个人抢断或抢篮板后，运用个人运球技术超越对手直攻篮下的一种形式。

3. 防守快攻的方法

防守快攻是防守战术的重要组成部分。它是进攻转入防守的瞬间，快速地、有组织地制约对手的反击速度和破坏对手快攻路线的配合方法。

(1) 提高进攻成功率；

(2) 积极拼抢前场篮板球；

(3) 堵截快攻的第一传和接应；

(4) 控制对手推进；

(5) 提高对手以少防多的能力。

(四) 半场人盯人防守与进攻半场人盯人防守

1. 半场人盯人防守

半场人盯人防守总的要求是“以人为主，人球兼顾”和“有球紧，无球松”。要全面观察场上情况，抢占有利位置，积极移动，控制对手行动，随时掌握球的动向，准备及时补、夹、抢、断。对方球员接球时，应运用小步幅跑动或滑步调整防守位置，有效控制一定范围。

2. 进攻半场人盯人防守

进攻半场人盯人防守的特点是由攻转防时，放弃在前场的积极争夺，迅速退回后场防守。这样在进攻时就能将球顺利地推进前场，这样就能按照战术配合，利用对方的弱点，进行有组织、有步骤的进攻。因此在进攻中，就应根据本队的条件，特别是中锋的特点、站位以及所选择的战术方法来确定进攻队形。

（五）区域联防

区域联防是由攻转守时，每个队员各守一个区域，并守住处于本区的任何进攻队员而组织起来的防守战术。

1. 区域联防的阵型介绍

区域联防有“2—1—2”阵型、“2—3”阵型、“3—2”阵型、“1—3—1”阵型、“2—1—2”阵型等形式。以“2—1—2”阵型为例，此阵型队员分布均衡，移动距离近，有利于协防和调整阵型，主要用于正面突破和篮下进攻威力较大的对手，但防守圈顶的投篮较困难。

2. 区域联防的要求

（1）区域联防要联合起来进行防守，5 名队员必须协同一致，做到分区不分家，特别是共管区要共同防守。

（2）对持球队员要按人盯人方法防守，重点阻止对方投篮和把球传入内线。

（3）对运球队员要跟随防守，邻区队员要“关门”协防，阻止其运球突破篮下，迫使其将球传出。

（4）对无球队员要注意防背插和溜底，设法卡断其移动接球路线，特别注意对居中策应的进攻队员的防守。一般应采用侧前或绕前方法进行防守，不能让其轻易接球。对空插溜底队员一定要紧跟防守，直到交给邻区的同伴为止。在特殊情况下可以跟踪盯人，其他同伴进行补位或换区防守。

（5）5 名防守队员必须协同一致，及时向有球一侧移动，做到“以球为主，球人兼顾”。无球一侧防守队员在向强侧靠拢的同时，要控制本区和附近区域进攻队员的活动。

（6）在防守过程中，每个队员都应扬手挥臂，积极移动，扩大控制面积，尤其要相互呼应，中间的防守队员更要起到指挥作用。

（7）当进攻队投篮后，每个防守队员都要堵位和抢位，有组织地争夺篮板球，及时地发动快攻。

第二节　足　　球

现代足球运动于 1863 年 10 月 26 日诞生于英国。根据足球运动发展的需要，1904 年 5 月 21 日，由法国、比利时、丹麦、荷兰、西班牙、瑞典、瑞士 7 个国家共同创立了国际足球联合会，简称国际足联，英文缩写为“FIFA”。2004 年 7 月 15 日，国际足联主席布拉特在北京举行的中国国际足球博览会开幕式上宣布，中国是足球运动的发源地，世界足球起源于中国山东淄博临淄地区的蹴鞠。

参加足球运动锻炼，能有效地提高人体的力量、速度、耐力、柔韧及灵敏等身体素质，增强人体的心血管及呼吸系统等内脏的功能，并能改善人的高级神经活动，还能有效地发展人的意志力、自制力、责任感，培养人的勇敢顽强、机智果断、勇于克服困难、团结合作、集体荣誉感及遵守纪律等思想品质。

一、足球基本技术

足球技术包括踢球、停球、顶球、运球、抢截球、假动作、掷界外球和守门员技术。

(一) 踢球

踢球是足球技术中最重要的基本技术，在比赛或健身运动中用得最多。踢球时，要求动作熟练、灵活、快速、准确，用力要适当。踢球主要用于传球和射门，是有目的地用脚的某一部位把球踢向预定的目标。

1. 踢球的动作过程要领

踢球的每一种踢法都是由助跑、支持脚站位、踢球腿的摆动、脚触球和踢球后的随前动作这 5 个环节组成，这 5 个环节是整个踢球动作的统一过程。

(1) 助跑

踢球前的几步跑动，助跑最后一步要大一些，助跑分直线与斜线助跑。助跑的作用在于调整人与球的方向、距离，以便在踢球时使支撑脚能够处于所需要的正确位置，从而增加球的速度和力量。

(2) 支持脚的站位

支持脚的位置一般是由所使用的踢球方法(脚法)来决定。凡采用的踢法需要踏在球侧后方的，一般距离球 25～30 厘米。踢活球时，更要掌握好支持脚的位置。如追踢向前滚动的球时，支持脚落地的位置要稍靠前，这样才能与球保持合适的距离，支持脚要积极踏地以制动身体的前冲力量。膝关节要微屈，以维持身体的平衡，保证充分的摆腿和自如地踢球。因此，支持脚实际上起着固定的支点作用。

(3) 踢球腿的摆动

踢球腿摆动是在支持腿跨步时(助跑最后一步)顺势向后摆起的。在支持脚着地的同时以髋关节为轴，大腿带动小腿由后向前摆。当膝盖摆到接近球的垂直上方的一刹那或球内侧的垂直上方一刹那小腿加速前摆。

(4) 脚触球

包括脚触球的部位和出球点两个因素。触球是指脚内侧、脚背外侧等，出球点是指出球的某一点，如中后部、后左部等。一般说来，用脚的某一部位击球的后中部，作用力通过球的中心，使球获得全部力量，出球平直有力。

在现代足球比赛中，为了隐蔽自己的踢球意图，已广泛地采用了削球，这种方法可使球沿弧线运动穿过防守。削球就是出球时球的作用力不通过球的中心，使球产生旋转，并沿着一定弧线运行。在某种情况下，这种球比踢出的直线球具有一定的隐蔽性。

(5) 踢球后随前动作

踢球后随着脚的前摆和送髋，使身体重心向前移动。这样易于控制出球方向和加大踢球力量，又能缓和因踢球腿急速前摆而产生的前冲惯性，以维持身体平衡。

2. 踢球方法

踢球的方法有脚内侧踢球、脚背正面踢球、脚背内侧踢球、脚背外侧踢球和脚跟踢球。

(1) 脚内侧踢球方法

它是用脚内侧部位接触球的一种踢球方法。常用的有脚内侧踢定位球和直接踢来的地滚球、空中球,以及蹭球。踢定位球时,直线助跑,支持脚踏在球的侧后方 15 厘米处,膝盖微屈,踢球脚以髋关节为轴由后向前摆。在前摆过程中,膝盖应外转,踢球脚内侧与出球方向约 90 度,脚尖稍翘起,小腿加速前摆,脚掌与地面平行,脚腕用力绷紧,用脚内侧部位击球的后中部位(图 5-11)。

图 5-11

脚内侧踢球在球与脚接触过程中有两种方法:一种是推送踢法,另一种是敲击踢法。

(2) 脚背正面踢球方法

它是用脚背的正面部位接触球的一种踢球方法。常用的有脚背正面踢定位球、空中球、反弹球和倒勾球等。踢定位球时,直线助跑,最后一步稍大并要积极着地,支持脚踏在球的侧方约 10~15 厘米处,脚尖正对出球方向,膝关节微屈,同时踢球腿向后摆起,膝弯曲。在支持脚着地的同时以髋关节为轴,大腿带动小腿由后向前摆。当膝盖摆在接近球的垂直上方的一刹那,小腿加速前摆,脚背绷直,脚趾扣紧,以脚背的正面击球的后中部。踢球后,踢球腿随球继续前摆(图 5-12)。

图 5-12

踢反弹球时,要准确判断球的落点、落地时间和反弹起来的路线与高度。身体正对来球反弹起来的方向,支持脚踏在球的侧方。当球将要落地时,踢球腿小腿急速前摆,在球刚反弹离地时以脚背正面击球的后中部。

踢倒勾球时,支持脚先向前跨一步,膝部弯曲,上体后仰,踢球腿以髋关节为轴尽量向上方摆动。当球落在头的前上方时,用正脚背向后勾踢。跳起踢倒勾球时,先判断好球的运行路线并确定好击球点,然后踢球脚上步蹬地起跳,同时另一腿上摆使身体腾空后仰,两眼始终注视来球。在另一腿下摆的同时,踢球腿以大腿带动小腿急速摆动,两腿在空中成剪式交叉动作,以脚背正面踢球的后中部。踢球后,两臂微屈,手掌向下撑地,手指向出球的相反方向,屈肘,然后背部、臀部依次着地。

(3) 脚背内侧踢球方法

它是用脚背的内侧部位接触球的一种踢球方法。常用的有脚背内侧踢定位球、过顶球、远距离或进行转身踢球。踢定位球时，要斜线助跑，助跑方向与出球方向约成45度。支持脚以脚掌外沿积极着地，踏在球在侧后方25～30厘米处，膝弯曲，支持脚脚尖指向出球方向，并踏在球的横轴的延长线上，身体稍向支持脚一侧倾斜。在支持脚着地的同时，踢球腿以髋关节为轴大腿带动小腿由后向前摆。当身体转向出球方向，膝盖摆到接近球的内侧垂直上方的一刹那，小腿加速前摆，脚尖稍外转，脚面绷直，脚趾扣紧，脚尖指向斜下方，以脚背内侧踢球的后中部。踢球后，踢球腿随前摆(图5-13)。

图5-13

(4) 脚背外侧踢球方法

它是用脚背外侧部位接触球的踢球方法。常用的有脚背外侧踢定位球、弧线球、弹拨球等。

踢定位球时，助跑、支持脚的位置和踢球腿的摆动，基本上与脚背正面踢球相同。只是用脚背外侧接触球，在踢球腿的膝盖摆到接近球的垂直上方的一刹那，小腿加速前摆时膝盖和脚尖内转，脚面绷直，脚趾扣紧，以脚外侧部位踢球的后中部。踢球后，踢球腿随球继续前摆(图5-14)。

图5-14

(5) 脚跟踢球方法

它是用脚跟部位将球踢到身后面的踢球方法。要根据球的位置采用不同的位置和不同的踢法。球在支持脚内侧时，踢球腿自然提前跨到球的前方，然后以膝关节为轴，小腿突然快速后摆，踝关节紧张用力，以脚后跟触球的前中部，把球向后踢出。球在支持脚外侧时，踢球腿先自然前摆。当摆过支持脚时，立即向支持脚一侧成交叉动作后摆，踝关节紧张用力，以脚后跟触球的前中部把球向后踢出。

(二)停球

停球的方法很多,几乎身体除上肢以外的每一个部位都能停球。停球又分为停地滚球、空中球和反弹球。一般常用的停球方法有脚内侧停球、脚底停球、胸部停球、脚外侧停球、脚背停球、大腿停球等。

1. 脚内侧停球

可以用来停地滚球、反弹球和空中球。脚内侧停地滚球时,支持脚正对来球。膝关节微屈。停球腿屈膝外转并前迎。当球与脚接触前的一刹那开始后撤,在后撤过程中用脚内侧接触球,把球控制在下一个动作需的位置上。如需要将球停到自己的侧后方,在停球脚撤到支持脚的侧方时,再继续以髋关节外转和腿后引的动作将球引向侧后方,同时以支持脚前掌为轴使身体转向出球方向(图 5-15)。

图 5-15

脚内侧停反弹球时,支持脚踏在球的落点的侧前方,膝关节弯屈,上体稍前倾并向停球脚方向微转,同时停球脚提起,并放松,用脚内侧对准球的反弹路线,当球落地反弹刚离地时,用脚内侧触球的中上部。如果要把球向左侧,支持脚应踏在球落点的左侧方。脚尖指向左侧,同时上体电向左侧前倾。

脚内侧停空中球时,一种方法是根据来球的高度将停球脚举起,脚内侧对准来球路线,在脚与球接触的一刹那开始后撤,在后撤过程中用脚内侧接触球。把球控制在衔接下一个动作需要的位置上;另一种方法是将脚提起稍高于选择的停球点,在脚与球接触前的一刹那开始下切,在下切过程中用脚内侧切于球侧上部,将球停在地面。

2. 脚底停球

在比赛中常用于停地滚球和反弹球。脚底停地滚球时,支持脚站在球的侧后方,膝关节微屈,脚尖正对来球,同时将停球脚提起,膝关节自然弯曲,脚尖翘起高过脚跟,踝关节放松,用脚前掌触球的中上部。脚底停反弹球时,支持脚踏在球落点的侧后方。当球落地一刹那,用脚前掌对准球的反弹路线,触球的中上部(图 5-16)。

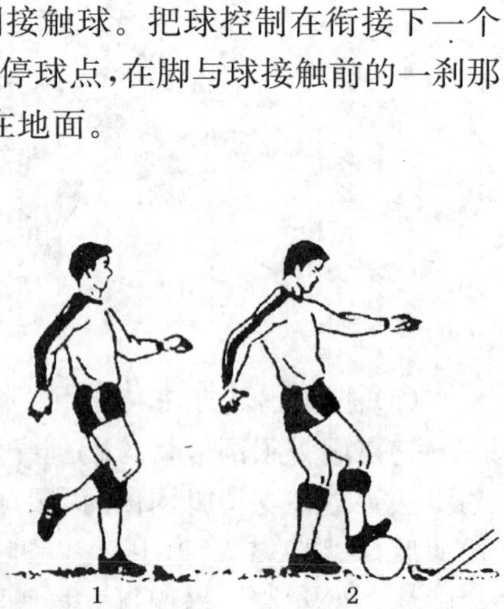

1　　2

图 5-16

3. 脚外侧停球

一般可用脚外侧停地滚球和反弹球。脚外侧停地滚球时,停球脚稍提起,膝关节和脚内转,以脚外侧对正来球，在支持脚的前侧接触球的侧后方。接触球时，要向停球脚方向一侧轻拨，把球停在侧方或侧后方。脚外侧停反弹球时，身体侧对来球，支持脚的膝关节微屈，停球脚在支持脚前方稍提起，脚内翻，使停球腿的小腿与地面成一定角度，并放松。当球反弹离地时，用脚外侧触球的侧上部，把球停在体侧(图 5-17)。

图 5-17

4. 胸部停球

胸部面积大、有弹性、位置高，能停高球和空中平球。胸部停球有缩胸停球和挺胸停球两种方法。缩胸停球时，一般面对来球，两脚前后开立，两臂自然张开，挺胸迎球。当球运行到与胸部接触的前一刹那，迅速缩胸、收腹，以缓冲来球力量，把球停在身前。如要把球停向左(右)侧时，则在接触球的同时，向左(右)侧转体，并用同侧胸部肌肉触球。挺胸停球时，面对来球，两脚前后开立，两膝微屈，当球运行到与胸部接触前的一刹那，收下颚，挺胸、收腹。胸部接触球时，上体稍后仰以缓冲来球力量，使球弹起落于身前(图 5-18)。

图 5-18

5. 脚背停球

停球脚提起近球，以脚背正面对准下落的球。在脚背与球接触前的一刹那开始下撤，在下撤过程中用脚背正面接触球的底部，小腿和脚腕放松，使球落在体前适当的位置上。另一种方法的动作较小，仅将脚稍伸出迎球。在球与脚接触一刹那，停球脚的踝关节放松撤引，以缓冲来球力量(图 5-19)。

图 5-19

6. 大腿停球

大腿停球一般适用于弧度较大的高空下落球，或平行于大腿高度的来球。大腿停球有停高球和停平球两种方法。

大腿停高球时。面对来球，停球腿以大腿中部对准来球，动作适当放松，屈膝稍前迎。当大腿与球接触的一刹那，随球后撤，使球落在地面和衔接下一个动作的位置上(图5-20)。

7. 腹部停球

在快速跑动中遇到较高的落地反弹球时，为了争取时间和不降低跑的速度，可以用腹部停球。

腹部停球时，身体正对球前跑，当球落地反弹与腹部接触时，腹部前挺推球。或上体前屈推压，使球落在体前地面衔接下一个动作需要的位置上(图 5-21)。

图 5-20

图 5-21

(三) 顶球

头顶球的方法分为前额正面顶球和前额侧面顶球，这两个部位都可以做原地跳起和鱼跃顶球。

1. 前额正面顶球

原地顶球时，身体正对来球，两脚前后开立，膝关节微屈，上体后仰，重心放在后脚上，两臂自然张开，两眼注视来球。当球运行到身体垂直部位前的一刹那，后脚用力蹬地、收腹，迅速向前屈体，身体重心由后脚移到前脚，当球运行到身体垂直部位顶球时，颈部保持紧张，快速甩头，用前额正面顶球的后中部，然后上体随球继续前摆(图 5-22)。

图 5-22

跳起顶球时，原地双脚起跳，两腿弯曲，重心下降，然后两脚用力蹬地跳起，同时两臂屈肘上摆。在跳起上升过程中，上体后仰成弓形。当球运行到身体的垂直部位前的一刹那收腹，上体快速前屈、甩头，用前额正面将球顶出。顶球后，两腿同时自然屈膝、屈踝缓冲落地。

2. 额侧面顶球

原地额侧面顶球，两脚前后开立，两膝微屈，上体和头部向出球方向的异侧稍转动，身体重心放在后脚上，膝微屈，两臂自然张开，两眼注视来球。头部触球时，后脚用力蹬地，上体迅速向小球方向扭转，同时甩头。当球运行到与出球方向同侧肩的前上方时，用额侧部位击球的后中部(图 5-23)。

图 5-23

跳起额侧面顶球时，一般用单脚起跳。起跳动作与前额正面顶球的单脚起跳动作相同。在跳起上升过程中，上体侧屈，侧对来球。在跳到最高点顶球时，急速转体，甩头，用额侧面将球顶出后，两膝微屈以缓冲落地力量。

3. 鱼跃顶球

对离身体较远的平直球，为了争取时间射门或解救门前危急；可以运用鱼跃头顶球的技术。

鱼跃头顶球时，要判断来球的路线和选择好顶球点，以单脚或双脚用力蹬地，身体呈水平状态向前跃出，同时两臂微屈稍前伸，两眼注视来球，利用身体向前跃起的冲力，以前额正面顶球。顶球时，身体成反弓形，两手着地，两臂屈肘，接着以胸部、腹部和大腿依次缓冲落地(图 5-24)。

图 5-24

(四) 运球与运球过人

运球是用脚推拨球，过人是运球越过防守人。常用的运球方法有脚背正面运球、脚背内侧运球、脚背外侧运球和脚内侧运球。

1. 脚背正面运球

跑动时，身体自然放松，上体稍前倾，两臂自然摆动，步幅不要过大。运球脚提起时，膝关节稍弯曲，脚跟提起，脚尖下指。在迈步前伸着地前，用脚背正面推拨球前进。

2. 脚背外侧运球

多在快速奔跑和向外改变方向时使用。跑动时，身体自然放松，上体前倾，两臂自然摆动，步幅小些，运球脚提起时，膝关节弯曲，脚跟提起，脚尖稍内转。在迈步前伸着地前，用脚背外侧推拨球前进(图 5-25)。

图 5-25

3. 脚背内侧运球

多在改变方向并需要用身体掩护的情况下使用。跑动时，身体自然放松，步幅要小些，上体稍前倾并稍向运球方向转动。运球脚提起时，膝关节稍弯曲，脚跟提起，脚尖稍外转，在迈步前伸着地前用脚背内侧推拨球前进。

4. 脚内侧运球

脚内侧运球是在需要用身体掩护情况下使用。运球时，支持脚向前跨出一步，踏在球的前侧方，膝关节稍弯曲，上体前倾并向里转。随着身体的向前移动，运球脚提起，用脚内侧推球的后中部前进。

在改变方向运球时，经常是用两只脚交替推拨球。例如，用右脚脚背外侧直线运球需要改向左侧运球时，就得用脚背内侧扣拨球的前侧方，或用左脚脚背外侧向左拨球，使球变向左侧(图 5-26)。

图 5-26

图 5-27

5. 运球过人的动作方法

在比赛中，运球过人的动作方法有拨球、拉球、球、挑球、推球和捅球(图 5-27)。

(五) 抢截球

抢截球的方法包括正面抢截、侧面抢截和侧后面抢截三种。

1. 正面抢截球

这是控制对方队员从正面运球前进时采用的方法。正面抢截有正面跨步抢截球和正面铲球(图 5-28)。

图 5-28

2. 侧面合理冲撞抢截球

当与对手并肩跑动时，身体重心稍下降，同对方接触一侧的臂要紧贴身体。当对方靠近自己一侧的脚离地时，用肘关节以上部位冲撞对方相应部分，使对方失去平衡而离开球，乘机将球控制过来。

3. 侧后铲球

有同侧脚和异侧脚铲球两种方法。同侧脚铲球方法以脚外侧沿地面向前外侧滑出，用脚背或脚尖将球踢或捅出。然后小腿外侧、大腿外侧和臀部依次着地。异侧脚铲球方法是当控球者拨出球的一刹那，抢球者后脚(同侧脚)用力后蹬成跨步，前脚(异侧脚)以脚外侧沿地面向前内侧滑出，用脚底将球蹬出来，然后小腿外侧、大腿外侧和臀部依次着地(图 5-29)。

图 5-29

(六) 假动作

在比赛中，为了摆脱对方的阻挠，突破对方的防守，抢夺对手的球或破坏对方对球的控制，经常采用一些假动作，大致可分为有球或无球的假动作两类。无球假动作有改变速度的假动作、改变方向的假动作、抢截假动作(图 5-30)；有球假动作有传球假动作、停球假动作、过人假动作(图 5-31)、假动作停球、顶球改为停球的假动作(图 5-32)和顶球假动作。

图 5-30

图 5-31

图 5-32

(七) 掷界外球

掷界外球有原地和助跑掷界外球两种(图 5-33)。

图 5-33

1. 原地掷界外球

面对出球方向,两脚前后或左右开立,膝关节弯曲,上体后仰成背弓,重心移到后脚上,两手自然张开,拇指相对,持球的侧后部,屈肘将球置于头后。掷球时,后脚用力蹬地,收腹屈体,同时两臂急速前摆。当球摆到头上时用力甩腕将球掷入场内。掷球时,后脚可沿地面向前滑动,两脚均不得离地或踏入场内,但允许踏在线上。

2. 助跑掷界外球

双手持球于胸前。在助跑迈出最后一步时。上体后仰成背弓,同时将球上举到头上后,掷球时的动作与原地掷界外球动作相同。

(八) 传球

传球是组织进攻、变换战术和创造射门机会的有效手段,也是踢球技术在集体配合中的实际运用。通过传球,使足球比赛成为一种集体性的运动项目,按距离可分为长传与短传边球;按方向有平行线的直线传球、平行于端线的横线传球和与边线成一定角度的斜线传球、向后传送的回传球等等。在一场比赛中,一个队传球可高达 350 次左右,有的队员一个人要传球 60 多次。据有关数据统计,传球以脚内侧传球用得最多,占总传球次数的 49.2%;脚背内侧传球次之,约占总传球次数的 21%,各种传球的技术与同类踢球技术相同。

(九) 射门

掌握时机,用各种脚法把球踢向对方球门,是一切战术配合的最终目的,也是比赛胜负的关键。射门有远、近不同距离的射门及大、小不同角度的射门和不同来球方向的射门,踢不同状态球的射门、人与球门不同方向的射门等。

射门时要求冷静、机智、果断、快速、准确、有力和隐蔽。

(十) 守门员技术

守门员是全队的最后一道防线,他的主要任务是阻止对方将球射入本队球门内。守门员要善于观察全局,起到协助指挥全队防守和进攻的作用,并且随时注意比赛发展情况,力争扩大自己罚球区内的防守范围，以便尽早截获对方的各种来球，并快速及时地把球传到有利进攻的位置上，组织发动进攻。

守门员技术有位置选择、准备姿势、移动、接球、扑球、拳击球、运球、掷球和踢球等。

1. 位置选择

守门员为了守住球门，首先要选择正确合理的位置。位置的选择应根据对方的射门地点和射门角度来决定，一般情况下，应站在两球门柱与射门时球所处的位置所形成的分角线上。当对方近门时，守门员可靠前一些，这样可以缩小射门角度；在对方远射门时，可适当前移，但要防备对方吊球进门；当球向中场或前场发展时，守门员前移到球门区线附近，并根据球的发展及时调整自己的位置；当对方在中场直传插入突破时，守门员应抓好时机及时出来截球。

2. 准备姿势

两脚左右开立与肩同宽；两膝自然弯曲并稍内扣，脚跟稍提起，身体重心落在前脚掌上，上体稍前倾；两臂于体前自然屈肘，两手五指自然张开，掌心相对，两眼注视来球(图 5-34)。

图 5-34

3. 移动

守门员为了更好地堵截和接住对方的传球和射门，必须根据对方射门前球和人的位置变化而相应调整自己的位置，向左右调整位置的移动，一般采用侧滑步和交叉步。

侧滑步移动：当对方向球门两侧射低平球时，守门员身体正对来球，两眼注视来球。方法是向左(右)侧滑步，先用右(左)脚用力蹬地，左(右)脚稍离地面并向左(右)滑步，右(左)脚快速跟上。

交叉步移动：接两侧高球或扑接球时，守门员为了便于蹬地跃起，多采用交叉步。例如向左(右)侧做交叉步移动时身体先向左(右)侧倾斜，同时右(左)侧用力蹬地，并快速向左(右)前方跨出一步成交叉步。然后左(右)脚向左(右)侧移动，右(左)脚和左(右)脚依次快速移动，并蹬地跃出。

4. 接球

接球是守门员主要技术，包括接地滚球、平直球、高球等。接地滚球有直腿式和单腿跪撑式(图 5-35)两种方法。其动作方法是：两腿靠拢体前屈，掌心向前指触地，手接球后撤臂，卷臂抱球跑出去。接平直球可分为按低于胸部和平于胸部两种球。主要是伸臂迎球，后引抱紧。接高球需要在移动后迅速跃起，用双手接住球顺势抱于胸前。

图 5-35

5. 扑球

守门员来不及用其他接球动作时，常采用扑球动作把球接住(图 5-36)。扑球有扑两侧的低球、跃起扑侧面地滚球和扑侧面平高球。

图 5-36

6. 拳击球和托球

在守门员没有把握接住球或有对方猛烈冲击球门的情况下，为了避免接球脱手，可采用拳击球。拳击球有单拳和双拳击球两种方法。

托球主要在来球弧度较大，其落点又在球门横梁附近，守门员起跳接球把握性不大时运用。跳起托球时，一臂快速上伸，掌心向上，用手掌前部触球，将球稍往后上方托起使球越横梁上方而过。

7. 掷球

为了争取时间组织快速反击，守门员经常把获得的球用手掷给同队队员。掷球有单手肩上掷球、单手低手掷球和勾掷球等方法。

8. 抛踢球

它是守门员把获得的球直接传给远离自己的同队队员的技术动作。抛踢球有自抛下落空中球和踢自抛的反弹球两种方法。

二、足球基本战术

足球运动是一项对抗性的运动项目，它是由进攻和防守这对矛盾所组成的，足球战术是指比赛双方为了充分发挥个人与集体的特长，进攻对方弱点，取得比赛胜利所采用的手段和方法。根据攻防的基本特点，足球战术可分为比赛阵型、进攻战术、防守战术三大部分。

（一）比赛阵型

比赛阵型就是为了适应攻守战术的需要，全体队员在场上的攻守力量搭配、职责分工及位置排列。它是根据攻守需要而产生和发展的。现代足球比较流行的阵型有：四四二、四三三、三五二、五三二等，以及有些国家采用连锁式、水泥式等。

（二）集体的局部配合进攻战术

集体战术是指两个或两个以上队员在比赛中为了完成全队攻防任务而采用的局部协同作战的配合方法，它包括“二过一”战术配合、“三过二”战术配合等进攻战术。

1. “二过一”战术配合

“二过一”是两个进攻队员，通过传球配合突破一个防守队员。“二过一”是集体配合的基础，可以在任何场区、任何位置上运用这种方法来摆脱对方的抢截或突破防线。

2. “三过二”战术配合

“三过二”是在比赛中局部地区3个进攻队员通过连续配合突破两个防守者的防守。由于这种配合有两个同队队员可以同时接应传球，因此使持球人传球路线更多，且进攻面扩大。

（三）全队进攻战术

全队进攻战术是指比赛中一方获得球后，通过队员之间的传递配合达到射门的目的而采用的配合方法。与局部进攻战术相比较，全队进攻战术的进攻面比较广，参加进攻和快速反击等。

1. 边路进攻

利用球场两侧地区发起进攻的方法叫边路进攻。边路进攻是全队进攻战术的主要形式之一，其主要特点是有利于发挥进攻速度，打破对方防线制造缺口。

2. 中路进攻

中路进攻是利用球场中间区域组织的进攻，这种进攻虽能直接射门，但难度最大，因中路防守最为严密，前的攻击手必须是反应极其敏锐、意识强、技术高、敢于冒险、速度快和善于路位策应的队员。

3. 快速反击

比赛中当攻方进攻时，后卫线往往压至中场附近，防守人数也由于插上进攻和助攻而相对减少，此时如能抓住对方防区空隙较大和回防较慢的机会，乘其失球发动快速反击，往往能取得良好的效果。

快速反击是最有威胁的进攻手段，有效地进攻在于突然快速地反击，但其难度较大，即要冒险，又要有准确、快速的传切配合技能。快速反击要有组织，配合得要极为默契，必须进行专门性的训练，否则很难在比赛中实施。

（四）定位球战术

定位球战术是指比赛成死球时采用的攻守战术方法，包括球门球、中圈开球、界外球、角球、任意球、点球。

定位球在比赛中的地位极为重要，它已成为决定比赛胜负的重要组成部分，尤其在势均力敌的比赛中，关键的获胜进球常是定位球。此外，定位球以其特定的优势：在规定的9.15米内没有对手阻碍，可投入较多队员在预定的位置上进攻，同时对本方的后方不带来危险。为此，各国都很重视并加强对定位球战术（特别是前场任意球、角球和界外球）的研究和训练，并加以创新。

第三节 排 球

排球运动起源于美国，由美国马萨诸塞州（旧称“麻省”）霍利约克城（Holyoke）基督教青年会(YMCA)体育干事威廉斯·基·摩尔根(Williams. G. Morgan)于1895年创造。1905年传入中国。最初,中国开展排球运动采用的是16人制的比赛。每队16人上场,分别站成4排,每排4人,故中国人称此项运动为排球。排球在中国的发展先后经历了16人制、12人制、9人制和6人制的演变。经过百余年几代排球工作者的努力,排球运动在中国逐步得到普及和发展,运动技术水平不断提高。先后发明了快球、平拉开扣球、单脚起跳扣快球、防守快速反击等排球技战术。中国女排先后7次荣获世界冠军称号,其中2次摘得奥运会桂冠,对世界排球运动的发展起到了积极的推动作用。

通过排球教学和训练能发展人体力量、速度、弹跳、灵敏、耐久力等身体素质,提高人体中枢神经系统和内脏器官的功能,增进身体健康,培养机智顽强、勇敢拼搏、团结友爱等意志品质。

一、排球基本技术

(一) 准备姿势和移动

1. 准备姿势

为了便于完成各种技术动作而采取合理的身体姿势称为准备姿势。合理的准备姿势是指要使身体重心处于相对稳定的状态,又要便于移动和完成各种击球动作,为迅速起动,快速移动及击球创造最好的条件。按照身体重心的高低,准备姿势可分为半蹲准备姿势(图5-37),稍蹲准备姿势和低蹲准备姿势三种。

图5-37

(1) 半蹲准备姿势

两脚左右开立略比肩宽,一脚前,一脚后,两脚尖稍内扣,脚跟提起离地。膝关节保持一定的弯曲,膝关节的投影在脚尖前面,上体前倾,重心靠前。两臂放松自然弯曲,双手置于胸腹之间。全身肌肉放松,两眼注视来球,两腿始终保持微动。半蹲准备姿势多用于接发球、拦网和各种传球。

(2) 稍蹲准备姿势

稍蹲准备姿势比半蹲准备姿势重心略高,动作方法相同。一般用于扣球助跑之前和本方正在组织进攻不需要快速反应起动的时候。

(3) 低蹲准备姿势

低蹲准备姿势比半蹲准备姿势的身体重心更低,更靠前,两脚左右、前后的距离更宽一些,膝关节弯曲程度更大一些;肩部投影过膝,膝部投影过脚尖,手置于胸腹之间。主要用于防守接拦回球等。

2. 移动

从起动到制动的过程为移动。移动是为了及时接近球,保持好人与球的位置关系,以便击球。迅速地移动可以占据场上有利位置,争取时间和空间。队员能否及时移动到位,直接影响着技战术的质量。由于排球场上来球的方向千变万化,来球的速度、弧度和落点都不固定,因此,排球场上的移动是向各个方向的移动。

(二) 发球技术

发球时必须注意:抛球稳,每次发球时,应平稳地将球向上抛起,抛球的高度离身体远近应基本固定;击球准,击球部位和用力方向要准,手法要正确,手法不同出球性能也不同。

发球方法(以右手为例)有如下几种:正面上手发球、勾手大力发球、正面上手飘球、勾手飘球、正面下手发球、侧面下手发球、高吊发球和跳发球等。

1. 正面上手发球

面对网站立,将球平托上抛于右肩前上方,高度适中。在左手抛球的同时,右臂抬起屈肘后引,肘与肩平,上体稍向右转。击球时,利用蹬地、转体和收腹带动手臂挥动,在右肩前上方伸直手臂的最高点,以全手掌击球的中下部。击球时,手指自然张开,手腕要迅速做推压动作,使球上旋飞行(图 5-38)。

图 5-38

2. 勾手大力发球

左肩对网站立,左手将球垂直抛至头的前上方高度 1 米左右。利用蹬地、挺胸及转体动作,带动手臂由右后侧伸直向上挥击球(图 5-39)。

图 5-39

图 5-40

3. 正面下手发球

面对网站立。球由腹前抛起 20～30 厘米,伸直的右臂以肩为轴由后向前摆动,以虎口、掌根或手掌击球的后下部(图 5-40)。

(三) 垫球技术

垫球技术包括正面双手垫球、体侧垫球、跨步垫球、正面低姿势垫球、背垫球、单手垫球、前扑垫球、鱼跃垫球、侧卧垫球、滚翻垫球、挡球和救入网球等。

1. 正面双手垫球

这是各种垫球技术的基础,适合接速度快、弧度平、力量大、落点低的各种来球。常用于接发球和后排防守,组织进攻。其动作要领是:正面对准来球,两脚开立稍宽于肩,一脚在前,一脚在后。脚跟提起,前脚掌着地,两膝弯曲微内收,膝部垂直而超出脚尖。上体前倾,重心降低,并置于前脚掌的拇趾根部,两肩的垂直面超出膝部。两臂微屈紧靠,自然下垂,两手置于腹前。两眼注视来球,两脚微动,随时准备转移,准备姿势做好后,手臂迅速插入球下。击球时,蹬腿提腰,重心随之前移,同时靠两臂相夹,含胸收肩,压腕提臂等动作的密切配合,将球准确地垫在小臂上(切勿用拳头)。在垫击的一瞬间,两臂要保持平稳固定。击球时,身体和两臂要做自然的随球伴送动作,下腰要积极协调配合,以便控制球的落点和方向。击球手型有两种:一种是叠掌式,掌根紧靠,合掌互握,两拇指朝前;另一种是抱拳式,两拇指平行朝前,两臂自然伸直,小臂稍外展靠拢,手腕下压,手腕关节以上的前臂形成一个垫击平面。正面双手垫球点一般保持在腰腹前的一臂距离,用前臂腕关节以上 10 厘米左右桡骨内侧平面触球的后下部。击球部位过高,既不便于控制球,而且易造成"持球"、"连击"违例;击球部位过低,垫在虎口上,球易乱飞。垫球的用力大小与来球的力量成反比,与垫出球的距离成正比(图 5-41)。

图 5-41

2. 鱼跃垫球

鱼跃垫球难度较大,要想掌握这项技术,必须有勇敢的精神、较好的臂力和较好的腰背力量,还要有较高的灵活性。当来球较低而且距离较远时,可采用鱼跃垫球。在跃出之前,身体采取较低的姿势,上体前倾,以前脚用力蹬地。使身体向远处腾空跃出。在空中要注意身体平衡,先用击球臂插到球下,用手背或虎口将球垫起。落地时,两手先着地支撑,两肘缓慢弯曲,以缓冲下落力量,同时抬头、挺胸、挺腹,向后屈腿,身体成反弓形。随着两臂的支撑,胸、腹、大腿依次着地。如在地板上也可在胸部着地时,两手经支撑后立即做推撑动作使身体顺势向前滑行(图 5-42)。

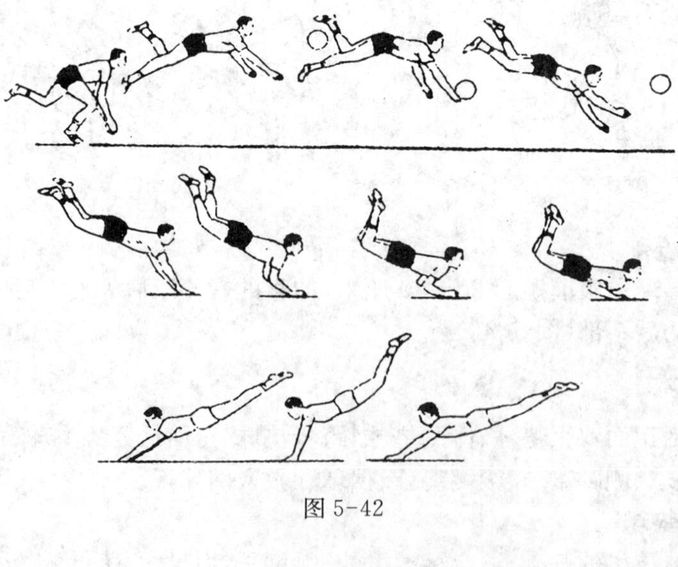

图 5-42

3. 侧面双手垫球

在身体两侧用双臂垫球的动作称为侧面双手垫球，以右侧垫球为例，左脚前脚掌内侧蹬地，右脚向右跨出一步，右膝弯曲，两臂夹紧向右伸出，使两臂击球面截住球，垫击球的后下部。击球时要保持直臂击球，避免手臂动作影响击球效果。

4. 滚翻垫球

接球时，迅速向来球方向移动，跨出一大步，重心下降，完全落在跨出的脚上，上体前倾，胸部贴近大腿，两臂伸向来球方向。同时两脚用力蹬地，使身体向来球方向腾出，前臂直插球下，用双手或单平击球的后下部。击球后，脚尖内转，大腿外侧、臀部侧面、背部、肩部依次着地。然后顺势低头、收腹、团身，向异侧方向做滚翻动作再迅速起立(图 5-43)。

图 5-43

5. 挡球

来球高于肩，且力量大，来不及后退，不宜用传、垫球时，可用挡球。挡球可分双、单手挡球。

双手挡球的手型有并掌法和包拳法两种。并掌法的动作是两肘弯曲，两虎口交叉，两掌外侧朝前，合掌成勺形。包拳法的动作是两肘弯曲，一手半握拳，另一手外包，两拳外侧朝前。挡球时，小臂放松，两肘朝前，手腕后仰，以掌根或外侧组成平面，挡击球后部或下部。击球点在额前或两侧肩上。挡球瞬间，手腕要紧张用一定力量，把球向上挡起。单手挡球适用于挡头以上或侧上方的高球。开始挡球时，手腕放松，击球瞬间要突然后仰并保持紧张，用掌根部位击球的中下部或底部。有时对飞到身后的高球也可以跳起用单手挡球。

6. 救入网球

救入网球时，必须了解入网的部位与反弹力的关系。球飞入网的下沿，球反弹落点则离网较远，接这种球时，可取好位置，保持低姿势，从容不迫地等待球反弹离网，当球降到最低点时，再用双手或单手将球垫起。救飞入网中部的球时，如果球网接得紧，弹性好，落点也可能远，方法同接下沿反弹球。如果球网松、反弹性差，球落点就离网近，这的要迅速伸臂插到球下，低姿势击球的底部。球飞入网的上沿，球将顺网滑下，落点会靠近中线，接这种球时，要迅速移到中线网下准备，等球下降离网落到最低点时再垫击。

(四) 传球技术

传球是排球运动中的一项最基本的技术，是进行比赛和组织战术的基础。

正面上手传球(图 5-44)的方法如下：

图 5-44

1. 传球前的准备姿势

正面对准来球方向，两脚左右开立，约同肩宽，左脚稍前，后脚脚跟稍提起，两膝半屈，重心落在两脚之间，上体稍前倾。两肩放松，两臂弯曲置于胸前，两肘自然下垂，两手成传球手型，眼睛注视来球方向，全身放松，准备传球。

2. 击球点

击球点在额前上方一球距离处，当来球接近额前时，开始蹬地、伸膝、伸臂，两手微张经脸前向前上方迎球。

3. 传球手形

当手触球时，其手型应该是手腕稍后仰，两手张开，手指稍微屈成半球状，小指在前，拇指相对成接近一字形。如果传低球或作背传时则拇指相对成反“八”字形。两手间有一定距离，用拇指内侧、食指全部，中指的二、三指节触球的后下部，无名指和小指控制球的方向，两肘适当张开，两前臂之间约成 90 度。

4. 击球的用力

传球前，手指、手腕稍放松不要过早用力。传球时，要利用蹬地伸膝向上展体和伸臂动作，用协调力量迎击球，并以拇指、食指、中指负担球的压力，无名指和小指帮助控制球。

触手的瞬间，手指和手腕应保持一定的紧张程度，用手指的弹力和手腕、手臂与身体协调的力量将球传出，用力一定要协调一致。传球距离较远时，必须要多使用蹬地展体力量，方能把球控制好。

双手上手传球主要用于二传。二传的技术动作细腻精明，运用时变化多。按传球的姿势可分为站立传、半蹲传、全蹲传、跳传；按球出手的方向可分为正面传、背传和侧传；按出球距离和高度又可分为集中传、拉中传、快传和小弧度传。

(五) 扣球技术

扣球技术比较复杂，按其技术结构来讲，扣球技术包括准备姿势、判断、助跑、起跳、空中击球和落地几个互相衔接的部分，整个扣球动作必须协调连贯而有节奏(图 5-45)。

图 5-45

1. 准备姿势

两脚左右自然开立，两膝稍屈，上体自然前倾，眼睛观察来球，注意高度集中，随时可向各种方向起动助跑。

2. 判断

首先是对一传的判断，然后转移到二传的判断，根据二传的方向、落点、弧度、速度来选择起跳的地点和决定起跳时间，判断贯穿在整个的助跑与起跳扣球全过程中。

3. 助跑

助跑的目的是为了增加弹跳高度，而且是为了选择起跳地点和起跳时间。助跑的方向、速度和步数是根据来球的方向、速度和弧度来决定的。所以助跑的步法应力求灵活和适应性强，能做到助跑速度可快可慢，步幅可大可小，步数可多可少，并要能向各个不同方向变步起跳。

助跑的步法有多种，一般以两三步运用较多。以两步助跑为例（右手扣球）：左脚先放松而自然地迈出第一步，紧接着跨出右脚（步幅要大），支撑点落在身体重心之前，并以脚跟先着地，两臂由体前经体侧摆至体后下方，上体前倾，接着重心前移，着地的左脚迅速由后过渡到前脚掌，同时左脚随即在右脚稍前的地方着地，身体重心降低，两膝弯曲并内扣，上体稍向左转，两眼注视球，准备起跳。第一步是决定助跑的方向，第二步起到调整作用，使起跳的位置正确，起跳后保持好正确的击球点。做到助跑先慢后快，先小后大的原则。

4. 起跳

起跳的目的在于跃起后达到一定的高度，保持在正确的击球点击球。只有判断准确，跳得高，跳得及时，而且位置恰当方能扣得准，扣得有力。

起跳时，两膝弯曲并内扣，上体前倾，两脚迅速而有力地蹬地踏跳，两臂由体后下方继续向体前上方挥摆，同时快速展腹，带动全身腾空而起。

在比赛中常用的起跳有两种：一是并步法，即一脚跨出后，另一脚迅速向前并步，落于该脚之前，随即蹬地起跳；二是跨跳法，即一脚跨出去的同时，另一脚也跨跳出去两脚几乎同时着地和蹬地。前者便于稳定重心，适应性强，后者蹬地力量大，可增加反作用力，有利于增加弹跳高度。

起跳一定要用最快速度（即爆发力），方能获得最大的弹跳高度。起跳时，两臂由胸前经体侧划一弧形后上摆动，与展腹团体同时配合，借助于两臂摆动带动身体上升，有助于跳得更高，但是踏跳、展腹、摆臂这三个动作的用力必须协调、及时，才能发挥最大的蹬地力量，才有助于增加弹跳高度。

5. 空中击球

击球是扣球技术的关键环节。起跳后，上体稍后仰，并稍向左侧扭转，胸腹自然展出，左手自然置手体前。右臂屈肘举起，肘关节向侧方，并高于肩部，手置于头的右侧方。前臂、手腕、手指放松，五指微张，手掌成勺形。击球时，利用迅速转体收腹动作来带动手臂猛烈地挥击。前臂挥动的速度更快，有如挥鞭子的抽击动作。击球时，手臂要伸直。用全掌击球的中上部，手腕迅速下甩。

击球时应注意三点：一是打得准，用全掌击球，使全掌包住球吻合得比较好，手指、手腕尽力控制住球，使之按预定的路线飞行；二是在最高点击球，手臂向前上方挥击应有提肩动作，在击球的一刹那，手臂要充分伸直；三是发挥前臂的加速度，前臂应有明显的鞭打动作，并在手掌触球后仍继续加速，借以加大对球的作用力。

6. 落地

由于击球时左肩抬得较高，所以下落时往往是左脚先着地。为了避免左脚负担过重，容易损伤膝关节，应力争双脚同时落地。落地时，应由前脚掌过渡到全脚掌，同时顺势屈膝收腹，以缓冲下落的力量，并立即准备下一个动作。

扣球的主要方法有正面扣球、勾手扣球、快球(近体快球、远网调整快球、短平快球、平拉开快球、时间差快球和错位快球等)、单脚起跳扣球等。

(六) 拦网技术

拦网技术分单人拦网和集体拦网两种。两者对个人的技术要求是相同的，只是集体拦网要注意相互间的协调和配合(图 5-46)。

图 5-46

1. 单人拦网

拦网的技术动作由准备姿势、移动、起跳、空中拦击和落地五个部分组成。这五个部分是相互衔接的。拦网时，除应掌握上述技术外，还应具备准确的判断能力，以便准确地选择起跳地点、拦网时间和空间。

(1) 准备姿势和站立

准备姿势的目的是为了迅速起跳和较快地移到起跳点起跳。当球进入对方场区后，本方前排队员就应做好准备，密切注视着对方的行动。一般情况下，2、4 号位队员站在离边线 1.5 米处，3 号位队员站在两人等距的中间。准备拦网时，可站在离中线约 20～30 厘米处，两脚左右开立，与肩同宽，两膝弯曲，上体自然微前倾，两臂自然弯曲置于胸前，做起跳或移动的准备。

(2) 移动

比赛时，在大多数情况下，拦网队员在网前平行于网移动，但根据需要，也有向前助跑起跳拦网的情况。拦网移动有并步、交叉步、跳步和向前移动。

(3) 起跳

从拦网的准备姿势开始，两脚用力蹬地，两臂在体侧前方划小弧用力上摆，带动身体垂直向上跳起。起跳后，应稍收腹，以便控制平衡和延长腾空时间。

起跳时，腿的弯曲程度要因人而异，一般腿部力量差的队员可以蹲浅些，腿部力量强的队员蹲深些。起跳的时间要根据球的高低远近而定。一般拦高球或远网球，起跳时间要晚于扣球，拦平快球起跳就早些。

（4）空中击球

在身体腾空后，两手从胸前向头上方伸出，两臂向上伸直并有提肩动作，以提高拦网手高度。增加阻拦可能性。身体要贴近球网，两臂之间距离要小于球体，手指张开弯曲成勺形，并保持一定的紧张程度，以便阻拦来球和削弱来球的力量。

拦近网球时，两手应尽量伸到对方上空接近球，以扩大阻拦面。手臂伸过球网拦球时，两手要成弧形去“包球”，尤其靠外侧的手更应注意“包球”，以防打手出界。当对方扣球时，拦网的早腕应迅速下压“盖帽”，以增加拦死、拦回的可能性。对方扣远球和对方超手扣球或者拦网高度不够时，一般情况下将对方拦死、拦回的可能性比较小，应尽量高跳和伸直双臂。也要采用拦网手后仰的方法进行拦网。

拦网队员的弹跳高度和腾空时间对拦网的效果有重要的作用。两手在网上空停留的时间越长，拦到球的可能性就越大。拦网队员不宜在起跳后就把臂完全伸直，这样会暴露出拦网的意图，使对方易于避开拦网的手改变扣球路线，或打手出界。跳起腾空时，两手应放在头部前上方，待判准扣球进攻的意图时，再突然伸手进行阻挠，这样可使对方来不及变线，从而提高拦网的效果。

（5）落地

拦网后身体要自然下落，先以脚前掌着地，随之屈膝缓冲身体落地的力量，同时迅速做好下一个动作的准备。

2. 集体拦网

集体拦网除上述个人拦网技术的要求外，应着重注意互相配合。配合时应注意：集体拦网要明确以谁为主，密切协同配合，防止各行其是。起跳时应避免相互冲撞或干扰。起跳后，手臂在空中既不要相互重叠，造成拦击面缩小，又不要间隔太大而造成中间漏球。身体高大的要与小个子加强配合。

为了发挥个人特长，可把身体高、弹跳力强或拦网好的队员摆到对拦网负有重要责任的3号区域对准对方的主攻手，以加强本方的拦网。

集体拦网可分为双人拦网和三人拦网。

二、排球基本战术

排球战术指运动员在比赛中根据排球运动的规律，双方的具体情况和临场的变化，合理地运用技术以及采取的有组织、有目的和有预见性的一种配合行动。

（一）阵容配备

1. “四二”配备

“四二”配备是指场上两个二传手、四个攻手（其中两个主攻手、两个副攻手），安排在对称的位置上。每一轮次前排都有一个二传队员和两个进攻队员，便于组织前排二传传球的两点进攻和后排二传插上传球的三点进攻。但每一个进攻队员必须熟悉两个二传队员的传球特点，配合比较困难。

2. “五一”配备

“五一”配备是指场上一个二传队员，五个进攻队员。为了弥补有时主要二传队员来不及传球所出现的被动局面，通常在二传队员的对角位置上，配备一名有进攻能力的接应二传队员。二传队员在前排时采用两点进攻，二传队员在后排时采用进攻和拦网的力量。“五一”配备中，全队进攻队员只需适应一名二传队员传球的习惯、特点，容易建立配合间的默契。但防反时，一传队员如果在后排，要插上传球，难度较大。

（二）进攻阵型

1. “中一二”

3号位员作二传，将球传给4、2号位队员进攻的组织形式。其优点是一传向网中3号位垫球比较容易，因而有利于组成进攻，适合初学者采用；二传队员在网前接应一传的移动距离近，向2、4号位传球的距离较短，容易传准。缺点是战术变化少，对方容易识破进攻意图。

2. “边一二”

2号位队员作二传，将球传给3、4号位队员进攻的组织形式。其优点是右手扣球者在此3、4号位扣球比较顺手，战术变化较多。缺点是一传垫球距离较远，不宜到位。

3. “插上”

二传队员由后排插上到前排作二传，把球传给前排4、3、2号位队员进攻的组织形式。其优点是能保持前排三点进攻，战术配合变化多，并能利用网的全长组织进攻。缺点是对插上二传队员的要求较高。

（三）防守阵型

1. “边跟进”

多在对方进攻较强，吊球较少时采用。当对方4号位队员进攻时，我方2、3号位队员拦网，其他4个队员组成半圆弧形防守。如遇对方吊前区，由边上1号位队员跟进防守。其特点是加强了拦网；缺点是边上的队员同时又要防直线，又要跟进防前区，比较困难。

2. “心跟进”

在本方拦网能力强，对方采取打吊结合时采用。当对方4号位队员进攻时，我方2、3号位队员拦网，后排中的6号位队员在本方拦网时跟在拦网队员之后进行保护，其余3名队员组成后排弧形防守。其优点是加强了前区的防守能力，缺点是后排防守队员之间的空当较大。

第六章 小球运动

第一节 羽 毛 球

现代羽毛球运动诞生于英国。1873年，英国公爵鲍弗特在格拉斯哥郡伯明顿镇的庄园里进行了一次羽毛球游戏表演。“伯明顿”(Badminton)也因此成为羽毛球的英文名字。1893年，英国羽毛球协会成立，并于1899年举办了第一届全英羽毛球锦标赛。1934年，成立国际羽毛球联合会。1978年世界羽毛球联合会于香港成立。1981年国际羽毛球联合会和世界羽毛球联合会正式合并，称羽毛球世界联合会，简称“BWF”。

羽毛球运动对速度素质、灵敏素质、力量素质、爆发力等要求较高，长期进行羽毛球运动能增强肌肉力量与短时间高功率的爆发力以及速度耐力，培养练习者勇敢、顽强、沉着、灵活、果断，以及在双打中两人密切配合、精诚合作的精神，使羽毛球爱好者身心得到较全面的发展。

一、羽毛球基本技术

羽毛球技术是在规则允许的条件下，所采用各种合理击球动作方法的总称。它主要由基本手法和基本步法两部分组成。基本手法又由握拍、发球和击球三种技术组成；而基本步法则由基本站位、前场上网、中场左右和后场退步法组成。

(一) 握拍方法

1. 正手握拍法(以右手握拍为例)

先用左手拿住拍的腰杆，使拍面与地面垂直，然后右手虎口对准拍柄侧面内沿，以握手式握住拍柄，小指、无名指和中指并握，食指稍分开，大拇指与中指接近，拍柄末端与小鱼际肌平齐，使手心与拍柄间留有空隙(图6-1)。

2. 反手握拍法

在正握拍法基础上，拍柄稍外转，食指收回，拇指第二指节的内侧顶贴在拍柄内侧的宽面上，并注意把柄端靠近小指的根部，使手心留有空隙(图6-2)。

图6-1

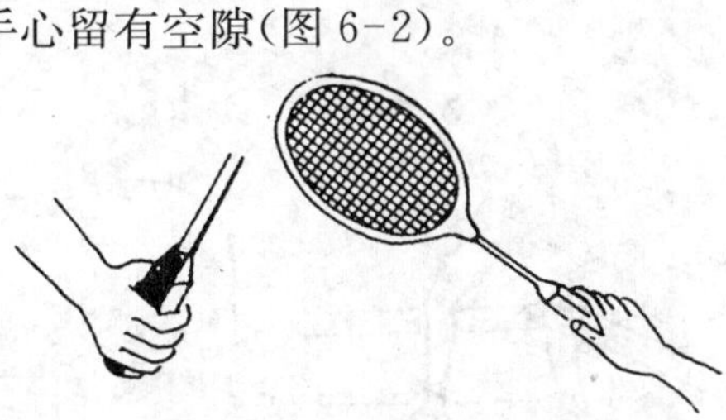

图6-2

（二）发球与接发球

1. 发球

发球是重要的基本技术，也是重要的进攻技术。发球质量直接关系到比赛中能否取得主动权，发球一方赢球便可得分。

发球站位：单打贴中线站立，离前发球线1米左右；双打可稍站前一些。

发球姿势：左肩斜对球网，呈“丁”字步站立，左脚在前，脚尖与网面垂直，右脚在后，与网面保持平行。两脚前后分开，站立的距离与肩同宽，身体重心落在后脚上。准备发球时，右手握拍向右后斜举。肘微屈，左手持球（拇指、食指、中指夹持球托同羽毛的相接处），放在腹部右前方，双眼注视对方的位置和准备接球的情况（图6-3(a)）。

发球种类：按发出球的飞行弧度分为高远球、平高球、平快球和网前球等（图6-3(b)）。

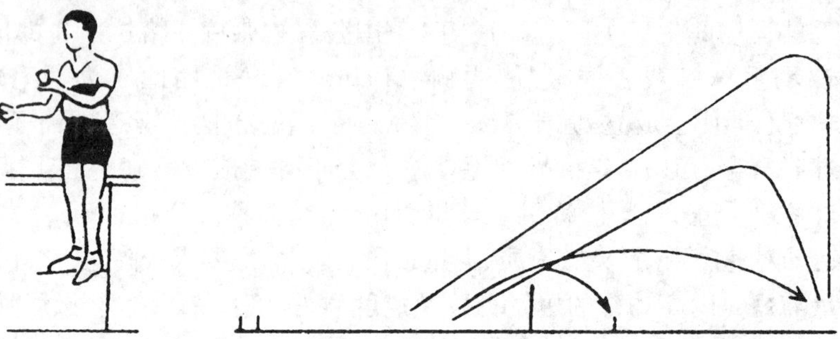

(a)　　　　　　　　(b)

图6-3

发高远球时，球要发得高而远，球斜上飞行至对方底线上空后几乎垂直下落，落点接近底线。击球点在右侧腰下，拍面的仰角大于45度。

平高球的飞行弧线比高远球低，多用前臂带动手腕发力，拍面稍微向前推进，其仰角小于45度。

发平快球时，站位应稍后，击球的瞬间，拍面仰角一般小于30度。争取击球点在腰部以下的最高处，注意不能超过腰。挥拍时要充分利用前臂带动手腕的爆发力。

发网前球时，挥拍的幅度要小，力量较轻，拍面稍后仰，触球时挥拍不可过紧，可利用腕与手指的力量从右向左横切推送，使球越网而过，落在对方接球区前和发球线附近。

2. 接发球

接发球应站在离发球线1.5米处，在右发球区接发球站在靠中线位置；在左发球区接发球站在中间位置。双打时发网前球较多，接发球时可站在离前发球线较近的地方（图6-4）。

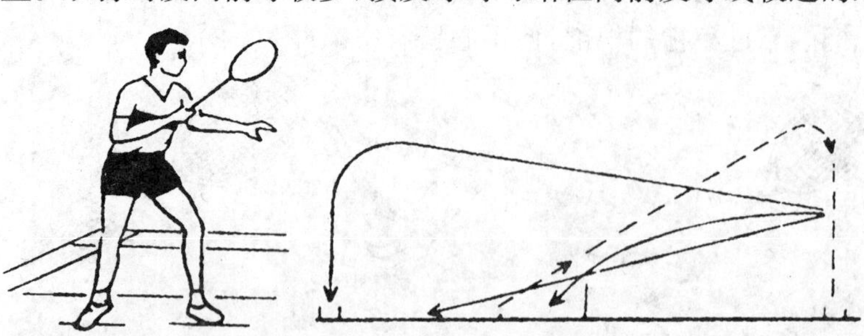

图6-4

（三）击球

击球依据具动作特点分为高手击球、网前击球和低手击球。

1. 高手击球

高手击球具有击球点高、速度快、力量大、主动性强、进攻威力大等优点，是快攻打法的最基本技术（图 6-5）。高手击球有高远球、吊球、杀球。

高远球：用较高的弧线把球击到对方底线附近叫击高远球。进攻时可迫使对方退离中心位置，削弱对方的进攻威力，消耗对方的体力；防守时，可争取时间，调整步法，回到中心位置，摆脱被动局面。击高远球有正、反手和头顶等击法。

图 6-5

吊球：将对方击来的高远球从后场还击到对方的网前区叫吊球。吊球是调动对方、打乱对方阵脚、组织战术配合的一种击球战术。后场进攻时，同高远球、杀球结合运用，并做到 3 种击球的前期动作一致时，常可造成对方判断发生困难。高手吊球按球的飞行路线和击球动作的不同分为劈吊球和拦截吊球。

扣杀球：把高远球在尽量高的击球点上斜压下去。其击球力量大，球飞行路线直，下落快，扣杀球是主要进攻技术。扣杀球技术分正、反手的头顶扣杀球。运用手腕、手指控制拍面斜倾角度，用力方向和用力大小，可击出长杀球、短杀球、点杀、杀直线、杀斜线等（图 6-6）。

图 6-6

2. 网前击球

这是一项可以调动对方,使战术多变的击球方法。在防守力量加强、步法更加灵活的情况下,网前技术往往成为战斗的有力武器。网前击球时,握拍要灵活,充分利用腕、指的力量控制球路和落点。击球点要高,步法要快,搓、推、勾、扑球的动作一致性要强。网前击球有搓球、推球、勾球、扑球、放网前球、挑高球。

搓球:属高难动作的击球技术,是放网前球技术的发展。搓球时击球点较高,利用拍面与球托的摩擦,使球沿横轴翻滚越过网顶,给对方回击造成困难,以创造进攻的机会。搓球分为收搓和展搓两种(图 6-7)。

图 6-7

推球:在网前将球快速推到对方的底线。球的飞行路线较低、较平、是一项进攻技术。

勾球:在网前回击对角线网前球时,击球的一刹那,拍面斜向对方的网前。

扑球:对方发网前球或回击网前球时,球刚越网顶便迅速上网向斜下扑压。扑球时用力有轻有重,球的飞行弧线较短,落地较快,是威胁较大的一项进攻技术。

放网前球:处于被动情况下,刚从后场击过球,对方又吊网前球,欲赶上击球,击球点已经低了。这时,用球拍轻轻将球一托,让球像俯卧式跳高一样,恰好一过网顶就向下坠落,这就是放网前球,如质量好,可扭转被动局面。

挑高球:把对方击来的吊球或网前球挑高,回击到对方后场,叫挑高球。这是在比较被动的情况下,可采用一种防守性技术。

3. 低手击球

没有高手击球的进攻威胁大,属于防守性的技术,难度较大。如发挥得当,可具有防中有攻的效果。

抽球:击球点在肩以下,以躯干为纵轴发力,做半圆式的挥拍击球动作。抽球是应付对方长杀、半场球以及平球对攻的反攻技术。抽球可分为正、反手抽底线和半场球。在双打技术中用的比较多。

接杀球:接对方杀球时的击球动作,属防守性技术,如运用得当,常能转守为攻或反击得利。接杀球有接网前球、推后场球和抽高球等几种回击技术。

(四) 步法

快速、准确的步法是正确击球的基础,也是羽毛球运动的灵魂,步法不到位,再好的技术也无法使用。我国运动员的身体是中等身材，灵巧、速度快而弹跳力好，为适应快攻打法初步形成了步法体系。基本步法有蹬步、跨步、腾跳步、垫步等，加上原有的蹬转步、交叉步、并步、小碎步和单足跳步等，组成了上网、后退、两侧移动和起跳腾空等综合步法。

1. 上网步法

根据来球的远近，可采用两步、三步或一步上网。最后一步要求与持拍那只手同侧的脚在前，身体重心落在前脚掌上。上网步法可分跨步上网、垫步上网和蹬步上网等。

2. 后退步法

不论哪种后退步法，后退时都要求先迈右脚，最后一步左脚在后，重心在右脚上。按后退击球方法，后退步法分为正手后退（侧身并步后退和交叉步后退）、交叉步后退和反手后退等。

3. 两侧移动步法

为了接对方击向身体左右两侧的球，要掌握两侧移动步法。向右侧移动时，左脚掌内侧用力蹬起，右脚同时向右侧转跨步；人距来球较远时，左脚可向右垫一小步再起蹬，右脚同时向右跨大步（右侧蹬跨步、左侧垫步）。向左侧移动时，左脚掌内用力蹬地，右脚同时向左侧转跨大步；人距来球较远时，左脚可先向左移半步，上体左转身的同时，右脚向左（前交叉）跨大步（左侧蹬跨步、右侧垫步）。

4. 起跳腾空步法

在上网、后退或两侧移动时，为了争取主动或一拍结束战斗，可待步子到位后，用单脚或双脚起跳，争取更高的击球点。向右侧起跳腾空时，用左脚向右侧蹬地、右脚起跳；向左侧起跳腾空时，则右脚向左侧蹬地、左脚起跳。

（五）几种主要打法

1. 压后场底线

这是基本打法之一。特点是通过平高球压对方于后场底线，待对方回球靠前时，则大力扣杀或吊网前空当。这种打法主要在于与对方较量后场高吊、杀球技术的高低，以力量取胜。

2. 攻四方球控制落点

这是以快而准确的落点，攻击对方场区的四个角落，调动对方在前后左右奔跑，打乱对方阵脚，以便伺机进攻。

3. 快拉快吊控制网前

这是一种积极主动、快速进攻的打法，它要求技术全面，能攻善守，步法、手法快速灵活，又有较细腻的网前的技术。这种打法常以进攻性的平高球快压对方于后场两底角，而后以空击吊球或劈杀引对方上网，再迅速上网控制网前，以网前搓球结合推后场底线制造对方回球的困难，以便伺机在后场大力扣杀。

4. 后场下压，上网搓推

通过后场轻杀或劈杀后，快速上网控制网前，以搓球结合推球制造进攻机会，再用重杀或劈杀结束战斗。欧洲、亚洲的全攻型选手多用这种打法。

5. 守中反攻

这种打法适用于身体不高但较灵活的运动员。在防守中要善于控制落点、球路，调动对方在移动中勉强进攻，使对方急于求成而出现失误，或用以制造反攻的机会。

二、羽毛球的基本战术

（一）单打战术

1. 发球抢攻战术

从发球的第一拍起，争取控制对方，以攻杀得分。这种战术，一般为发网前低球结合平快球、平高球，争取第二拍的主动进攻。用这种战术对付应变能力较差的对手，或实施于比赛的关键时刻，效果往往很好。实施这一战术时，应有高质量的发球予以保证，否则很难成功。

2. 攻后场战术

此战术是通过击高球，重复压对方的底线两角，造成对方的被动，然后寻找机会进攻。用它来对付初学者，或后场还击能力较差，或后退步子较慢以及急于上网的对手是很有效的。

3. 攻前场战术

对网前技术较差的对手，可运用此战术先将其吸引到网前，然后再攻击其后场。采用此战术，自己首先要有较好的网前击球技术。

4. 打四方球战术

若对手步子移动较慢，体力较差、技术不全面，可以用快速、准确的落点攻击对方场区的四个角落，寻找机会向空当进攻。此战术的主要目的是通过打落点，逼迫对方前后奔跑、被应付，并在其加球质量下降或露出破绽时进行攻击得分。

5. 杀、吊上网战术

对对手打来的后场高球，本方先以杀球配合吊球把球下压，落点选在场区的两条边线附近，致使对手被动回球。若对手回网前球时，本方迅速上网搓球、勾对角球或平推球，创造在中场大力扣杀的机会。这种战术必须能很好控制杀、吊球的落点，在使对方被动回网前球时，主动迅速上网攻击。

6. 打对角线战术

对付身体灵活性差、转体较慢的对手，不论是进攻还是防守，均应以打对角线球为主。这样，对方会因移动困难而被动，为本方进攻创造机会。

（二）双打战术

1. 攻人战术（二打一）

集中攻击对方中有明显弱点的人，并伺机攻击另一人因疏忽而露出的空当，或对此人偷袭。双打比赛中的配对选手的技术，一般总有一人好，另一人稍差些，即便两人水平相差不多，但若能集中力量攻击其中一人，也可给其造成很大的心理压力，从而使其出现失误。

2. 攻中路战术

当对方分边站位防守时，将球攻击到对方两人的中间；当对方前后站位时，可将球下压或平推两边半场。这样可使对方防守时互相争抢或互让而出现失误。

3. 攻后场战术

对方后场扣杀能力差，本方可采用平高球、推平球、接杀挑底线，把对方一人紧逼在底线两角移动。当对方回球质量不高时，则抓住机会大力扣杀。如另一对手后退支援时，即可攻网前空当。

4. 后攻前封战术

当本方处于主动进攻地位时,站在后场的队员见高球就杀或吊网前,迫使对方接球挡网前,这为本方前场队员创造了封网扑杀的机会。前场队员要积极封锁前场,迫使对方被动挑高球。一旦对手挑高球达不到后场,就为本方创造了再进攻的机会。

第二节 网　　球

现代网球运动起源于英国。1881 年,英国成立了世界上第一个网球协会,并规范了网球规则。1912 年,国际网联创立于巴黎。1924 年,网球运动被列为奥运会项目,后由于业余选手的争执,网球项目退出奥运会,直到 1988 年汉城奥运会,它才又被重新列入奥运会比赛项目。网球传入我国是在 19 世纪的后期,我国于 1980 年加入国际网球联合会。

网球运动是两名或两对球员隔网相对,用球拍击球过网,以造成对方失误得分的竞技项目。网球运动不仅有很强的观赏性,而且还有很好的锻炼价值。经常从事网球运动,能促进机体的新陈代谢,提高心血管和呼吸系统功能,增加肌肉力量,有利于提高身体的灵活性和协调性及神经系统的调节功能,对全面地发展学生的身体素质和运动技能有很好的作用。

网球运动也是一项文明、健康、高雅、技艺优美、比赛精彩、扣人心弦的体育运动,这项运动不受年龄和性别限制,适合男女老少生理和心理特点。通过学习,增强学生勇敢、顽强、灵活、果断、组织纪律、团结互助的精神和吃苦耐劳、克服困难、勇于拼搏等优良品质。

一、网球基本技术

网球基本技术包括:握拍法有东方式、大陆式和西方式三种;发球有平击、切削和旋转三种;接发球有抽球、削球、挑高球和放短球等;击球有正手、反手、双手反手、截击球、挑高球、放小球、高压球和反弹球等。

(一) 球拍

网球拍结构分为拍头、拍颈、拍柄。

球拍柄分为上平面、下平面、前平面和后平面等。

网球拍由木质网拍改为铝合金网拍,拍面大小改进中型拍面和大型拍面。

(二) 握拍法

正确的握拍方法是各种击球技术的基础,应有利于发力和灵活地做出各种击球动作。基本方法为:握拍手的手掌后外侧基本与球拍握把的末端齐平,虎口位于球拍握把右平面,自然握住球拍,大拇指与食指尖相对,球拍握在手上前平举时,拍面应与地面平行。

图 6-8

1. 东方式握拍法

(1) 东方式正手握拍法:握拍时,用右手掌根与拍柄右上斜面紧贴,拇指垫握住拍柄的左垂直面,五指紧握拍柄,食指下关节压住拍柄垂直面(图 6-8)。

(2) 东方式反手握拍法:从东方式正手握拍把右手向左转动四分之一,手掌根贴在拍柄左上斜面，拇指贴在拍柄左垂直面上，食指关节压住拍柄右上斜面。

2. 大陆式握拍法

握拍时，使大拇指与食指形成的虎口放在拍柄的上平面，与左上斜面交界线上，使大拇指底部贴在拍柄上面，大拇指包卷拍柄，食指第一指节贴在拍柄的右斜面上（图 6-9）。

3. 西方式握拍法

握拍时，大拇指直伸压住拍上平面，食指下关节握住右上平面，与拍底平面对齐，大拇指与食指几乎成直角（图 6-10）。

图 6-9

图 6-10

（三）准备姿势

1. 正手

面对球网，双脚向前自然分开与肩同宽，双膝微屈身体略向前倾，重心落在双脚的前脚掌上，右手握拍，左手轻托拍颈，双肘微屈，球拍舒适地放在身前，托面垂直于拍头指向对方，两眼注视对方来球，做好击球准备。

2. 反手

面对球网，双脚向前自然分开与肩同宽，双膝微屈，腰部略向前，用非握拍手轻托拍颈，拍头与下巴齐平，双肘弯曲，将球拍舒适伸在前面，身体前倾，重心落在双脚上。当判断对方来球朝你的反拍方向飞来时，轻握拍颈的左手应该迅速帮助右手握拍变换为反拍握拍法。正拍若使用东方式的正拍握法或西方式握法，在打发票时应变化为相应的反拍握拍法，不然反拍是打不好的。双手握拍的人，大多也需要变化握法。

（四）发球

在现代网球运动中，发球技术是非常重要的，是唯一由自己掌握的击球法。它可以不受对方制约，能够在较大的程度上发挥出个人的特点，用以控制对方，为自己的进攻创造有利条件。为此，要求运动员必须比较全面地掌握各种发球技术，以利在比赛中争取主动。

1. 动作要领

(1) 大陆式握拍法或东方式反拍握拍法。

(2) 准备要势全身放松，侧身站立在端线外中场标记近旁边（单打），左肩对着左边网柱，面向右边网柱，两脚分开约同屑宽，左脚与端线约成 45 度，右脚约与端线平行，重心在左脚上。左手持球轻托球拍在腰部，拍头指向前方。呼吸均匀，精神集中。

(3) 抛球与后摆抛球与后摆拉拍动作是同步开始的，持球手拇指、食指和中指三指轻轻托住球，掌心向上。当球拍向下向后引拍时，待球手同时下降至右腿处，紧接着当球拍从身后向头上方做大弧度形摆动，身体做转体、屈膝、展肩时，持球手柔和地在身前左脚前上举，直至伸高及头顶。抛球动作要协调、平稳，球送至最高点再离开手指抛向空中。此时右肘向后外展约同肩高，拍头指向天空，左侧腰、胯成弓形状，身体重心随着抛球开始先移向右脚，然后平稳地开始前移。此刻，肩与球网成直角。

(4) 击球动作当左手抛出球时，球拍继续向上摆起，这时握拍手的肘关节放松，可以使向前转动的身体和右肩自动地使手臂产生一个完美的绕圈（注意：不是故意让拍子去做搔背动作）。当球下降至击球点时，迅速向上挥拍击球，左脚上蹬，使手臂和身体充分伸展，当身体向前上方伸展击球时，肩、手臂已经回转，双肩与球网平行。挥拍击球时，持拍手腕带动小臂有一个旋内的“鞭打”动作，这就是发球发力的关键动作，也是其他诸如重心前移、蹬腿、转体、挥拍等力量聚集的总和。

(5) 随挥动作球发出后,身体向场内倾斜,保持连续的完整的向前上方伸展的随挥动作。球拍挥至身体的左侧(美式旋转发球球拍随挥至身体的右侧),重心移向前方,做到完全自然地跟进并保持身体平衡。

2. 发球技术

发球基本分三种:平击发球、切削发球和上旋发球。每一种发球都有自己的特点和用途,好的发球具有相当大的攻击力,并使发出的球在速度、力量、旋转和落点方面有变化。

(1) 平击发球

平击发球在诸种发球中是球速最快的发球法,也叫炮弹式发球。该发球不但球速快,而且反弹低。如果身材高大就可以借助高点击球的空中优势直接进攻对方,如身材较矮小或女选手就不宜使用平击发球。这种发球虽然力量大、球速快、威胁大,但命中率比较低。

发平击球时的击球点应在身体的右眼前上方,以拍面中心平直对准球,击球的后中上部。因此手腕的向前拌甩和前臂的"旋内鞭打"非常重要,身体充分向上向前伸展,以获得最高击球点,以提高发球命中率。

(2) 切削发球

这是一种以右侧旋转(略带下旋)为主的发球法。就是由球的右上往左下切削击球。由于切削发球的飞行轨迹及弹跳方向所定,该发球不但球速快,威胁大,而且容易提高发球命中率,因此被世界各国多数运动员所采纳。

发球时把球抛到右侧斜上方,球拍快速从右侧中上方至左下方挥动。击球部位在球的中部偏右侧,使球产生右侧旋转。

(3) 上旋发球

这是以上旋为主、侧旋为辅的发球法。由于球的上旋成分多于切削发球,使球产生一个明显的从上向下的弧形飞行轨迹过网,发力越强,旋转成分越多,弧形就越大,命中率也越高;落地后高反弹到对方的左侧,迫使对方离位接球,给对方造成很大压力,同时为发球上网带来足够的时间。

发上旋球时把球抛到头后偏左的位置,击球时身体尽量后仰成弓形,利用杠杆力量对球加旋转,球拍快速从左向右上方挥动,从下向上擦击球的背面,并向右带出,使球产生右侧上旋。

除以上三种发球方法外,还有一种急剧旋转的发球法,也叫美式旋转发球。这种发球难度较大,需要身体腰部更多的弯曲和强力扭转发力动作。由于难度大,稍有不慎极易造成扭伤,现已很少使用。这里作一介绍,发美式上旋球时的抛球位于头的后上方,挥拍沿球中下部向左上部擦球,随挥动作在身体的右侧结束,使球产生强烈上旋。

(五) 击球技术

1. 正手接落地球

身体前倾,双膝微屈,呈"半蹲"状,两脚分开与肩同宽,两眼注视来球,当判断球朝正手方向来时,左手离开球拍,肩向后转,身体侧向球网,两脚前后开立,重心落在右脚上,随着转体应快速平稳地向后摆动球拍。球拍与身体平行,高度齐膝,挥拍击球时,让球反弹齐腰高度。完成击球动作时,球拍略高于肩部,手腕要绷紧,球拍应随惯性做随球的动作。

2. 反手接落地球

侧身站立，双脚开立，全身放松，两眼注视来球。当对方发来球处在你反手方向时，向左转肩，采用反手握拍法，向后摆动球拍要平稳。挥拍前，右脚向球网方向跨出一步。击球时，身体前倾，将转体力量连同挥拍力量作用于拍弦击球上，这样打出的球稳定有力。进行随球动作时，转体约 45 度，随球动作结束于侧前方高处，这时重心在前脚上，后脚跟踮起。

3. 截击空中球

截击球是网前技术中的一种攻击性击球方法，当球在落地之前，将球击回到对方半场区，它回球速度快、力量重、威胁大。目前国内外优秀网球运动员都普遍采用发球上网或接球上网战术，因而，截击球技术被提到攻击性打法不可缺少的重要地位。

截击球的后摆动作不应过大，击球点应保持在身体前方 30～60 厘米，要向前迎击来球，注意拍头不要下垂，要保持拍头高于手腕，击球时手腕固定，拍子应紧握，击球时拍子不能移动。

高于网的球，截击时平击的成分可多一些，打出具有进攻性的力量较大的深球或斜线球。低于网的球，必须充分下蹲，保持拍头仍然要高于或平行于手腕，以利身体重心的稳定。截击球的中下部，成为切削下旋，这种低于网的截击球，不宜打得力量太大，应以推深落点为目的。如果对方来球力量太重，自己就不应再主动发力，只要握紧球拍打准落点即可。截击球除要求打深落点和打斜角度以外，也可以用截击打法回出短球，这项技术需要较好的手上感觉和良好的控制能力。

上网截击要十分警惕对方的破网和挑高球，因此站位的选择是很重要的。一般要站位于对方破网的直线和斜线之间所形成夹角的平分线上，并多注意保护直线空当。

截击空中球是在网前进行的击球方法，当球在落地之前，便将球击回对方场区，截击空中球分为正手截击空中球和反手截击空中球两种。动作要领是小幅度后摆，球拍头和两眼同来球保持在同一水平上，在体前击球。

4. 高压球

高压球同截击球一样，属于上网击球技术，是在头部上空用迅猛的扣球动作扣击来球。

打好高压球的第一步，就是先让自己在击球前进入正确的位置，这无疑要仰仗脚下的移动了。看见对手挑高球后，迅速侧身，使用拖曳步或交叉步，将身体移动到来球的下方，就好像要用手抓住来球一样。一边后退，一边同时举起两手。非持拍手臂抬起，指向来球，划出球飞行的轨迹，同时持拍手臂抬到肩膀之上。拍柄此时恰好处于耳朵后面（就像打电话的姿势），拍头向下，摆出类似“搔背”的姿势。

5. 挑高球

网球高压球与挑高球也是互为矛盾的两样武器，但在网球场上，挑高球并非只与高压球成双配对，击球者无论处于什么状态都可以挑高球，因为挑高球本身就既可是防守性的也可是进攻性的。比如在球员极度被动的情况下可以以挑高球作为一种过渡和缓冲的手段，而当对方上网时，我方可击出一带强烈上旋的高球，利用此种球弧顶高、下坠急、落地后前冲猛的特点令球越过对方头顶以逼迫对方反身回追，这往往就是破网得分的一击，至少也可致对方于被动的境地。由此，击球者应该在任何情况下都能够做出挑高球的反应并且挑出不同效应的高球，这样才可以在增加自己防守实力的同时也多拥有一样得分的本领。

挑高球可用于进攻和防守。防守性挑高球的弧线很高，常从这边端线放到另一边端线附近。进攻性挑高球采用突然袭击方式，将球挑到对方空当，使对方难以到位救球，从而达到得分的手段。

6. 放小球

放小球时，要求多用手腕动作，带有削击，把球刚好“吊”过网，迫使对手从底线上网，又够不到球，而疲于奔波。

7. 落地反弹球

打反弹球时，后摆稍短，身体重心要低一些，把注意力更多地集中在击球时机上，把刚落地弹起的球击回去。

二、网球基本战术

(一) 单打战术

1. 进攻性战术

网球的单打比赛，对运动员体力和精神的要求都很高。要在单打比赛中取胜，运动员必须具备各种击球技术、长时间紧张比赛的耐久力，以及不同于双打战术的控制能力。

(1) 做好上网的准备

进攻性单打战术的基点，是准备在第一发球后上网，以便在第一次截击球或第二次截击球时得分。发球时站在靠近端线中点标志的地方，这样，可以取得最近的距离去截击第一次空中球。发球要深，一般发向对方软弱的一边(如果发现了对方弱点的话)，大部分运动员的弱点都是反拍。

在发球之前就应该决定发球后是否需要上网，如果在发球之后还站在端线，看着球在发球区内跳起，再上截击对方回过来的空中球就太晚了。发球时能将球抛在身休的前面，那么在发球后，人就会自动地进入场内。并且作好了快速上网的准备。

第一发球失误后，第二次发球相对慢一些，加些旋转，避免双误。优秀运动员应能做到第二发球后照样上网，特别在快速球场上更需如此。但水平一般的运动员应该呆在后边，等待浅球，看准时机上网。

(2) 封角度

发球后向网前冲去，在对方击球时，自己应该在发球线后一两步的地方做一停步以便判断来球的方向，然后再对着球，向前去做网前第一次截击。至于移动到什么地方击球，则取决于发球的落点和接球员回球的角度。

(3) 第一截击球要打得深

发球后上网，除了在对方回球又软又高，并能够向下击打得分时，均不要希望在第一次截击时得分。应当力图把球打深，使球落在对方的弱侧，目的是使对方留在端线，迫使他打球起高，使自己可以继续接近网前，以第二截击球得分。

截击球不能打得太浅，球一浅，就会被对方跑上前来打一个让你望尘莫及的破网球。如果发球把对方拉出场外，第一截击球即朝着球场的空当打去，使对方不得不在跑动中打二个难对付的球，甚至能逼使对方失误而哀得一分。如果对方是在球场中间的良好位置上，便将球截击得尽可能的深，使他向上击球，这种球过网高，很容易向下截击得分。

不要站在原地欣赏自己的第一次截击。击球后，要立即继续向网前移动，第二次截击时，应当站在具有威胁性的位置上，即发球线和网球之间。这样，便做好了得分的准备。

（4）迅速得分

单打是一种有时要冒些险的比赛。常需要靠自己主动得分。因此，在单打比赛进攻时，目标应该是主动地上网并迅速地得分。

单打进攻性战术的检查要点：

① 让第一发球进区并变化其旋转和落点。

② 用最可靠的击球方法进行命中率高的比赛。

③ 冲向网前的过程中，要有一个停步动作以判断对方击球的方向。

④ 除非能打大角度的截击球直接得分，一般截击球都要打深。

⑤ 不管击什么球后，都要向着对方可能回球的方向移动。

2. 防守性战术

绝大多数业余运动员往往缺乏耐久力，不能持续地发球上网，即不能在发球之后，冲向网前，用快速的直接得分击败对手。他们更喜欢留在后场。在较软的第二发球之后，或是在慢速球场上，这样做也确实是一种慎重的方法。

（1）调动对方

发球或接发球之后如果自己不上网，应该让对方也留在端线后面。这样，对方就不会有什么机会打出得分球来。事实上，在一次长的端线来回击球中，常会使对方失去耐心，急于取胜而犯错误。因此端线打法的第一个关键是击球要深，再使用变化击球落点来调动对方，永远不要让对方有规律地移动。

（2）等候浅球出现

一个稳健型的端线运动员能很有规律地将球击过网，使对手陷入没完没了的、耗尽精力的来回球之中。对付他们的诀窍是耐心，不要性急，要等待浅球，即那种落在靠近发球线而远于网球线的球出现。浅球一出现，便迅速冲上前去击球，把球打得深，使对方在端线后面接球，然后连续到网前占据良好的、可以截击对方回球的位置，在这个位里上打出落点很好的截击球得分。

（二）双打战术

双打是团体的配合，应和同伴应互相了解彼此的长处和弱点，以便能更好地配合作战。

1. 发球

如果双方都有人站在网前，那么回球的准确性要比回球的力量更重要。发球后，如果你的对手是直接上网的话，就应该杀球回击到对手的脚下或者交替地打一些有角度的球。

如果发球员仍然停留在底线附近，回击的球要深一些，并且占据网前优势。每一球开始的时候，队员应在底线附近接球，准备向前击球。其同伴应向后退一些，准备回击下一个球。

如果自己或同伴发球，你们就占据了很多优势。可以通过发球和截击球首先选择网前的位置。发球时，你的同伴应该站在网前靠近网的进攻位置上，在那里，他可以比较容易地接到中场的直线球和单、双区边线间的直线球。

站底线发球时，发出的球应比在单打比赛中的发球应比在单打比赛中的发球更有角度，以扼制对手有角度的回球。在每一球开始时，应与同伴沟通。

2. 拦截球

在连续对打的任何时候，战位在网前的队员要随时拦截球，从对手的较高或者较慢的落地球中能够快速和容易地赢得1分，同时也为进攻创造了一个好的机会。不要过早地移动去拦截斜线球，因为对手有可能改变计划去打单、双打区之间的直线球，你的同伴应该在底线保护另外一半场。

3. 截击球

如果你和同伴两人都站在网前时，要保持相等的距离一起侧向移动、向后移动或向前移动。你救球时，你的同伴必须停在空开的区域内。这时，对方可能打中场的进攻球来打乱你们的平衡。如果在比赛前你们就商量好当出现这种球时由谁来接球是最好的。你们两人都在网前时，对方可能会吊高球，你应示意你的同伴由谁来回这个球。

4. 双打站位

对初学者而言，个人击球技术的不纯熟是可以通过合理的双打战术来弥补的，而“站位”又是其中非常关键的一个环节。双打比赛中，一方的两个人应尽量避免站在一个层面上，交错站位使两个人分别形成两道屏障，这样攻防才有层次感和安全感，否则极易被对方撕破防线。另外，站位一定要明确而坚决，特别当两个人的配合还不是十分默契的时候更应如此，积极补位的意识更是任何水平的双打选手都须拥有的。

第三节 乒 乓 球

乒乓球运动起源于19世纪后期的英国。1926年12月国际乒乓球联合会在英国伦敦成立，同时举行了第一届世界乒乓球锦标赛。新中国成立后，乒乓球运动得到迅速的普及与发展。1952年10月在北京举行了第1次全国乒乓球比赛。1959年容国团在第25届世乒赛中获得第1个男子单打世界冠军。1961年在我国北京举办的第26届世乒赛，中国队以自己独特的近台快攻技术，加上多种打法，取得男子团体、男子单打，女子单打3项冠军。从1961—1965年，中国选手创造了“快、准、狠、变”的近台快攻和以“稳、低、转、攻”为技术风格的种类打法，在五年期间举行的3届世乒赛中，中国选手共获得21项冠军中的11项次，从此中国乒乓球运动跻身于世界乒坛强国之列。

自2001年起国际乒联对比赛规则做出了重大改革，每局分数由21分改为11分，赛制规定单打的淘汰赛由原来的五局三胜制改为七局四胜制；双打淘汰赛和团体赛采用原来的三局两胜制改为五局三胜制。

乒乓球运动是一项集力量、速度、柔韧、灵敏和耐力素质为一体的球类运动，同时又是技术和战术完美结合的典型。由于该项运动极为明显的竞技性特点和娱乐功能，又使其成为一项培养勇敢顽强、机智果断等等品质和保持青春活力，调节神经的有效运动。从健身的角度而言，乒乓球运动对场地和器材的要求不高，对健身者身体条件的要求相对较为宽松，无论男女老幼均可以收到良好的健身效果。

一、乒乓球基本技术

乒乓球技术是在竞赛规则允许的条件下，所采用各种合理击球动作方法的总称。它主要由握拍法，基本站位，基本姿势，基本步法，发球和接发球，以及各种击球方法所组成。

(一) 握拍方法

1. 直拍握拍法

常用的直拍握拍法有以下三种。

(1) 快攻型握拍法

以食指的第二指节和拇指第一指节在拍的前面呈钳形，两指间距离1～2厘米，拍柄贴虎口，拍后三指自然弯曲贴于球拍三分之一。

(2) 弧圈球握拍法

在球拍前面，拇指紧贴拍柄左侧，食指扣住拍柄成环状，其余三指在拍球后面自然弯曲，抵住球拍中部(图6-11)。

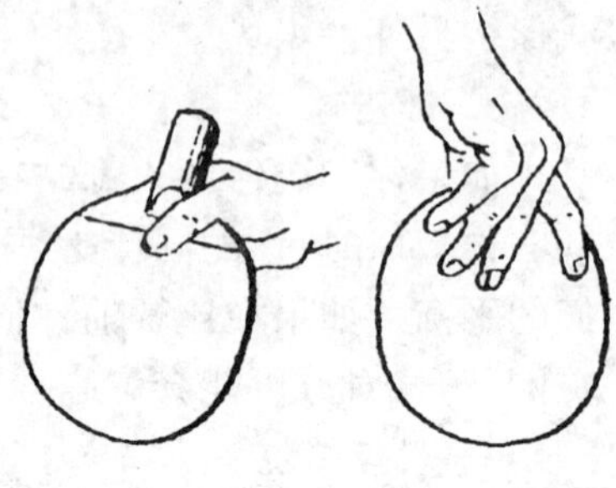

图6-11

(3) 削球型握拍法

拇指在球拍前面拍柄左侧用力下压，其余四指自然分开托于拍后(图6-12)。正手削球时球拍后仰，减少球的冲力；反手削球时，拍柄朝前下方，拍后四指应灵活地使球拍转动兜起来。反攻时，食指迅速移到拍前，以第二指节扣住拍前，拍后三指弯曲贴于拍的上端，改成快攻型。

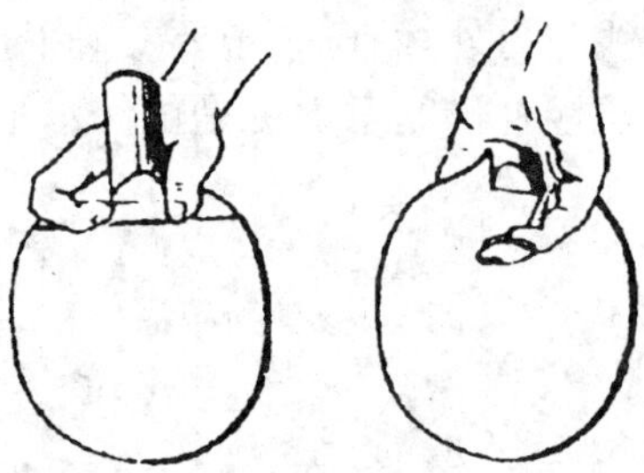

图6-12

直拍握拍法的优点是正手攻球有力，变线时有隐蔽性，有利于进攻，能从速度、球路和力量上取得主动。缺点是反手击球时受身体阻碍不易起拍，反手不能用手腕力提拉球，攻和削球结合困难。攻、削转换要变换手指握法，防守时照顾范围小。

2. 横拍握拍法

横拍握拍法尤如握手一样，中指、食指、无名指、小指握住拍柄，虎口贴于拍肩，拇指略弯曲紧贴捏拍面，食指斜伸在拍的另一面。还有一种握法是正手攻球时食指向上移动，反手攻球时拇指向下移动(图6-13)。

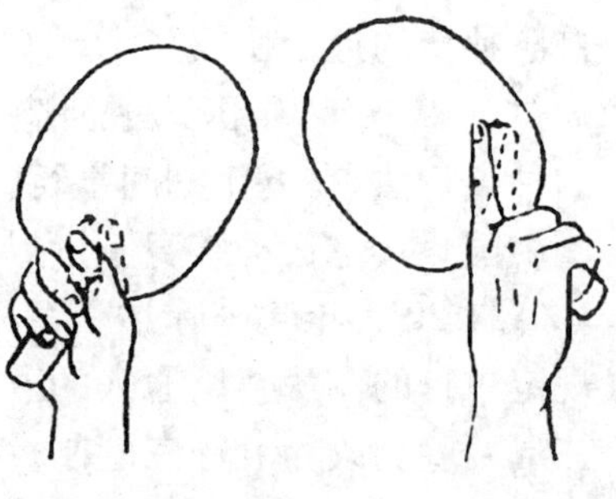

图6-13

横拍握拍法的优点是照顾面广，可攻可削，反手攻、削球时手腕容易着力，威胁性比直拍反手大，攻削转换不需变动手指，这种握法有利于削球。

不管哪种握拍方法都应注意击球前后握拍不可太紧或过松，过紧会使手腕僵硬，过松会因拍面摇动而影响发力和击球的准确性；手指应能灵活调整拍面的角度，以提高击球命中率。

(二) 准确姿势与站位

1. 准备姿势

击球时，合理而正确的准备姿势便于迅速移动步法，选择恰当的位置，及时准备准确地击球。准备姿势要做到：两脚平行站立与肩同宽或稍宽，保持身体平衡，脚后跟稍提起，前脚掌内侧着地，两脚微屈内扣，稍微含胸收腹，上体略前倾，持拍手臂自然弯曲，直握拍时肘部稍外张，手腕放松，球拍置于腹部右侧前面 20～30 厘米。横握拍时，肘向下，前臂自然平举（图 6-14）。

图 6-14

2. 站位

基本站位因打法类型不同，站位方法还应与每个人的特长相适应。

快攻型，左推右攻打法，基本站位离台 30～40 厘米偏左。两面攻打法的，基本站位离台 50 厘米左右中间略偏右。

以弧圈型打法为主的，基本站位离台 50 厘米左右偏左（以右手执拍为例）。

削球型，横拍攻削结合打法，站位在中台附近。以削为主配合反攻打法，基本站位在中远台。

（三）步法

指回击不同角度、不同落点的来球时，为取得合适的位置回击来球而进行的脚步移动方法。脚慢手快、步法很差是打乒乓球之大忌，必须重视步法。以步带手，手步结合方可得心应手。

1. 常用的步法

常用的步法有单步、换步、跳步、交叉步等步法。

单步：击球时以一脚的前脚掌为轴，另一脚向前、后或同侧移动一步，以取得合理的击球位置。

换步：击球时与来球同一侧脚先跨一步，另一脚跟着移一步，以取得合理的击球位置。

跳步：击球时与来球异侧的脚用力蹬地后，双脚同时跳起向来球一侧移动，蹬地脚先落地后，另一脚也跟着落地站稳，以取得合理的击球位置。这种步法重心稳，照顾面广。

交叉步：击球时与来球异侧的脚向来球一侧移动，以取得合理击球位置。一般在来球角度大时采用这种步法。

2. 各种类型打法的主要步法

快攻型：打左推右攻的，站位近台偏左，常左脚在前、右脚稍后。

以左右小范围快速移动为主配合较大范围的移动和前后移动，常用的是换步和跳步。

两面攻打法的，站位近台，双脚平行站立，常用单步。

小侧身，左右开弓击球，步法是以小范围的换步和跳步相结合，配以其他步法。

弧圈型：站位稍离台，挥臂击球动作大，常需身体发力击球，照顾范围较大，要求重心稳定，步法以交叉步移动为主，配以其他步法。

削球型：防守时以交叉步为主，一旦转入进攻，常采用换步和跳步。

（四）乒乓球的基本技术

1. 攻球技术

攻球可分为正手攻球和反手攻球。按站位远近可分为近台、中台和远台攻球；按击球点和时间又可分为抽、拉、扣和杀高球等。攻球具有速度快、力量大等优点，是一项重要的基本技术。

（1）常用的正手攻球技术

① 正手近台攻球

站位近，出手快，动作幅度小，可直接得分，也可以为扣球创造条件。击球前，引拍至身体右侧，上臂与身体成35度，与前臂成120度，球从台面弹起时，手臂由右侧向左侧上方迅速挥拍，以前臂发力为主。击球时，食指放松，拇指压拍使拍面前倾，结合手腕内转动作，在球上升期击球的中上部(图6-15、图6-16)。

图6-15

图6-16

② 正手中台攻球

站位稍远，动作幅度较大，靠本身发力击球。击球时以上臂发力为主，带动前臂和手腕向左前上方挥动，在球最高点或下降期前段击球的中部。

③ 正手拉球

是回击下旋球的主要攻球技术，能为扣球创造条件。当球从最高点开始下降时，上臂和前臂由后前上方挥动，前臂迅速内收结合手腕转动，使球拍摩擦球的中下部。

④ 正手扣球

动作幅度大、力量重，是得分的主要技术。击球时，上臂带动前臂由后向前用力挥击，结合右腿蹬地和转腰力量在高点期击球。击上旋球，球拍略低于来球，击球中部。

⑤ 正手台内攻球

站位近，动作小，击球点在台内，是还击近网球的积极方法。当球跳至高点期，前臂内旋结合手腕转动击球。击上旋球时，食指放松，拇指压拍，使拍面前倾，向前用力多些；击下旋球时，拍面稍后仰，击球中下部，向上用力多些。

⑥ 侧身正手攻球

移动脚步使身体左侧对着球台，左脚在前，右脚稍后，上体略前倾并稍收腹，根据来球情况在侧身位打近台、中台、台内攻球、拉球或扣球。

⑦ 正手攻弧圈球

回击加转弧圈球(快带)时，在来球快着台时拉开手臂，球刚弹起即挥臂向前下方迎球，拍面前倾与台面成60度，球刚弹起时就立即回击，拍一触球前臂迅速内旋。击球时，拍与台面约成70度，击球的中上部，发力以向前为主。

⑧ 下手滑板球

声东击西辅助进攻技术，回球角度大，带有左侧旋，有时可直接得分，在高点期触球右侧面，触球瞬间顺势向左滑拍使球左侧旋。

⑨ 杀高球

动作大、力量重，是回击高球的一种有效技术，击球时上臂从下向上的环形挥拍，拍面前倾，前臂和手腕同时下压，在头与肩之间的高度击球中上部。

⑩ 放短球

回球快、落点近网，常作为拉攻中的辅助技术，以调动对方。击球前做击球姿势，当球从台面弹起时，手臂前伸迎球，来球如下旋狠转，拍面应后仰触球中部，快搓过网；来球如不转，拍面与台面近乎垂直，常借力或减力触球的中部，不要求主动发力。

(2) 常用的反手攻球技术

常用的反手攻球技术有近台反手攻球(图 6-17、图 6-18)、反手中台攻球、反手拉球、反手扣球、反手台内攻球、反手快拨和反手近台攻(快拨)弧圈球等。

图 6-17

图 6-18

2. 推挡技术

是左推右攻打法的主要技术之一(图 6-19)。特点是站位近、动作小、球速快，常用其速度、落点和旋转的变化争取主动，发挥近台快攻的作用。推挡球分为平挡和推挡球(减力挡、快推、加力推、推下旋和推挡弧圈球等)。

图 6-19

(1) 平挡球

两脚平行或左脚稍前，身体离台约50厘米。击球前，前臂与台面平行伸向来球。拍触球时，前臂和手腕稍向前移动，主要借助来球和反弹力将球挡回，在上升期，击球的中部，拍形与台面接近垂直。击球后，迅速收回球拍，还原成占球前的姿势。

(2) 推挡球

推挡球是左推右攻打法的基本技术之一。它动作小、球迷快，既是防守技术也是进攻的辅助技术。常用的推挡球有快推、加力推、减力挡、推挡弧圈球和推下旋等。

① 快推

左脚稍前，或两脚平行，自然开立，身体离台约50厘米。动作要领：持拍手上臂和肘关节内收，前臂略向外旋。击球时，前臂开始向前推击，同时手腕外旋，食指压拍，拇指放松使拍前倾。在上升期，击球中上部，将球快推回去，击球后手臂继续前送，手腕配合外旋使球拍下压。

② 加力推

击球前，前臂后收，把球拍稍提高，并及时根据来球弹起的高度调整好拍形角度，在球弹起将达高点期时击球中上部。主要靠前臂向前推压发力，击球时，拍形应固定，手腕不加转动。

③ 推下旋

推出去的球是下旋，弧线较低，球下沉快。动作要领：准备击球时，手腕不要外旋转，拇指压拍，拍面保持一定后仰，在球弹起将达高点期刚击球中下部，推击时应适当增大向前和稍向下的力量，以压低回球弧线。

3. 弧圈球技术

(1) 正手加转弧圈球

击出的球弧线较高，球速较慢，上旋很强，着台后向下滑落快。这种球往往使对方击球出界或出球高，为扣球创造机会。打法是：当球从台面弹起时，手臂向前上方挥动，前臂在上肩带动下很快收缩。拍面与台面约成80度，在球下降期用拍摩擦球的中部或中上部。

(2) 正手前冲弧圈球

击出的球弧线较低，球速快，前冲力大。打法是：当球从台面弹起时，腰部由右向左转动，前臂在上臂带动下发力，手腕略转动，拍面与台面约成50度，在高点期摩擦球的中上部。

(3) 正后侧上旋弧圈球

击出的球有强烈的侧上旋，球着台会拐弯，给对方回球增加困难。

(4) 反手弧圈球

多为横握拍采用，一般给正手抢攻、抢冲创造机会，也可直接得分。

(5) 正胶小弧圈球

是用正胶海绵胶皮拉出的弧圈球，是快攻型打法对付下旋球的一种辅助技术。

4. 削球技术

削球时，通过球的旋转和落点的变化调动对方，伺机反攻得分。削球分为正、反手削球。

(1) 正、反手近削

击球动作较小，回球速度快，近削逼角时，对方回击困难。击球时身体离台稍近，拍面稍后仰，前臂用力向左（右）前下方切削，手腕配合下压。一般是在来球高点期摩擦球的中部或中下部（图 6-20）。

图 6-20

（2）正、反手远削

击球的动作大，球速较慢，弧形较长，击球较稳，利于旋转变化和防守对方的扣球。身体离台 1 米之外，击球时，手臂向左（右）前下方挥动，拍面后仰，手腕在拍与球接触的瞬间转动，在来球下降期摩擦球的中下部（图 6-21）。

图 6-21

此外，还有削追身球、削突击球、削弧圈球和削短球等。

5. 搓球技术

是还击台内下旋球的一种技术。搓球回球稳健，旋转和落点变化较多，因此常用作进攻的过渡手段，搓球分正、反手搓球，根据击球时间又分为快搓和慢搓。在来球上升期，拍面稍后仰摩擦球的中下部为快搓球；来球下降时，拍面后仰摩擦球的中下部为慢搓球。搓球时可运用转与不转迷惑对方，转球用拍面摩擦球，不转则用拍面把球托出（图 6-22、图 6-23）。

图 6-22

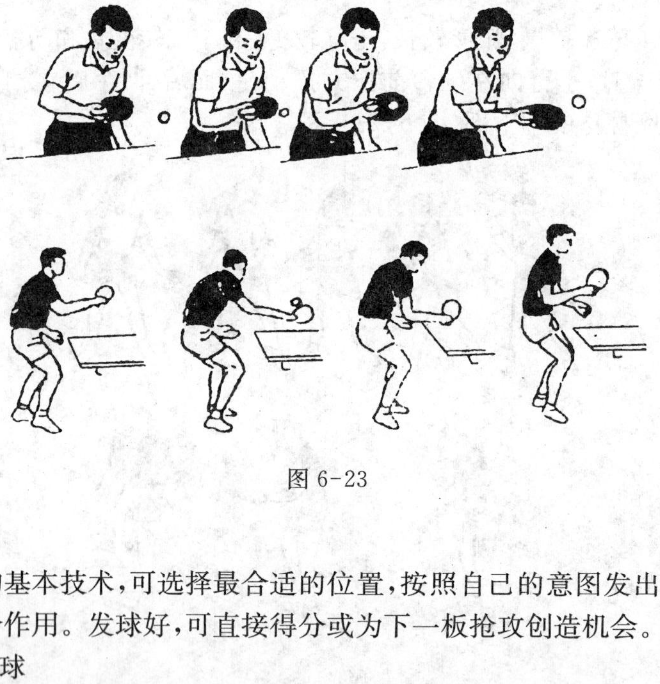

图 6-23

6. 发球

发球是重要的基本技术，可选择最合适的位置，按照自己的意图发出各种各样的球，在战术上起积极配合作用。发球好，可直接得分或为下一板抢攻创造机会。

(1) 正手发急球

抛球后，待球下落时前臂迅速由后向前挥动，拍面稍前倾，击球中上部。

(2) 反手发急球

右手握拍于身体左侧，抛球后，待球下落时前臂迅速由后向前挥动，拍面稍前倾，击球的中上部。

(3) 反手发急下旋球

与反手发急球的不同之处是拍同球接触瞬间拍面后仰，击球的中下部。击球点低于网高，手腕下压摩擦球，第一落点在本方球台的端线附近。

(4) 发短球

与发急球相似，区别是击球时拍形稍后仰，轻轻击球的中下部。击球点与网同高，第一落点在本方球台中段。

(5) 正手发转与不转球

拍面后仰，用前臂挥动和手腕转动，摩擦球的中下部，则球转；拍与球接触瞬间，用球拍撞击球，减少摩擦力，球则不转。

(6) 正手发左侧上(下)旋球

抛球时，持拍手向右上方引拍，手腕外展。当球下落与网同高时，手臂迅速向左下方挥动，触球的瞬间手腕快速向人上方转动，使球拍从球的中部向左上方摩擦，出球左侧上旋。如手腕快速向左下方转动，使球拍从球的中部向左下方摩擦，则出球左侧下旋。

(7) 反手发右侧上(下)旋球

触球瞬间，手腕向上方转动，使拍从球的中部向右上方摩擦，出球右上旋；手腕向上方转动，使拍从球的中部向右上方摩擦，则出球右下旋。

(8) 高抛发球

身体侧对球台，持球手一侧距台 20 厘米，球应抛得高而直，待球下落到比网稍高时，挥臂击球，触球瞬间动作与发正手左侧上(下)旋球相同。

(9) 下蹲式发球

发球时，有立姿与半蹲抛球两种。下蹲式占球的动作是：当球下落到比网稍高时，身体处于半蹲位，球拍由左向右前方挥动，摩擦球的右侧上(下)部，使球产生右侧上(下)旋转。

7. 接发球

随着发球技术的不断发展，对接发球技术也提出了越来越高的要求。接发球应根据自己打法特点和来球性能，决定用推、搓、削、拉、攻等技术。接发球时，应选择好位置，判准来球的旋转性能和落点。基本的接球方法是向对方球拍开始运动的方向回击。比如，对方球拍由左向右触球，就应向对方球台的左方回击；对方球拍由上往下触球，那就应向上回击。

二、乒乓球基本战术

(一) 单打快攻类打法的基本战术

1. 发球抢攻

发球抢攻是快攻类打法利用发球争取主动，先发制人的一项主要战术，是比赛中重要得分手段。各种打法常用的发球抢攻战术有以下几种。

(1) 反手发右侧上(下)旋球后抢攻；

(2) 反手发急上(下)旋球后抢攻；

(3) 侧身用正手发左侧上(下)旋球后抢攻；

(4) 正手发右侧上(下)旋球后抢攻；

(5) 侧身正手发高、低抛左侧上(下)旋球后抢攻；

(6) 正、反手倒扳发转与不转球后抢攻等。

2. 对攻

对攻是指快攻类打法在相持阶段时，双方都企图利用速度、旋转、落点的变化和力量轻重，借以控制对方，达到力争主动的一种手段。

(1) 紧逼对方反手，伺机抢攻或侧身抢攻、抢拉；

(2) 压左突右；

(3) 调右压左；

(4) 攻两大角；

(5) 攻追身球；

(6) 变化击球节奏，加力推和减力挡结合，发力攻、拉与轻打轻拉结合，也可造成对手的被动局面；

(7) 改变球的旋转性质，如加力推后、推下旋，正手攻球后，退至中远台削一板对方往往来不及反应，可直接得分或创造机会球。

3. 拉攻

拉攻是以攻为主打法对付削球类打法的主要战术。

(1) 以拉反手为主，侧身突击(或拉冲)斜线后，进行扣杀或加力拉冲。

(2) 拉两角，突击(或拉冲)中路或直线后，扣杀或拉冲两角。

(3) 拉中路，突击(或拉冲)两角，再扣杀或拉冲空档。

(4) 拉正手伺机突击(或拉冲)后，连续扣杀或拉冲。这是用以对付正手较弱的削球手的战术。

(5) 长拉短吊，伺机突击或拉冲，即在拉攻中利用吊短球或搓球引对方靠近球台再用突击(或拉冲)以及连续扣杀或拉冲。这是用以对付站位较远以稳削为主的选手的一项重要战术。

4. 搓攻

搓球是利用搓球的旋转变化和落点变化为进攻创造机会的战术。进攻型选手以此作为辅助手段，而削球类选手则以此作为反攻的重要手段。

(1) 以快搓短球为主，伺机进攻，即用搓短球控制对方，以便抢先进攻，这是进攻型选手之间常用的战术；

(2) 搓转与不转球至不同落点，伺机进攻，即用本身动作或倒换两面不同性能球拍搓出不同旋转球进行抢攻；

(3) 以稳搓防守为主，伺机进攻，这是以稳削为主的选手常用的一种战术，即用加转搓球为主控制对方，同时作为防御准备，遇有机会则用正、反手进行抢攻。

5. 接发球

接发球是与发球抢攻战术相抗衡的一项战术。其目的在于破坏对方发球抢攻战术的运用，争取形成相持或主动的局面。

(1) 用拉球、快拨或推挡回接，争取形成对攻的相持局面，这是比较主动的接发球方法；

(2) 用快搓短球回接，使对方难以发力抢攻(拉)，力争下一板抢先进攻，切忌连续搓球，以免造成被动；

(3) 用搓球或削球的旋转、落点变化来控制对方，以造成对方击球失误或形成相持局面，这是削球手常用的接发球方法；

(4) 接发球抢攻，这是比较积极、主动的回接方法，当正确地判断对方来球旋转性能并在击球位置较合适时，大胆运用，虽然难度较高，但效果较好，多为攻球手所运用。

(二) 双打的基本战术

双打战术的运用必须根据双打配对的两位选手的思想风格、技术特点来确定，尽量充分发挥配对者各自的优势和特长。常见的基本战术有：

(1) 发球抢攻。可根据同伴抢攻的需要和对方接发球的水平发球。

(2) 接发球抢攻。根据来球的性质，大胆进行抢攻或抢冲，主要攻击对方空当。

(3) 连续攻击对方一点，再突袭另一点。

(4) 交叉攻两角，伺机扣杀空当。

(5) 控制强手、主攻弱手。

第七章　游　泳

第一节　游泳概述

一、游泳运动的起源和发展

游泳是一种凭借自身肢体动作和水的作用力，在水中活动或前进的技能活动。人类的游泳是一种有意识的活动，游泳与人类的生存、生产、生活紧密联系，是在人类同大自然斗争中为求生存而产生的。

人类的游泳活动源远流长。据史料记载，在五千多年前的中国古代陶器上，可以看到雕刻着人类潜入水中猎取水鸟及类似爬泳的图案。相传四千多年前我国大禹治水时，已经发明了不少泅水方法。约在 2 500 年前，我国第一部诗歌集《诗经》就有关于游泳活动的记载。《诗经·邶风·谷风》中"就其深矣，方之舟之；就其浅矣，泳之游之"的诗句，说明那时人们早就懂得利用游泳来克服江河的天然屏障。

随着人类社会生产力的发展，阶级的产生，阶级矛盾的激化，出现了战争。这时，游泳由单纯的生活技能逐渐转变成一种军事技能。中国古代兵书《六韬》、《管子》、《孙子》等都把游泳列入军事训练的项目。

我国古代的游泳概括为三种形式，即涉——在浅水中行走；浮——在水中漂浮；没——在水下潜泳。随着劳动人民长期实践，还创造和发展了不少泅水方法和游泳技术，如狗爬式、扎猛子（潜水）、大爬式、扁担浮（踩水）等，在民间流传至今。

二、现代奥运游泳发展概况

现代游泳运动起源于英国。17 世纪 60 年代，游泳在英国不少地区得到开展和推广，相当活跃。从 1828 年英国利物浦乔治码头修建了世界上第一个室内游泳池开始，英国各大城市也相继效仿。1837 年，第一个游泳组织在英国伦敦成立，同时举办了英国最早的游泳比赛。1869 年 1 月，大城市游泳俱乐部联合会在伦敦成立（现英国业余游泳协会前身），游泳也正式固定为一个专门的运动项目，并随之传入英国各个殖民地，继而传遍了全世界。随着游泳运动的发展，游泳被分为竞技游泳和实用游泳两大类。竞技游泳包括蛙泳、爬泳、仰泳、蝶泳；实用游泳包括侧泳、潜泳、反蛙泳、踩水、救护、武装泅渡等。

1896 年希腊雅典第 1 届现代奥林匹克运动会上，游泳列为奥运会竞赛项目之一，当时只有男子 100 米、500 米、1 200 米三个项目；1900 年法国巴黎第 2 届奥运会时，增设仰泳、障碍泳和潜泳比赛；1904 年美国圣路易斯第 3 届奥运会时，游泳姿势还是爬泳和仰泳，取消了障碍泳和潜泳，比赛距离以码为单位；1908年英国伦敦举办第4届奥运会时，成立了国际业余游泳联合会（简称国际泳联），审定了各项游泳世界纪录，并制定了国际游泳比赛规则，规定比赛距离单位统一用“米”。增设200米蛙泳项目；1912年瑞典斯德哥尔摩第5届奥运会时，女子游泳被列为比赛项目；1952年第15届奥运会，国际泳联增设蝶泳项目，把蛙泳和蝶泳分为两个项目。从此，竞技游泳发展成四种泳姿。1956年墨尔本第16届奥运会，国际泳联决定蛙泳比赛采用潜水蛙泳技术。此后，游泳规则随技术的发展多次进行修改，比赛项目逐渐增加。在2008年北京奥运会上，游泳项目还增加了男子和女子10公里马拉松。奥运会游泳比赛发展至今共有爬泳、蛙泳、蝶泳、仰泳、个人混合泳和接力6大项34个小项，成为奥运会上仅次于田径运动的奖牌大户。

三、游泳锻炼的价值

（一）保障生命，强身健体

我们在生活中不可避免要与水打交道，无论是主动地下水游玩或者水下作业，还是被动地失足落水或者乘船发生意外，假如不会游泳，生命安全受到威胁。如果会游泳，自身的生存就会有保障，不但可以自救，还可以救人。因此，会不会游泳成了保证生存的重要手段之一。

游泳是一项能使人体的各个部分器官都得到锻炼的项目。由于水的导热能力大于空气的25倍左右，据测定，人体在12℃的水中停留4分钟所放散出的热量，相当于人在陆地上1小时所放散的热量。经常进行游泳锻炼能改善体温调节能力，以适应外界气温变化的需要。

经常进行游泳锻炼，可增加呼吸系统的机能，扩大胸部活动幅度，增大肺的容量。游泳运动员的呼吸差可达14～16厘米，而一般人只有6～8厘米；肺活量可达4 000～6 000毫升，个别优秀运动员还可达7 000毫升，而一般人只有3 000～4 000毫升。游泳还能刺激血液中运输氧气的血红蛋白量的增加，从而提高人体摄氧能力。我们在游泳时消耗热量大，能有效地消耗身体的脂肪，长时间游泳也是减肥的一种好方法。

（二）防病治病，锻炼意志

经常进行游泳能增强机体适应外界环境变化的能力，抵御寒冷，预防疾病，所以经常游泳者不易感冒；由于水流和波浪对全身体表产生特殊的按摩功效，游泳能促进功能恢复，对瘫痪病人和残疾病人很有帮助。据报道，经常游泳，对于身体瘦弱者和许多慢性病患者，如慢性肠胃病、神经衰弱、慢性支气管炎、哮喘等有明显疗效。

初学游泳时，要克服怕水心理，要长期坚持游泳，就要克服怕苦、怕累、怕冷心理，冬泳者没有顽强的精神和坚强的意志是坚持不下去的，因此，长期游泳可以锻炼意志，培养吃苦耐劳、不怕困难、勇敢顽强的品质。

（三）娱乐身心，为国争光

大众游泳活动，可以不受年龄、性别、内容与形式的限制，是一项“休闲体育”，在盛夏，人们可以到泳池、海滩或者水上游乐中心进行游泳、游戏、纳凉消暑，不但使肌肉得到放松，而且使心情舒畅，促进身心健康。

同时，游泳也是国际体育比赛必不可少的项目，在奥运会游泳比赛中设有34个项目，奖牌之多，仅次于田径运动。把游泳作为奥运会战略重点项目开展，对促进我国走向体育强国具有重要的意义。

第二节　游泳基本技术

一、熟悉水性

熟悉水性是学习游泳的一个重要练习和步骤，主要是为了使学习游泳者通过亲身体会感知水的浮力、压力和阻力等，逐步适应水的特性和环境，消除对水的恐惧，并通过进行水中行走、浮体、滑行等一些游泳基本动作的练习，为进一步学习和掌握各种游泳技术打下良好的基础。

（一）水中移动练习

首先在浅水区域中进行各种方向的行走、跳跃练习，然后在逐渐增加水的深度，一步步体会水对人体的各种作用力，增强人体在水中的平衡能力。水中行走练习开始时动作不宜过大，速度不宜过快，要维持身体平衡。

主要是扶同伴或游泳池壁进行前进、后退和左右移动练习，自己用两手保持平衡进行前进、后退和左右移动练习，在水中进行各种转身、跳跃、慢跑和蹲起练习等(图 7-1)。

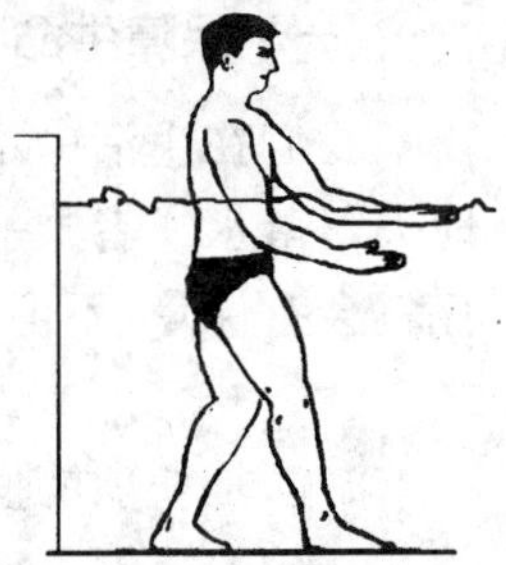

图 7-1

（二）呼吸练习

1. 憋气

手扶池壁或拉住同伴的手，在水面以上用口深吸一口气，然后闭口慢慢把面部浸入水中憋气，稍停片刻，当面部离开水面后先用口和鼻把气呼尽，再用口深吸气。水中憋气时间由短到长；浸水部位由面部到整个头部浸入水中，循序渐进(图 7-2)。

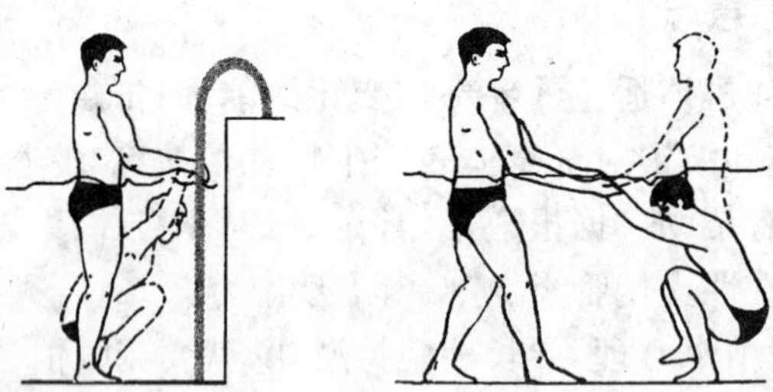

图 7-2

2. 呼气

学习在水中呼气。憋气将头部浸入水中后，先在水中用口缓慢均匀地呼气，切记不能把气呼尽，最后阶段应该边呼气便抬头，当口离开水面时将气呼完。

3. 连续呼吸

在以上两种练习掌握较为熟练后，要求连续进行水面用口吸气、水中憋气、水中呼气练习。注意做好呼气和吸气之间的连接，在口将要出水时，快速用力把气吐完，紧接着深吸气，把握好吸气的时机，要反复练习，为以后的练习转头呼吸做好准备。

(三) 水中浮体练习

练习水中浮体时，要尽量深吸气，在水中憋气的时间应尽量长，并且要求身体放松。练习方法主要有扶物浮体、抱膝浮体、展体浮体等。

1. 扶物浮体

在水中两手扶住游泳池壁、抓住泳道线或同伴的手，先深吸一口气，把头浸入水中憋气，同时团身，使身体尽量放松，自然地漂浮于水中，然后，由团身浮体过渡到展体浮体。在做好团身浮体的基础上，展开身体；呼气后，站立用嘴吸气。也可两人或多人手拉手同时做团身浮体和展体浮体练习。

2. 抱膝浮体

原地站立水中，深吸气后，下蹲低头含胸抱膝，双膝尽量靠近胸部，前脚掌蹬地离池，呈低头抱膝团身姿势，自然漂浮水中。站立时，两臂前伸，同时两腿向胸前下方打开伸出、伸直，向下按压水并抬头，以脚触池底站立，两臂自然放于体侧(图 7-3)。

3. 展体浮体

两脚开立，两臂放松向前伸出，深吸气后身体前倒并低头，两脚轻轻蹬离池底，成俯卧姿势漂浮于水中，两臂两腿自然伸直。站立时，收腹、收腿，使身体成抱膝浮体姿态后，方法同上，脚触池底站立(图 7-4)。

图 7-3

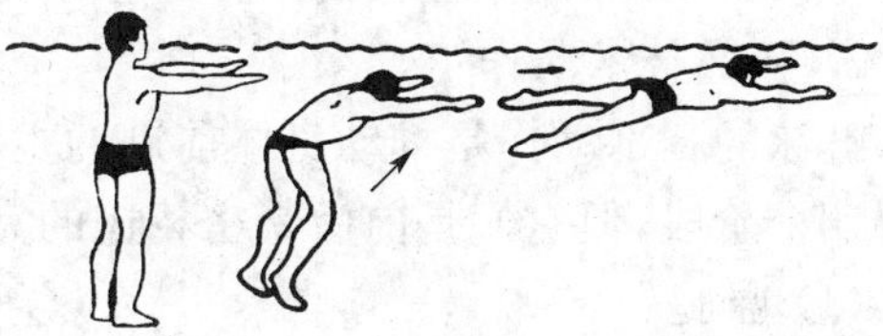

图 7-4

(四) 水中滑行练习

练习水中滑行时，两臂和两腿自然伸直，身体放松，要尽量延长憋气时间和滑行距离，进一步体会水的浮力，掌握在水中平浮的滑行姿势。

1. 被动牵引滑行

面部浸入水中憋气，身体展开漂浮在水面，双手放松伸于头前方。由同伴牵拉着练习者的手在水面向前滑行，体会在水中滑行的感觉。逐渐可以放开练习者的手，过渡到让其自己做漂浮滑行(图 7-5)。

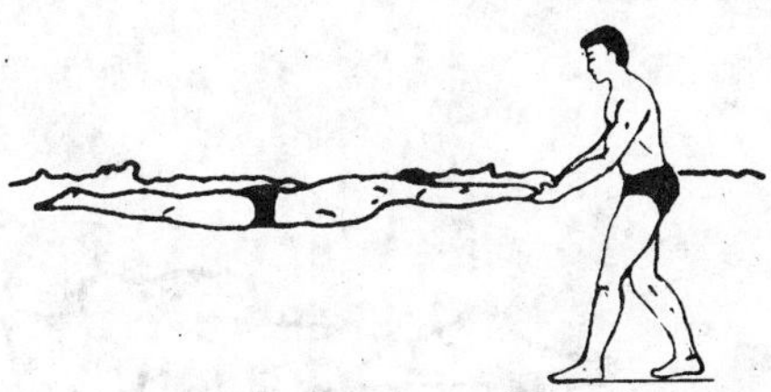

图 7-5

2. 蹬池壁滑行

背向池壁，肩浸入水中，双臂伸直并拢贴近双耳，或一手扶池壁，一臂前平举，一脚站立，另一脚屈膝蹬住池壁，臀部尽量靠近池壁。深吸气后低头，上体前倾成俯卧，支撑腿迅速屈膝上提贴近另一脚上，然后双脚用力蹬池壁，头部浸入水中，全身充分伸展、放松，向前滑行(图 7-6)。

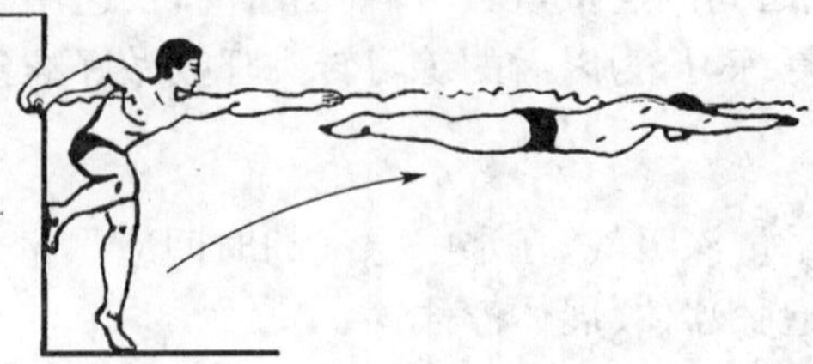

图 7-6

二、蛙泳

蛙泳是比较古老的一种泳式,因模仿青蛙的游泳动作而得名。蛙泳是四种泳姿中最慢的一种,但蛙泳的呼吸比较容易掌握,而且每个动作周期结束后都有一定的滑行时间,便于放松,所以较容易学会,掌握动作节奏后很快就能游较长距离。此外,还便于观察前方,是救护和武装泅渡江河湖海的常用姿势。

(一) 蛙泳动作结构与技术要点

蛙泳技术环节分为身体姿势、腿部技术动作、手臂技术动作、完整配合技术动作。

1. 身体姿势

蛙泳过程中,身体并不是固定在一个位置上,而是随着手、腿的动作在不断地变化。当一个动作周期结束后,身体应展胸、稍收腹、微塌腰,两腿并拢,两臂尽量伸直,颈部稍紧张,头置于两臂之间,眼睛注视前下方。整个身体应以身体的横轴为轴做上下起伏动作。

2. 腿部技术动作

蛙泳的腿部动作是推动身体前进的主要动力之一。它主要可分为收腿、翻脚、蹬夹水和滑行四个阶段,但它们是前后紧密相连的完整动作。

(1) 收腿

开始收腿时,两腿随着吸气的动作,自然放下,同时两膝自然逐渐分开,小腿向前回收,回收时两脚放松,脚跟向臀部靠拢,边收边分。收腿时力量要小,两脚和小腿回收时要收在大腿的投影截面内,以减少回收时水的阻力。收腿结束后,大腿与躯干成 130 度～140 度夹角,两膝内侧约与髋关节同宽。大腿与小腿之间的角度为 40 度～45 度,并使小腿尽量成垂直姿势。收腿是为后面翻脚、蹬夹水创造有利的条件,同时既要减少阻力,又要考虑到手腿配合的需要(图 7-7、图 7-8)。

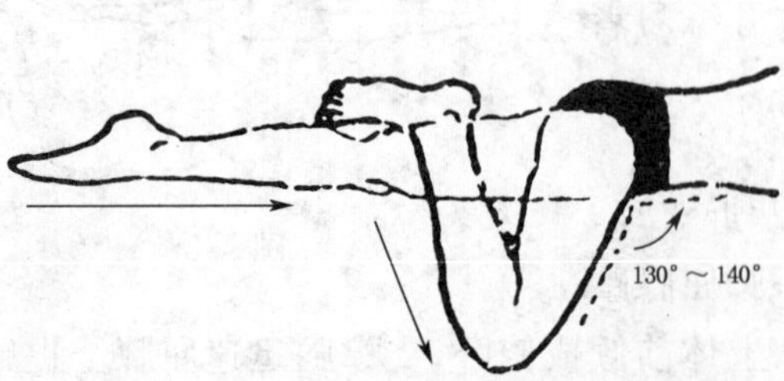

图 7-7

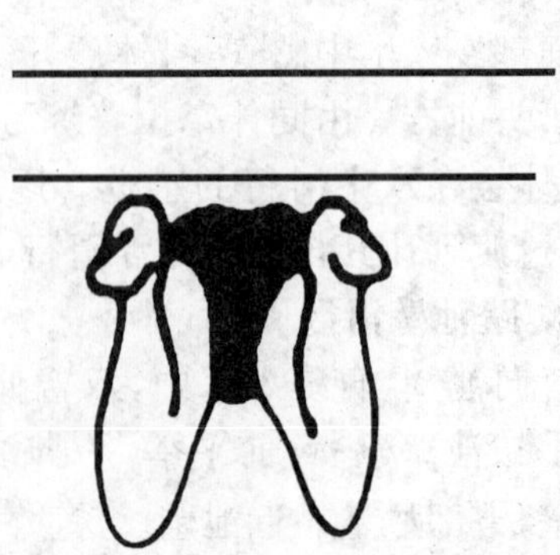

图 7-8

(2) 翻脚

收腿即将结束时，脚仍向臀部靠近，这时膝关节向内扣，同时两脚向外侧翻开，使脚和小腿内侧正对蹬水方向，这样能使对水作用面加大，并为大腿发挥更大力量做好积极准备。正确的翻脚动作在收腿未结束前就已开始，在蹬夹水开始时完成。在蛙泳腿的技术中，翻脚动作很重要，它直接影响到蹬水的效果(图 7-9)。

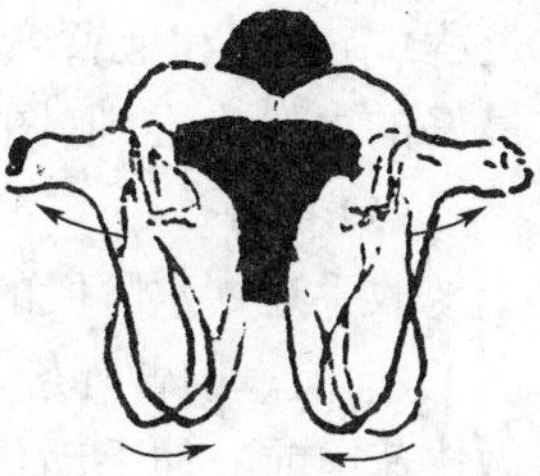

图 7-9

(3) 蹬夹水

蹬夹水应先伸髋关节，由大腿发力，这样使小腿保持尽量垂直正对水的有利部位，向后做蹬夹水的动作，其次是伸膝关节和踝关节。蹬夹水是一个连续的完整动作，蹬水在先，夹水在后。蹬夹水效果的好坏不仅取决于腿部关节移动的路线和方向，以及蹬夹水时对水面积的大小，最主要的是取决于两腿蹬夹水的速度和力量的变化，蹬夹水的速度是从慢到快，力量是从小到大的(图 7-10)。

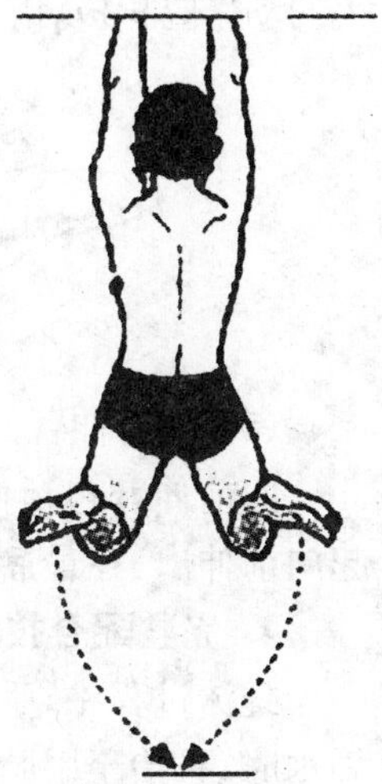

图 7-10

(4) 滑行

蹬夹水结束后，身体随着蹬水的动力向前滑行，腰部下压，双脚接近水面并尽量伸直并拢，腿部肌肉和踝关节放松，为下一个动作周期做好准备。

3. 手臂技术动作

蛙泳手臂划水动作可以产生很大的推动力，掌握合理的手臂划水技术，并且使之与腿和呼吸动作协调配合，就能有效地提高游进速度。它的主要动作可分为开始姿势、抱水、划水、收手和向前伸臂几个阶段。这几个阶段构成了紧密相连的蛙泳手臂技术完整动作。

(1) 开始姿势

当蹬夹水动作结束时，两臂自然向前伸直，与水面平行，并应保持一定的紧张，掌心向下，手指自然并拢，使身体成一条直线，形成较好的流线型(图 7-11、图7-12)。

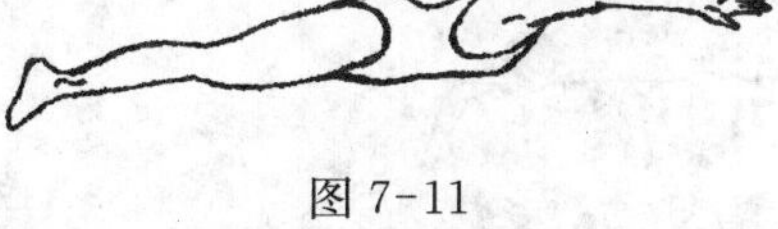

图 7-11

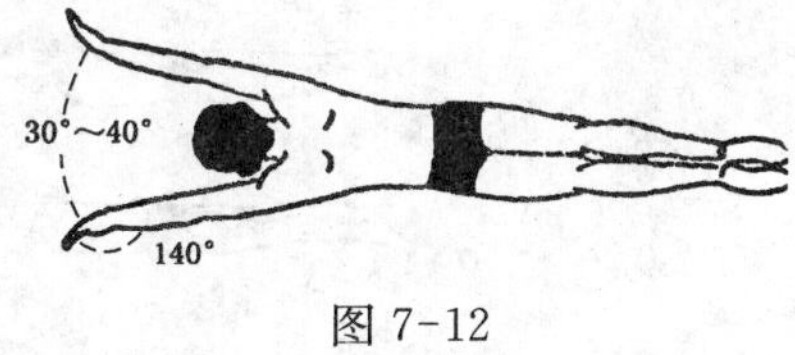

图 7-12

(2) 抱水

从开始姿势起，手臂先前伸，同时肩关节略内旋，两手掌心略转向外斜下方，并稍屈手腕，两手分开向侧斜下方压水，当手掌和前臂感到有压力时，就开始划水。抱水动作一方面能给划水创造有利条件，另一方面还能造成身体上浮和前进的作用。

(3) 划水

当两手做好抱水动作、两臂夹角为 40 度～45 度时，手腕开始逐渐弯曲，这时两臂两手逐渐积极地做向侧、向下、向后的屈臂高肘划水动作，即在整个划水过程中肘关节的位置都比手高。划水过程中，手运动的路线应在肩的前下方，其速度是由慢到快，至收手时应达到最快速度，其动作经过两个阶段：一、向外、向下、向后运动，水流从大拇指流向小指一边；二、向内、向下、向后运动，水流从小指流向大拇指一边。在划水过程中，前臂和上臂弯曲的角度在不断地变化，以能发挥出最好的力量为准则(图 7-13)。

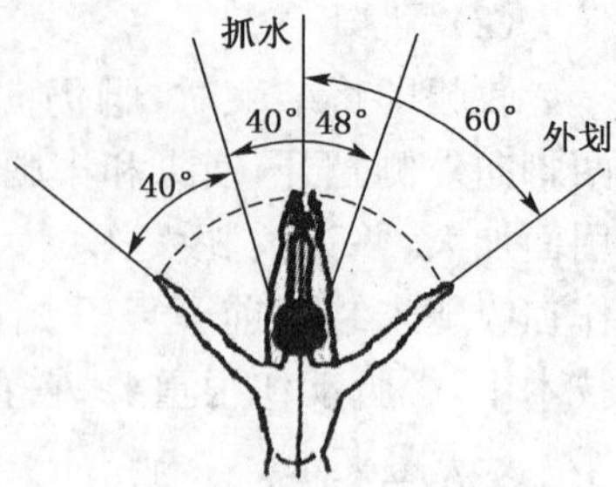

图 7-13

(4) 收手

收手是划水阶段的继续。收手时，手的运动方向为向内、向上、向前。前臂外旋，掌心逐渐转向内。收手动作应有利于做快速向前的伸手动作，并且肘关节要有意识地向内夹。当手收至头前下方时，两手掌心由后转向内、向上的姿势，这时大臂不应超过两肩的横向延长线。在整个收手动作过程中，手的动作应积极、快速、圆滑，收手结束时，肘关节应低于手，大、小臂的角度成锐角(图 7-14)。

图 7-14

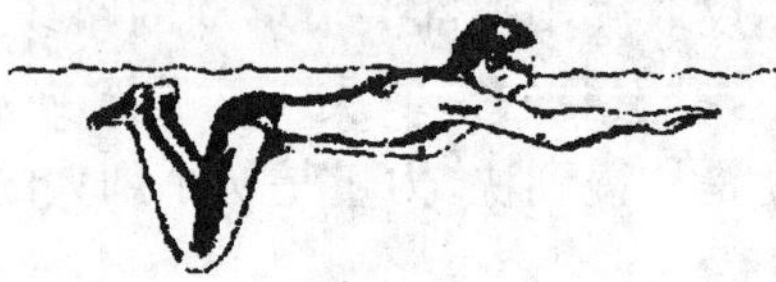
图 7-15

(5) 向前伸臂

向前伸臂包括伸直肘关节、肩关节两个部分，掌心由向上开始逐渐转向内，双掌合在一起向前伸出，在最后结束前逐渐转向下方(图 7-15)。

4. 完整配合技术动作

蛙泳过程中，手臂抱水的同时，开始逐渐抬头，这时腿保持自然放松、伸直的姿势。手臂划水时，头抬至眼睛出水面，腿还是不动。只有收手时才开始收腿，并稍向前挺髋，这时头抬至口出水面，并进行快速、有力的吸气。伸手臂的同时低头，用鼻或口鼻进行呼气，并且在手臂伸至将近二分之一处时，进行蹬夹水的动作，之后，让身体伸展滑行一段距离，等速度降低时进行第二个周期的动作。在蛙泳的游进过程中，一般都是一个周期一次呼吸，这样有利于机体的有氧供应，从而延缓疲劳(图 7-16)。

图 7-16

(二) 蛙泳教学和练习方法

蛙泳过程中,向前行进速度的85%来自腿部,所以腿部技术动作是基础。

1. 腿部技术动作教学和练习方法

(1) 目的

掌握蛙泳腿部技术动作是决定蛙泳教学和练习效果的关键。

(2) 难点

翻脚和蹬夹水动作。

(3) 练习方法

① 俯卧在长凳上,用分解教学法对收腿、翻脚、蹬夹并拢、滑行的进行示范讲解,再连贯起来做腿的完整动作。最好是双人结对进行,一人练习,同伴体会和纠正动作,以利于观察、体会、练习、示范和纠正错误动作(图7-17)。

② 手扶池壁或泳道线在水中练习。肩膀浸入水中,臀部靠近水面,腰腹肌稍紧张,防止塌腰、挺腹、臀部下沉。慢收,小腿和脚在大腿投影之内;向外翻脚要充分,小腿和脚内侧正对蹬水方向,脚心朝上;向外、向后弧形蹬夹水要连贯,速度相对要快;两腿并拢伸直漂一会(图7-18)。

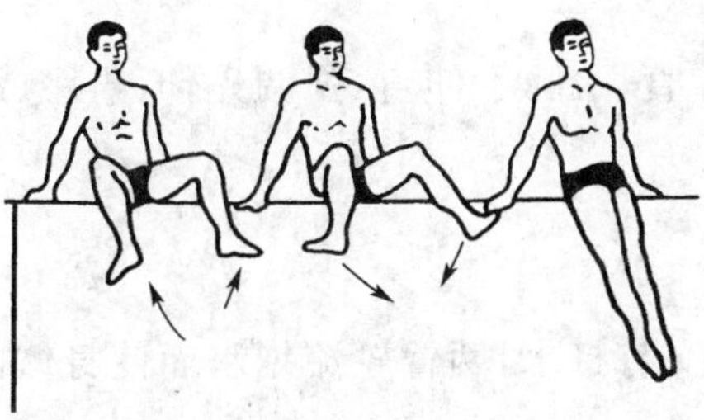

图7-17

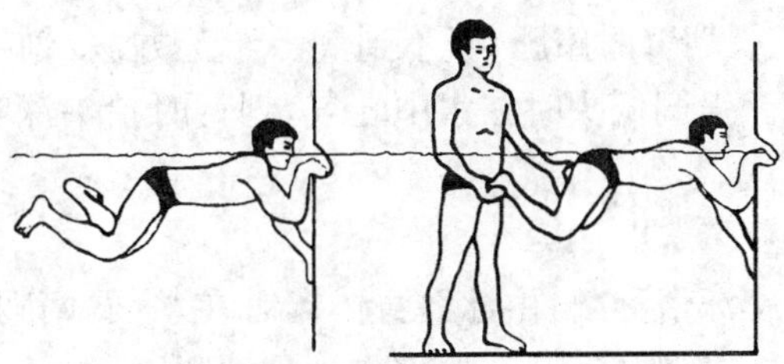

图7-18

③ 浮板腿部技术动作结合呼吸练习,收腿要慢,蹬腿用力,收腿抬头吸气,蹬腿低头呼气,协调配合。

(4) 常见错误与纠正方法

① 收腿时不翻脚。纠正方法:绷脚尖,陆上强化翻脚动作,勾脚蹬水。

② 只蹬水不夹水。纠正方法:双膝向外,收腿时两膝内扣。

③ 臀部上下起伏。纠正方法:收腿时头肩过低,抬高头肩,蹬腿时才能低头,小腿大腿同时发力,髋关节伸直。

④ 收腿过快。纠正方法:收腿过于用力,强调收腿时要慢,蹬腿时要用力。

2. 手臂技术动作与完整技术动作教学和练习方法

(1) 目的

掌握蛙泳手臂动作与呼吸配合、完整配合动作依次用力的相互关系。

(2) 难点

划水路线与呼吸节奏。

(3) 练习方法

① 模仿练习。站于池边,弯腰,两手并拢往前伸,掌心向下,稍停,两手同时向侧后下方

划水；当手与下颌持平时，掌心斜相对，屈臂收手至颌下；两手并拢向前伸直稍停(图 7-19)。

② 手臂与呼吸配合练习。两手分开时，抬头吸气；伸手时，低头呼气。稍停，继续下一次练习(图 7-20)。

图 7-19

图 7-20

③ 手臂、呼吸与完整动作练习。弓步站立预备姿势开始，划水抬头脚不动，收手同时收脚并翻脚，蹬腿低头两臂同时并拢前伸。也可以一步一动练习：划水；收手同时收腿(收腿结束时开始翻脚)；蹬腿手伸直；手脚伸直稍停。然后再进行第二个动作。

(4) 常见错误与纠正方法

① 划水时手掌过平，超过了双肩的延长线，划水无力。纠正方法：划水时掌心向外侧下，高肘屈臂，要求平肩收手，加强手臂力量练习。

② 划臂时蹬腿，吸不到气。纠正方法：划手腿伸直，蹬腿手伸直，强调先伸、再蹬、漂一会儿。强调低头时在水中吐气，划臂时抬头深吸气。

二、爬泳

爬泳俗称“自由泳”，身体俯卧在水面，两腿上下交替打水，两臂轮流划水而使身体向前游进，动作很像爬行，故被称为爬泳。

(一) 爬泳动作结构与技术要点

爬泳技术环节分为身体姿势、腿部技术动作、手臂技术动作、臀部动作、完整配合技术动作。

1. 身体姿势

爬泳时身体俯卧在水面成流线型，背部和臀部的肌肉保持适当的紧张度，在游进中保持头颈部自然后屈，身体纵轴与水平呈 3 度～5 度，躯干围绕身体纵轴有节奏地转动 35 度～45 度(图 7-21、图 7-22)。

图 7-21

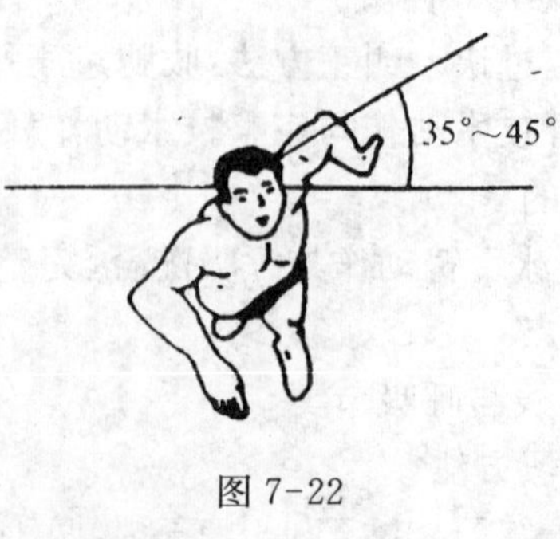

图 7-22

2. 腿部技术动作

爬泳腿部技术动作虽有一定的推进力，但主要起平衡作用，保持身体的稳定和协调双臂做有力的划水。在爬泳过程中，两腿自然并拢，脚稍内旋，踝关节放松，以髋关节为轴，由大腿带动小腿和脚掌，交替做鞭打水的动作，两脚尖上下最大幅度为30～40厘米，膝关节最大屈度约160度（图7-23）。

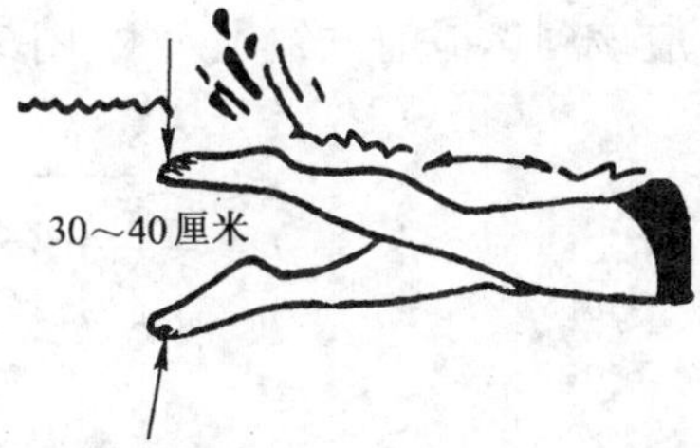

图7-23

3. 手臂技术动作

爬泳手臂技术动作是推动身体前进的主要动力。一个完整的爬泳手臂技术动作分为入水、抱水、划水、出水和空中移臂等几个相互连贯的阶段。

（1）入水

完成空中移臂后，手在控制下自然放松入水。手的入水点一般在身体纵轴和肩关节的前后延长线之间。入水时手指自然伸直并拢，手臂内旋使肘关节抬高处于最高点，掌心斜向外下方，使手指首先触水，然后是小臂，最后是大臂自然插入水中。

（2）抱水

手臂入水后，在积极向前下方插入的过程中，手掌从向斜外下方转向斜内后方并开始屈腕、屈肘，肘高于手，以便能迅速获得较好的划水位置。抱水结束，肘关节屈至150度左右，整个手臂像抱着一个大圆球似的为划水做准备（图7-24）。

图7-24

（3）划水

划水是发挥最大推进作用的主要阶段，其动作过程可分为拉水和推水两个部分。紧接抱水阶段进入拉水，这时要保持抬肘，并使大臂内旋。同时继续屈肘，使手的动作迅速赶上身体的前进速度，手的动作形成合理的动作方向与路线。此外，也使主要肌肉群在良好的工作条件下进入推水动作，拉水至肩的垂直平面后，即进入推水部分，这时肘关节屈度约90度。大臂保持内旋姿势，带动小臂，用力向后推水。使肩部后移，以加长有效的划水路线。向后推水有一个从屈臂到伸臂的加速过程，手掌从内向上，从下向上的动作路线加速划至同侧大腿旁。整个划水动作，手的轨迹始于肩前，继之到腹下，最后到大腿旁，呈S形。

（4）出水

划水结束时，掌心转向大腿，出水时小指侧向上，手臂放松，微屈肘。由上臂带动，肘部向外上方做提拉动作，将前臂和手带出水面，掌心转向后上方。出水动作必须迅速而不停顿，同时应该柔和、放松（图7-25）。

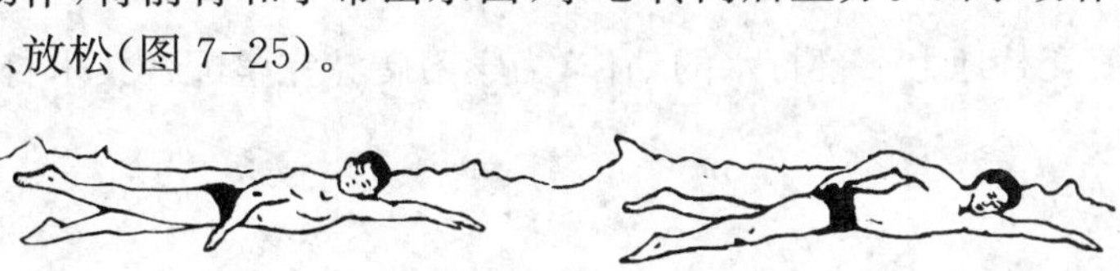

图7-25

（5）空中移臂

紧接出水不停顿地进入空中移臂阶段。移臂时要自然放松，肘高于手。移臂动作应借助肩关节自然转动，手的速度快于前臂和上臂，开始时手落后于肘关节，但到移臂结束时，手应该到达最前方领先入水(图 7-26)。

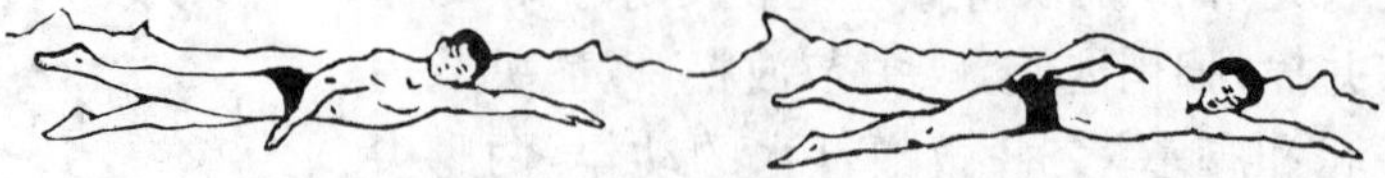

图 7-26

4. 两臂配合

爬泳时两臂划水发生的交叉位置有前交叉、中交叉和后交叉三种类型。前交叉是指一臂入水时，另一臂已前摆至肩前方与水平面呈 30 度左右。中交叉是指一臂入水时，另一臂处在向内划水阶段与水平面呈 90 度左右。后交叉是指一臂入水时，另一臂划至腹下，手与水平面呈 150 度角左右。

5. 完整配合技术动作

爬泳时，一般是两臂各划水一次进行一次呼吸。以向右转头吸气为例：右手入水后，口和鼻开始慢慢呼气，右臂划水至肩下，开始向右侧转头和增大呼气量，右臂推水即将结束，则用力呼气，右臂出水时，张口吸气，至空中移臂的前半部为止，并开始转头还原。然后，直至右臂入水结束，有一个短暂的闭气过程，脸部转向前下。头部稳定时，右臂入水，再开始下一个慢慢呼气的过程。

爬泳的呼吸、臂、腿配合技术有多种形式，其中以 6∶2∶1 最为常见，即打腿 6 次、划臂 2 次、呼吸 1 次的整体配合技术，这种配合方法容易保持平衡和协调掌握爬泳技术(图7-27)。

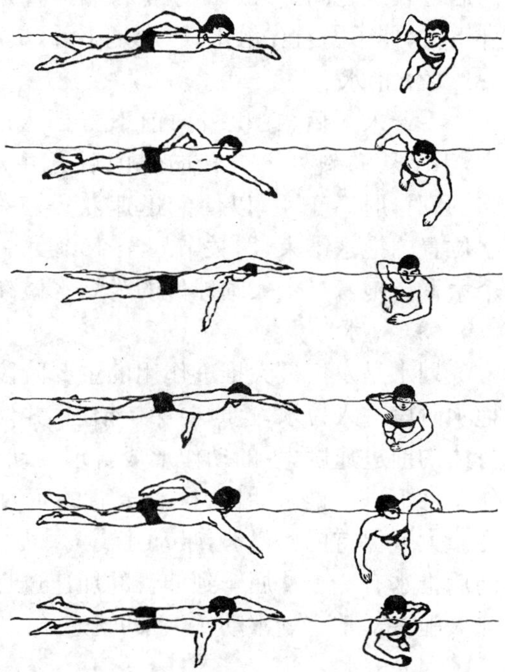

图 7-27

(二) 爬泳教学和练习方法

爬泳技术动作因与人们在陆地上行走的动作接近，所以较为简单易学。

1. 腿部技术动作教学和练习方法

(1) 目的

学习两腿轮流交替地上下鞭打水的动作，为学习爬泳完整配合技术打下基础。

(2) 难点

两腿鞭打水的动作。

(3) 练习方法

① 坐在游泳池边上，两手后撑，两腿前伸，并拢内旋，直腿模仿鞭打水动作。打腿时以髋关节为轴，大腿发力，膝和踝关节放松伸直，大腿带动小腿做上下鞭打动作。腿向上时膝关节伸直，向下稍屈，两腿上下活动幅度约 35 厘米(图 7-28)。

② 水中练习时，两臂伸直，头部夹在两臂之间，两边转头轮流换气，从开始要求直腿逐

渐过渡到膝踝适当放松弯曲的鞭打水动作。

(4) 常见错误与纠正方法

① 屈膝过大，小腿打水。纠正方法：小腿紧张，用直腿打水练习，体会大腿带动小腿动作。

② 勾脚尖打水。纠正方法：踝关节灵活性差，要求绷直脚尖，多做压踝关节活动。

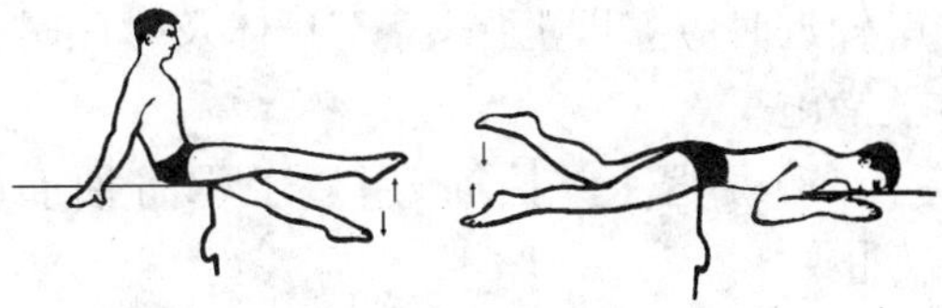

图 7-28

2. 手臂技术动作与呼吸配合教学和练习方法

(1) 目的

掌握爬泳手臂技术动作与呼吸的协调配合。

(2) 难点

推水与呼吸动作的节奏协调。

(3) 练习方法

① 弓箭步站立，一脚前一脚后，一手扶膝盖一手贴大腿外侧，移臂时肘高于手，移平肩膀时，手腕在肩的延长线插入水，抱水时保持高肘的位置屈臂，沿身体中线向后做S形划水，划到肩下时用力推水到大腿。

② 一臂前伸，另一臂向后伸直对齐，轮流屈臂做划水动作。

(4) 常见错误与纠正方法

① 臂入水后向下压水。纠正方法：入水时手指先入水，肘关节高于手腕。

② 手掌摸水。纠正方法：屈臂高肘划水，小臂与水面垂直，掌心向后对着脚尖。

③ 手臂在腰部出水。纠正方法：划水结束时手臂要直，手腕触同侧大腿。

④ 抬头吸气。纠正方法：吸气时，身体纵轴转动，转头时一耳浸在水中，吸气时做“咬肩”动作。

⑤ 吸不进气。纠正方法：强调水中吐气；划水推水时，口将出水时猛吐气后深吸气。

⑥ 划水结束时身体下沉，手出水困难。纠正方法：划水后程碰大腿时，掌心向后推水，利用惯性提肘带动手臂出水前移。

第三节 游泳安全救护与卫生常识

游泳是深受人们喜爱的一项体育活动。但水是无情的，到游泳池游泳或上课都必须注意安全，自觉遵守游泳运动的卫生和安全守则，防止传染疾病和发生意外事故。因此，参加游泳锻炼者必须具备一定的救护和卫生常识，才能防患于未然，真正达到强身健体的目的。

一、水上救护

水上救护是指水上发生溺水情况时，对溺水者所采取的救护措施。下面介绍三种发生溺水险情时的应急措施，主要包括自我救护、间接救护、直接救护：

1. 自我救护

游泳过程中自感体力不支或发生其他异常险情时，不要慌张，不要惊慌，在浅水区或离岸较近时应立即上岸，擦干身体及时保暖；在深水区或离岸较远时，应一面呼救，一面采取自救措施。

① 如遇手掌抽筋，用一手掌将抽筋的手掌用力向下按压，并做振颤动作，直至缓解为止。

② 如遇手指抽筋，将手指用力握成拳头，然后再用力将五指伸直，快速连续几次，直到缓解为止。

③ 如遇小腿肌肉痉挛，应及时仰卧水面，一手将膝盖下压伸直，一手握脚尖向身体方向牵拉。

④ 如遇大腿痉挛，两手抱住小腿，使大腿与身体成直角，用力掰拉并加颤动(图 7-29)。

图 7-29

⑤ 如遇腹肌抽筋，较少见，但危险性极大，应立即呼救，做收腹挺胸动作，并赶快上岸，仰卧位，并伸直躯干。

⑥ 如遇胃部痉挛则将两腿屈膝贴近腹部，随即伸直。

⑦ 如遇水草缠身则不要慌张，调整呼吸后下潜解脱，或保持取仰卧漂浮姿势并向同伴发出求救信号(图 7-30)。

凡抽筋通过以上方法仍不能缓解者，应一面呼救，一面用健肢作打水动作游到岸边，上岸后及时擦干身体穿衣保暖再进行按摩处理。待救助注意事项：当救助者出现时绝对不可惊慌失措地去抓抱救助者，注意呼吸配合，一定要听从救助者的指挥，作仰卧动作，让其带着游上岸。否则非但自己不能获救，反而会连累救助者。

图 7-30

2. 间接救护

间接救护是利用助浮器材，如向溺水者抛掷救生圈、打水板，或抛掷拴绳救生圈，用竹竿等将其拖向安全地带(图 7-31)。

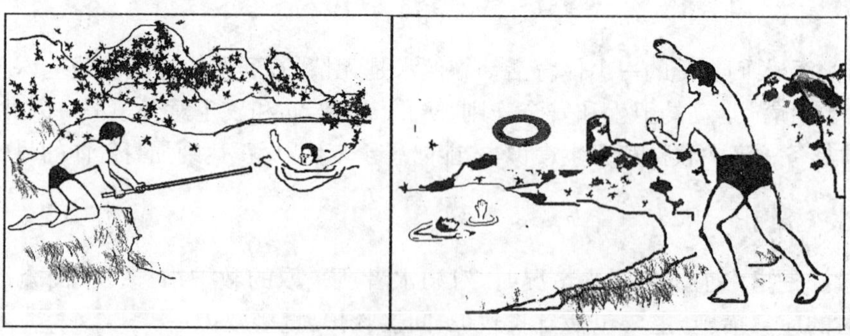

图 7-31

3. 直接救护

直接救护就是由救护人直接进行水中救护，这对救护人要求很高，必须经过严格训练才能保证自己和他人的安全。救护过程与方法如下。

(1) 观察

当发现溺水者，在情况允许的条件下，观察判断溺水者的方位和距离，根据水域的情况选择入水点。

(2) 入水

在距溺水者较远时，救护人可以采取头部先入水的方式入水，在浅水或不熟悉的水域可以采用双腿跨跳入水或屈腿两臂抱膝团身入水的方式入水。

(3) 接近

救护人入水之后应该立即快速浮起，保持自己正确的游进方向和可视范围，以便观察溺水者的情况。当游至距溺水者 2～3 米时，深吸气后再接近溺水者，保证自身体力。一般采用潜泳方式接近溺水者，使溺水者转为背向自己，同时托起溺水者使其头部露出水面(图 7-32、图 7-33)。

图 7-32

图 7-33

(4) 水中解脱

水中解脱是救护者在水中施救的过程中，被溺水者抓住或抱住时采取的解脱方法。溺水者多数处于慌乱状态，为了求生，抓住或抱住救护者不会松手，因此救护者必须掌握一定的解脱方法。解脱方法一般有虎口解脱法、扳指解脱法、扭颈解脱法等(图 7-34)。

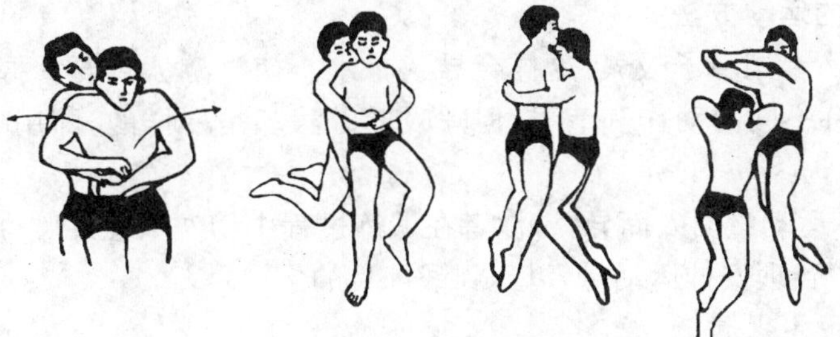

图 7-34

(5) 拖带

从溺水者背后用双手托住其腋窝、下颌或后脑部，使面部露出水面，用仰泳、侧泳或反蛙泳拖运。如果溺水者乱抓乱动，可用右臂从溺水者右肩上方抓住其左腕，并以右臂顶托其背部用侧泳拖运。反方向亦可，视救护人习惯而定(图 7-35)。

图 7-35

(6) 岸上急救

救护人员将溺水者拖带上岸后，要立即进行急救。急救的内容包括清除杂物、排除腹水、人工呼吸、胸外心脏按摩，随即转送医院进行抢救（图7-36）。

图 7-36

二、游泳卫生常识

1. 了解自身健康状况

游泳运动体能消耗大，加上水这个特殊的环境，有些疾病患者不宜参与，游泳前应进行全面的身体检查。凡患有严重心脏病、高血压、传染病、癫痫、皮肤病、眼疾、精神病、女生月经期都不宜游泳，否则对自己健康不利，也容易把疾病传给别人。

2. 选择安全场所

不可在标有“禁止游泳”、“水深危险”等警示标志区域内游泳。不可在航道、港区、急流区、礁岩区及码头旁游泳。游泳时遇大雷雨或地震时应立即上岸。了解水温、海浪、风力、潮流等情况。不明地形或水浅处均不宜跳水，不可贸然潜入深水。

3. 养成良好的习惯

(1) 入水前，应先做伸展热身操，使身体各个器官和系统都做好游泳的准备；下水时，先用水浇浇头部、胸部和四肢，以免身体突然遇冷水，引起神经、皮肤和肌肉的不良反应，而导致腿脚痉挛和其他不良情况的发生。

(2) 饭后、酒后或者剧烈运动后，不宜立即下水游泳。

4. 掌握科学的运动方法

(1) 游泳时，不要用鼻子吸气，这样会导致呛水。初学游泳者要掌握正确的呼吸方法。虽然不同的泳姿有不同的动作和节奏，但呼吸的方法却是一样的，即用嘴吸气，口、鼻同时呼气。

(2) 游泳锻炼运动量因人而异，游泳者在锻炼过程中切勿争强好胜，应根据个人的身体状况、气温和水温，合理安排运动量，以达到锻炼目的。

5. 游泳后的卫生保健

(1) 注意保护耳朵，游泳时，由于呼吸不当或者其他原因，水易由口、鼻进入中耳，可能引起中耳炎，因而耳朵进了水应立即排出。

(2) 游完泳后，应该在水中做全身放松运动，调整呼吸再出水，出水后，及时淋浴，擦干身体，穿好衣服，注意保暖。

第八章 健 美 操

健美操是一项优美、流行、生动活泼的运动项目。它是以有氧运动为基础，以健、力、美为特征，融体操、舞蹈和音乐为一体的身体练习。它按照全面协调发展身体的要求，组编动作套路，在音乐的伴奏下，达到增进健康、培养正确体态、塑造美的形体和陶冶情操的大众健身方式。同时，健美操又是一个竞技运动项目。

第一节 健美操运动概述

一、健美操运动的起源与发展

（一）健美操运动的起源

健美操的起源可追溯到两千多年前。古希腊人对人体美的崇尚举世闻名。他们喜爱采用跑跳、投掷、柔软体操和健美舞蹈等各种体育项目进行人体美的锻炼。而古印度很早就有瑜伽术，其中的一些姿势与当前流行的健美操所常用的基本姿势是一致的。由此可见，古代人对健身健美的追求是现代健美操形成与发展的基础。

19 世纪末，20 世纪初，欧洲出现了许多体操流派，他们在理论和实践上的创新对健美操的发展起到了推波助澜的作用。而 20 世纪 80 年代初，随着遍及全球的健身热和娱乐体育的发展，健美操以其强大的生命力风靡世界。美国是对世界健美操的发展有着重要影响的国家，其代表人物影视明星简・方达，根据自己的健身体会和经验，撰写了《简・方达健美术》一书。该书自 1981 年出版后，引起了世界的轰动。她通过现身说法，促进了健美操在世界范围内的推广。与此同时，自 1985 年开始，美国正式举办一年一度的健美操锦标赛，并确定了竞赛项目和规则，使健美操发展成为竞技性运动项目。

健美操不仅在美、英、法等国家迅速发展，而且在一些发展中的国家和地区也得到不同程度的开展。苏联很早就把健美操列入大、中、小学的体育教学大纲。在亚洲地区，日本、菲律宾、新加坡等国家也建有许多健美操活动中心及健身俱乐部，人们都开始将健美操作为自己的主要健身方式，由此形成了世界范围内的“健美操热”。

（二）我国健美操运动的发展

世界性的健美操热是于 20 世纪 70 年代末传到我国的。当时北京、上海、广州等地相继举办了各种健美操培训班。随后通过各种新闻媒介对国外各种健美操的介绍，逐步推动了健美操在我国的广泛开展。1984 年，原北京体育学院成立了健美操研究组，接着上海体育学院成立了健美操教研室，率先开设了健美操课程。一些大专院校也根据国家教委对高校体育教学的要求，逐步开设了健美操普修或选修课，从而把我国的健美操从社会引向了学校。

1986—1988 年，健身健美操和竞技健美操在我国得到了长足的发展。继 1986 年 4 月在广州举行的我国首次“全国女子健美操邀请赛”后，1987 年 5 月在北京我国又成功地举办了首届正式的竞技健美操比赛“长城杯”健美操邀请赛。为了有组织、有计划地推动全国大学生健美操运动的发展，1992 年 2 月，在北京成立了中国大学生体育协会健美操、艺术体操协会。1992 年 9 月，中国健美操协会在北京的正式成立，标志着我国健美操运动进入到一个崭新的发展阶段。

二、健美操运动的特点和锻炼价值

（一）健美操运动的特点

目前，世界健美操和我国健美操种类繁多，分类方法也各不相同。通常，根据健美操的目的和任务，可以将其分为健身性健美操、竞技健美操和表演健美操三大类。

1. 健身性健美操的特点

（1）保持有氧代谢过程

健身性健美操的动作及套路设计，都是以保证健身者在运动过程中能够最大限度地摄入氧气并充分利用氧化来燃烧体内的糖原、突出燃烧脂肪作为能量供给为前提的，以此实现加快体内新陈代谢，重新建立人体更高机能水平的目的。在有氧运动中，呼吸系统、心血管系统及大脑中枢神经都得到良好的锻炼，特别是对于肥胖体形的人们来说，在消除体内多余脂肪、调节脂肪静态平衡、保持健康、增强体质等方面具有良好的效果。

（2）广泛的适应性

健身性健美操练习形式多样，多以徒手进行锻炼，不受场地、环境、气候等条件的影响，公园、厅堂、家里等地方，都能很好地进行锻炼；同时，健美操也可借助于轻器械进行锻炼，如：哑铃、踏板、橡皮筋、健身球等，所产生的锻炼效果是显著的；另外，水中健美操对于中老年人和一些慢性病、身体创伤的康复病人能起到较好的辅助治疗作用。健身性健美操既可以在舞台上表演，也可以在大小聚会中娱乐。对一般人可选择低强度的有氧练习，达到锻炼身体、娱乐身心、保持健康的目的；而对具有较好身体素质并有意进一步提高训练水平的年轻人来说，可选择难度较高、运动量较大的竞技健美操作为练习的手段，满足其进取心要求。

（3）注重个体差异

健身性健美操以其生动活泼、轻松自如、随心所欲的运动形式早已被大众所接受。健身性健美操的动作套路形式多样化，节奏有快有慢，套路有长有短，动作有难有易，运动量和运动强度的大小可任意调节，适合于不同阶层、不同行业、不同年龄、不同性别、不同体质的人们进行锻炼，各种人群都能从健美操练习中找到合适自己的方式，都能从健美操练习中得到乐趣。

（4）健身的安全性

健身性健美操所设计的运动负荷及运动节奏，充分考虑了由运动而产生一系列刺激结果的可行性，使之适合一般人的体质，甚至弱体质的人都能承受的有氧范围。人们在平坦的地面上，在欢快的音乐声中，跟随快慢有序的节奏进行运动，十分安全，而且有效。

2. 竞技性健美操的特点

(1) 高度的艺术性

健美操是一项追求人体健与美的运动项目，因此健美操属健美体育的范畴，具有高度的艺术性。

健美操的艺术性主要体现在其"健、力、美"的项目特征上。"健康、力量、美丽"是人类所追求的身体状况的最高境界，而健美操运动处处表现出"健、力、美"的特征，包含着高度的艺术性特质，使健美操不同于其他运动项目，这也正是人们热爱健美操运动的原因之一。

健美操动作协调、流畅、有弹性，练习者不仅锻炼了身体，增强了体质，而且从中得到了美的享受，提高了审美意识和艺术修养。健美操运动员在比赛中表现出的健美的体魄、高超的技术、流畅的编排和充沛的体力等，无不给观众留下深刻的印象，充分体现出健美操运动的"健、力、美"特征和高度的艺术性。

(2) 强烈的节奏性

健美操动作具有强烈的节奏性特点，并通过音乐充分地表现出来，因此音乐是健美操运动不可缺少的组成部分。健美操音乐的特点是节奏强劲有力，旋律优美，具有烘托气氛、激发人们热情的效应。

健美操运动之所以深受人们喜爱，除了练习本身的功效性、动作的时代感外，很重要的因素之一是现代音乐给健美操带来了活力。健美操动作与音乐的强烈的节奏性使健美操练习更具有感染力，其比赛和表演更具有观赏性。

(3) 高难度、高体能

健美操运动是靠人的身体语言来传递和表达内心信息的运动，是完成连续复杂和高难度动作的能力的运动。竞技健美操的成套动作必须展示连续的动作组合、柔韧性和力量，并在综合运用七种基本步法的同时，高质量地完美地完成各类难度动作。优秀的健美操运动员必须具备良好的身体素质、体能以及完美地完成主要强度的难度动作的能力。因此，高体能、高难度是当今竞技健美操的典型特点。

(4) 仍保留着大众体育的特色

竞技健美操起源于传统的健身性健美操运动，其本质和基础的内容来源于健美操运动。运动技术水平的高低，在于运动员本身的体能、素质以及运用技巧的能力。不同年龄、不同体能的运动员，无论水平高低均可参加竞技健美操运动。因此，高水平的竞技健美操仍保留着大众化的特色。

3. 表演健美操

表演健美操主要是以在表演中展示自己的价值和魅力；在观赏中陶冶情操、净化心灵、促进健美操活动的广泛开展；满足人们展开和表现自我的需要为目的，在特定的活动、场合或节日庆典中进行表演，集观赏、娱乐为一体的体育节目。一般而言，健身健美操用于表演极其普遍，竞技健美操用于表演时可不受规则的限制。

(二) 健美操运动的锻炼价值

1. 增强体质增进健康

经常从事健美操锻炼，对于心血管系统机能的提高具有十分显著的效果。它可以使心肌纤维增粗，心肌收缩力增强，心输出量增加，提高机体的供血、供氧能力。

健美操锻炼对呼吸系统的机能也有良好的影响。它能使呼吸肌变得强壮有力，使人体安静时的呼吸加深、次数减少，运动时吸氧量增大，从而大大提高机体的有氧代谢能力。

健美操锻炼还能提高消化系统的机能。由于健美操中的髋部全方位活动较多，因此，这能有效地刺激肠胃蠕动，增强消化机能，有助于营养物质的吸收和利用，从而提高对疾病的抵抗能力。

2. 改善体形培养端庄体态

健美操的独到之处，是它可以对身体比例的均衡产生积极的影响，特别是能增加胸背肌肉的体积，消除腰腹部沉积的多余脂肪，使体态变得丰满、线条变得优美。此外，通过经常性正确的形体动作训练，还能矫正不正确的身体姿势，培养正确端庄的体态，使锻炼者的形体和举止风度发生良好的变化。

3. 调节心理活动陶冶美好情操

健美操是在音乐伴奏下进行的身体练习。人们在欢乐的气氛中进行锻炼，不仅心情愉快，能很快忘却烦恼，身心得到全面调节，而且精神面貌和气质修养都会有所改善和提高。特别是健美操作为一种群体运动，在集体场所进行锻炼，还能使练习者体验到个人与集体的关系，把“我”置于“我们”之中，起到协调人与人之间关系的作用。通过集体配合练习，还有助于增进友谊，结交朋友，提高群体意识。

4. 提高神经系统机能发展身体素质

健美操是一项要求力度和幅度的身体练习，经常参加健美操运动，可使肌肉的力量得到增强，肌腱、韧带、肌肉的弹性得以提高，有效地发展人体的力量和柔韧素质。另外，健美操动作的路线、方向、速度、类型、力度等的不断变化，可以加强人对动作的记忆力和再现力，提高神经系统的灵活性和均衡性，全面发展人的协调性。

健美操是具有较强艺术性的运动项目，经常从事该活动，可以增强节奏感、韵律感，提高认识美、鉴赏美、表现美和创造美的能力。

5. 医疗保健功能

健美操作为一项有氧运动，其特点是强度低、密度大，运动量可大可小，容易控制。因此，只要控制好运动的范围和运动量，除了对健康的人具有良好的健身效果外，对一些病人、残疾人和老年人而言，也是一种医疗保健的理想手段。如：对于下肢瘫痪的病人来说，可做地上健美操和水中健美操的练习，以保持上体的功能，促进下肢功能的恢复等。

第二节　健美操的基本动作和练习方法

一、健美操的基本动作

（一）基本步伐

1. 基本步伐体系

健美操所有步伐可按冲击力分为三种：无冲击力动作、低冲击力动作和高冲击力动作，许多低冲击力动作同时也可做成高冲击力动作。而根据动作完成形式的不同，我们又可将基本步伐分为以下五类。

（1）交替类。两脚始终做依次交替落地的动作。

（2）迈步类。一条腿先迈出一步，重心移到这条腿上，另一腿用脚跟、脚尖点地或吸腿、屈腿、踢腿等，然后向另一个方向迈步的动作。

（3）点地类。一腿屈膝站立，另一腿伸出，用脚尖或脚跟点地后还原到并腿位置的动作。

（4）抬腿类。一腿站立，另一腿抬起的动作。

（5）双腿类。双腿站立、身体重心在两腿之间的动作。

2. 基本动作

（1）交替类

① 踏步（原始动作）。是指两腿原地依次抬起，依次落地。要求两腿在下落时，踝、膝、髋关节依次有弹性地缓冲。

② 走步。是指迈步向前走四步或向后退四步，然后反之。要求向前走时，脚跟先落地，过渡到全脚掌；向后走时则相反。

③ 一字步。是指一脚向前迈步，另一脚并于前脚，然后再依次还原。

④ V字步。是指一脚向前侧方迈一步，先脚跟落地，过渡到全脚掌着地；另一脚以同样方法向另一侧迈一步，成两脚开立V字形，屈膝，然后再依次退回原位。

⑤ 漫波步。是指一脚向前迈出，屈膝，重心随之前移，另一脚稍抬起，然后原地落下；或者向后撤一步，重心后移，另一脚稍抬起，然后原地落下。要求两脚始终保持交替落地，身体重心随动作前后移动，但始终在两脚之间。

⑥ 跑步。是指两腿交替腾空，依次落地缓冲，两臂屈肘摆臂。要点：落地屈膝缓冲，脚跟尽量落地。

（2）迈步类

① 并步（侧并步为原始动作）。是指一脚向侧迈出，另一脚随之并拢屈膝点地；再向反方向迈步。要点：两膝始终保持弹动，动作幅度和力度可随风格而定。

② 迈步点地。是指一脚向侧迈一步，两腿经屈膝移重心，另一脚再向前、侧或后用脚尖或脚跟点地。要点：两膝同时有弹性地屈伸，重心移动轨迹呈弧形；上体不要扭转。

③ 迈步吸腿。是指一脚迈出一步，另一腿屈膝抬起，然后向反方向迈步。要点：经过屈膝半蹲，抬膝时支撑腿稍屈膝。

④ 迈出后屈腿。是指一脚迈出一步，另一腿后屈，然后向反方向迈步。要点：经过屈膝半蹲，支撑腿稍屈膝，后屈腿的脚跟靠近臀部。

⑤ 侧交叉步。是指一脚向侧迈一步，另一脚在其后交叉，随之再向侧迈一步，另一脚并拢，屈膝点地。要点：第一步脚跟先落地，身体重心快速随着脚步而移动，保持膝、踝关节的弹动。

（3）点地类

① 脚尖点地。是指一腿稍屈膝站立，另一腿伸出，脚尖点地，然后还原到并腿姿势。要点：支撑腿始终保持屈膝站立，并且随动作有弹性的屈伸。

② 脚跟点地。是指一腿稍屈膝站立，另一腿伸出，脚跟点地，然后还原到并腿姿势。只

可做向前和向侧的脚跟点地。要点：支撑腿始终保持屈膝站立，并且随动作有弹性的屈伸。

(4) 抬腿类

① 吸腿。是指一腿屈膝抬起，落下还原。要点：支撑腿保持屈膝弹动，大腿上抬超过水平，上体保持正直。

② 摆腿。是指一腿站立，另一腿以髋关节为轴摆动。

③ 踢腿。是指一腿稍屈膝站立，另一腿踢起，然后还原。要点：抬起腿不需很高，但要有控制；保持上体正直。

④ 弹踢腿(跳)。是指一腿站立(跳起)，另一腿先向后屈，然后向前下方弹踢，还原。通常以高冲击力的形式出现。要点：腿弹出时要有控制，保持上体正直。

⑤ 后屈腿(跳)。是指一腿站立，另一腿向后屈膝，放下腿还原。通常以高冲击力的形式出现。要点：支撑腿保持弹性，两膝并拢，脚跟靠近臀部。

(5) 双腿类

① 并脚跳。是指两腿并拢跳起。要点：落地缓冲有控制。

② 分腿落。是指分腿站立屈膝半蹲，向上跳起，分腿落地屈膝缓冲。要点：屈膝半蹲时，大、小腿夹角不要小于 90 度，空中注意身体的控制。

③ 开合跳。是指由并腿跳起，分腿落地；然后，再由分腿跳起，并腿落地。要点：分腿屈膝蹲时，两脚自然分开，膝关节沿脚尖方向屈，膝关节夹角不小于 90 度，脚跟落地。

④ 半蹲。是指两腿有控制的蹲。可分为并腿半蹲和分腿半蹲。要点：分腿半蹲时，两腿左右分开稍大于肩(或与肩同宽)，脚尖稍外开，屈膝时关节角度不得小于 90 度，膝关节对准脚尖方向，臀部向后 45 度方向下蹲，上体保持直立。

⑤ 弓步。是指两腿前后分开，两脚平行站立；蹲下、起来。要点：半蹲时后腿膝关节向下，大腿垂直于地面；重心始终在两脚之间。

⑥ 提踵。是指两腿脚跟抬起，落下脚跟稍屈膝。要点：两腿夹紧，重心上提时，收紧腹部，落下时屈膝缓冲。

(二) 常用上肢动作

1. 常用手型

(1) 掌型。是指五指伸直并拢。

(2) 拳型。是指握拳、拇指在外。

(3) 五指张开型。是指五指用力伸直张开。

2. 上肢动作

(1) 举。是指臂伸直向某方向抬起。

(2) 屈臂。是指前臂与上臂角度不断减小。

(3) 伸臂。是指前臂与上臂角度不断增大。

(4) 屈臂摆动。是指屈肘在体侧自然地摆动。可依次和同时进行。

(5) 上提。是指直臂或屈臂由下至上提抬起。如屈臂前提、直臂侧提。

(6) 下拉。是指臂由上举或侧上举拉至身体两侧。

(7) 胸前推。是指立掌，臂由肩部向前推。

(8) 冲拳。是指屈臂握拳，由腰间猛力向前冲拳。

(9) 肩上推。是指立掌,屈臂由肩部向上推。

(10) 摆动。是指以肩关节为轴,手臂在180度以内的运动称之为摆动。

(11) 绕和绕环。是指以肩关节为轴,手臂在180度~360度之间的运动为绕;大于360度以上的圆周运动为绕环。

(12) 交叉。是指两臂重叠成X形。

在进行上述上肢动作练习时,应注意肌肉的用力阶段,使动作富有弹性,避免上肢动作过分僵硬。

二、健美操的练习方法

健美操是综合性的、全面锻炼身体的运动项目,因此应全面发展身体素质,才能适应项目发展的需要,提高运动技术水平。根据健美操的特点应重点发展以下素质。

(一) 力量素质

1. 上肢力量

应重点发展肩带肌.肱二、肱三头肌、胸大肌的力量。腰腹力量:应重点发展腹部和背部肌群的力量;下肢力量:以发展弹跳力量为主。

2. 发展力量素质应注意

力量训练以动力性练习为主,在保证动作技术的情况下,尽量快速完成动作,培养肌肉快速收缩、放松的能力,来适应健美操在快速运动中完成动作的特点。力量训练应与柔韧、放松练习相结合,以便提高肌肉的弹跳性和伸展性。

(二) 柔韧素质

成套动作中,大幅度的踢腿和跳步能充分的体现运动员的柔韧性,良好的柔韧性是完成一些难度动作和高质动作的基础。

应重点发展双肩、腰,腿及髋关节的柔韧性。肩部应重点发展肩的伸展性和灵活性。腿部应重点发展体前、体侧的伸展性及控制力。腿、胯部应重点提高大幅度快速踢腿的能力,腿的控制能力以及髋关节的灵活性。

发展柔韧性的方法及注意事项:发展柔韧性有主动和被动两种方法。主动柔韧性练习更接近于实际需要,而被动柔韧性练习则能有效地提高柔韧性。发展柔韧性要与放松练习交替进行,主动和被动相结合,综合地进行训练。

(三) 协调性

协调性是身体素质中最不好练、最不容易提高的一项素质。但它却是健美操所必须的素质之一。协调性可通过各种舞蹈组合、徒手体操、健美操跑跳动作组合来提高。进行组合练习时应选择需要上下肢、躯干、头等多身体部位相互配合,具有一定复杂性的动作。协调性训练应经常变换舞蹈,徒手体操,健美操等组合的练习内容,动作编排应对称与不对称相结合,节奏快、慢、变节奏相结合,选择的动作注意不同的肌群同时参加运动,特别时小肌群参加运动的动作。

(四) 耐力素质

发展一般耐力素质的常用方法有:中长跑、变速跑、规定时间的各种原地跳及跳绳等,还可将身体各部的力量练习编成一组，进行循环练习。

第三节　健身健美操的编排原则

全面发展身体是健身健美操的锻炼宗旨，所以健身健美操在编排中应该注意全面性、针对性、合理性和艺术性。

一、健身健美操编排的全面性原则

全面性是健身健美操创编的基本原则，坚持全面性原则主要体现在以下几个方面。

(一) 身体各部位的全面性

为了达到全面发展的目的，在创编成套健身健美操时，要根据人体解剖学的特征，尽可能充分调动整个身体参与运动，使身体各部位的肌肉、关节、韧带及内脏器官得到全面锻炼。创编时还应注意，保持人体左右两侧动作的对称性，使人体匀称、和谐、全面地发展。

(二) 运动变化的全面性

健美操练习时，动作的设计和路线的设计直接影响健美操对人体锻炼的效果。因此创编健身健美操时应当考虑动作的方向有上下、左右、前后、斜向等变化，动作的路线应当有长短、曲直的搭配，动作的幅度、速度、力量方向有大小、快慢、强弱的对比。动作的变化有助于改善神经系统功能状况，通过改变运动位置、方向、节奏、路线以影响不同的肌肉群，通过单一动作和复合性动作的变化来培养人体的协调性，提高关节的灵活性。

二、健身健美操编排的针对性原则

健身健美操的创编主要针对不同的目的任务，锻炼者的年龄、性别以及场地器材等情况和特点，使创编切合实际，有所侧重，有的放矢，以取得实效。坚持针对性的原则主要体现在以下几方面。

(一) 根据任务创编

健身健美操根据不同的锻炼任务，表演或比赛进行创编，在创编时动作的选择和量的分配可视任务有所侧重。例如：

(1) 为培养正确的身体姿态所创编的形体健美操，就要选择比较规范的动作和优美的姿态及造型，系统地设计整个套路。

(2) 为防治职业病创编的医疗保健操，就要考虑长期处于某种姿势而造成身体某部位不易活动到的地方，选择动作时要多设计一些增加局部活动量的动作和伸拉动作，以便改善和防治不良姿势造成的疾病。

(3) 为发展下肢力量和增加心肺功能而创编的素质练习操时，则要多创编一些走、跑、跳跃的动作，并且变换节奏、速度以调节运动负荷，增加心肺功能的活动量。

(4) 如为表演或比赛创编的健美操，就要考虑创编一些表演性强的，能增加气氛的动作和体现人体力量、柔韧、协调、节奏感、表现力等综合能力方面的动作，以及配合、托举、交流等动作。

(二) 因人而异创编

创编时要根据不同年龄、性别、运动水平、文化层次的练习者对健身健美操的需求、爱好及接受能力做到区别对待，在编排的内容、风格、速度、难度以及运动负荷等方面有所不同。

创编儿童健美操时，应选择一些欢快、活泼、造型美观具有儿童特点的动作，还可采用一些游戏性质的内容和模仿性的动作，以提高儿童的兴趣；创编青年健美操时，应选择健美大方、积极向上、充满活力、体现时代特征，富有艺术性和表现力强的动作；在创编女子健美操时，应选择柔美大方、刚柔相济、小关节活动较丰富的动作和一些舞蹈性强的操化动作，以展示女子矫健身姿和协调灵活的特点；在创编男子健美操时要选择一些能体现男子阳刚之气，豪迈奔放，力度感强，能展示男子强壮体魄的健美造型动作及跳跃动作；创编老年健美操时，应选择一些动作简单易学，幅度小，速度缓慢的摆动、弹性和伸拉动作，以利于肢体关节的运动，达到开阔胸怀、振奋精神、舒展筋骨、延缓衰老、延年益寿的目的。

(三) 因地制宜的创编

健身健美操的创编除要针对不同的任务和对象外，还要考虑场地器材等实际条件，如没有室内或良好的地面条件，不宜创编更多的地面动作。若具备一定的器材设备，还可创编一些轻器械健美操，以增加运动负荷，增强肌力，丰富操的内容，变化创编形式，增强锻炼的效果。常用的健身健美操练习器材有哑铃、花球、银环、沙锤、实心球、体操棍、拉力皮条、踏板、椅子和垫子等。

三、健身健美操编排的合理性原则

健身健美操主要注重身体锻炼的实效性，而一套健身健美操的锻炼功效首先取决于该操动作的选编、动作顺序的设计和运动负荷的合理安排。因此，合理性原则是体现健身健美操科学性，从而取得锻炼实效的一项重要原则，坚持合理性原则主要体现在以下几方面。

(一) 合理选编动作

健身健美操动作的选择是有益于健康，尊重人体的自然发展规律，安全可靠而不易造成损伤的动作。选择不同的动作，对身体的影响程度则不同。因此，在创编每节操时要选择对完成该节锻炼任务有切实作用的动作，达到锻炼效果。

(二) 合理设计动作的顺序

根据人体运动的生理规律，身体运动顺序应该由局部到整体，动作速度由慢到快，动作的幅度由小到大，动作的强度由弱到强，高潮在跳跃运动部分，最后还需要整理拉伸放松。所以动作的设计也应该遵循这样的规律。

(三) 合理安排运动负荷

健身健美操运动的运动负荷安排应符合人体运动的生理曲线要求，即心率变化由低向高逐渐呈波浪式上升，随之慢慢下降，逐渐恢复到安静状态。运动负荷受运动速度、动作频率、重复次数、时间长短、动作幅度、肌肉的用力程度等因素影响。

四、健身健美操编排的艺术性原则

健美操是一项结合了体操、舞蹈、音乐等项目特点的综合性体育锻炼项目，它吸收了新的舞蹈与舞蹈中独特的动作并加以改编形成了风格各异、形式独特的健美操，它之所以很快被人们接受，正是来源于它独有的艺术魅力和健身的实效性，使人从中得到一种极大的乐趣。坚持艺术性原则主要体现在以下几方面。

(一) 音乐选配的艺术性

音乐是健美操的灵魂，它影响着健美操的风格、结构速度、节奏及成套的效果，音乐选配得好，容易激发编操者的创作灵感和练习者的锻炼激情。因此，在选配音乐时应注意音乐要与健美操的风格统一。音乐的旋律要动听，力求新颖，富于变化，节奏鲜明，强劲有力，具有时代感。

(二) 动作设计的艺术性

健身健美操的动作设计应符合健与美的特点，既要体现健康有力度的动作，又要体现优美的舞姿和造型，在成套动作设计中，要注意舞蹈动作的风格统一，同时还要注意舞蹈动作应与健美操的特点相结合，动作的特点应热情奔放，清晰有力，富有特色，动作与动作的连接自然流畅、巧妙，切忌杂乱无章。

(三) 队形变化的艺术性

在成套动作中，新颖多变的队形变化会使成套动作充满生气，丰富多彩，提高成套动作的观赏性。在编排队形变化时，要根据整体的动作特点，掌握好队形变化的角度、路线、顺序，动作安排的合理程度以及动作之间的衔接，队形之间的衔接都要给人一种自然、流畅、巧妙、新颖的感觉，以争取成套动作的最佳效果。

第四节　全国第三套大众健美操锻炼标准1、2级规定动作

一、1级规定套路(动作演示:靳倩)

(一) 预备姿势(图8-1)

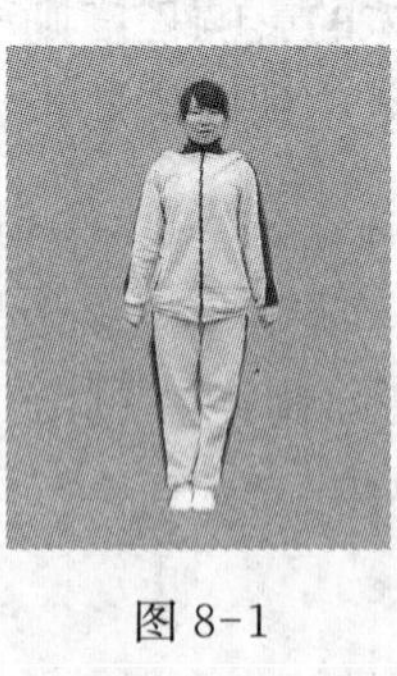

图8-1

(二) 第一个组合

1. 第一个组合1×8(图8-2)

下肢动作:右脚开始一字步两次。

上肢动作：1—2 拍双臂胸前屈，3—4 拍后摆，5 拍胸前举，6 拍上举，7 拍胸前举，8 拍放于体侧。

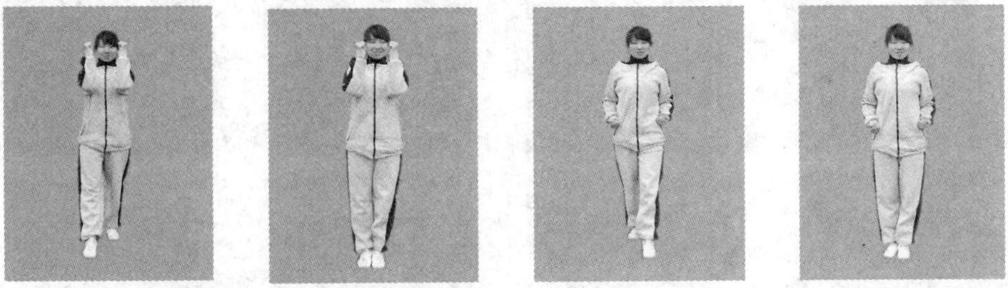

1　　2　　3　　4

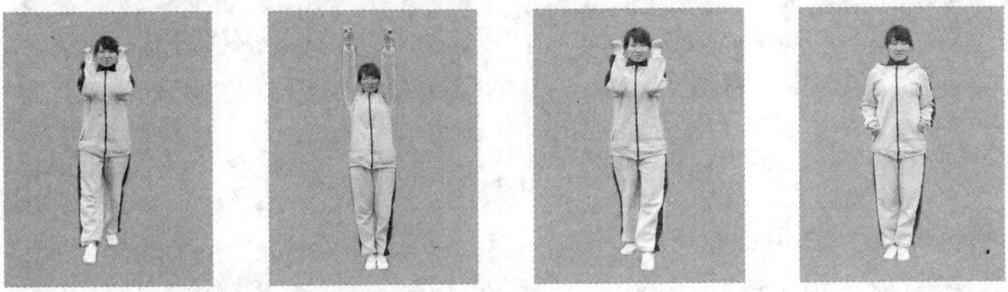

5　　6　　7　　8

图 8-2

2. 第一个组合 2×8(图 8-3)

下肢动作：1—4 拍右脚向前三步吸腿，5—8 拍左脚后退三步吸腿。

上肢动作：1 拍双手前平举，2 拍双手放于体侧，3 拍侧弯举，4 拍双手胸前击掌；5—8 拍同 1—4 拍。

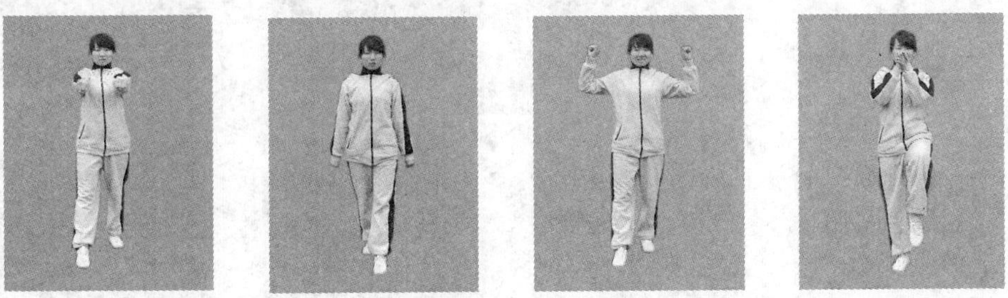

1　　2　　3　　4

图 8-3

3. 第一个组合 3×8(图 8-4)

下肢动作：1—2 拍右脚侧并步，3—4 拍左脚侧并步，5—8 拍右脚向右连续 2 个侧并步。

上肢动作：1 拍右臂侧弯举，2 拍还原，3 拍左臂侧弯举，4 拍还原，5 拍双臂胸前平举，6 拍还原，7—8 拍同 5—6 拍。

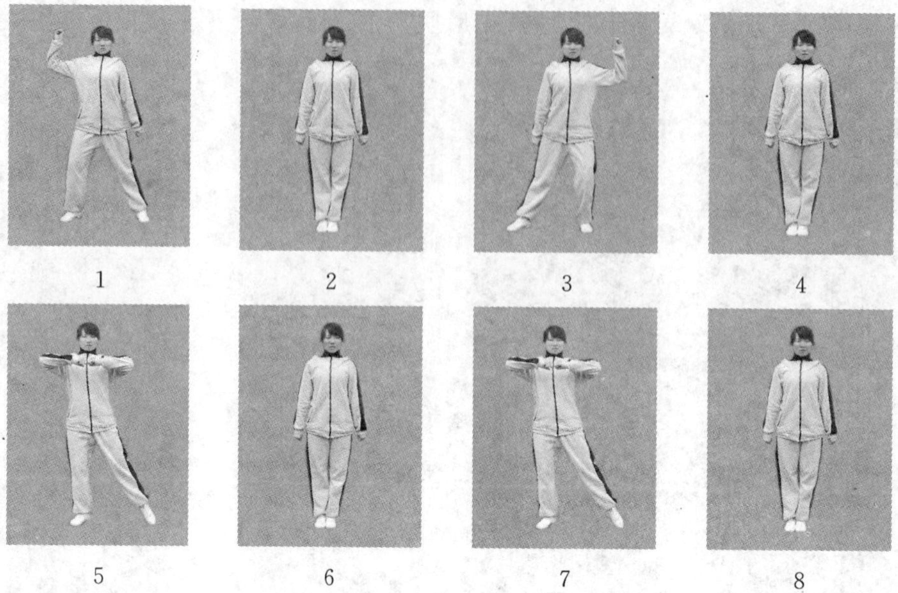

图 8-4

4. 第一个组合 4×8(图 8-5)

下肢动作:1—4 拍左脚十字步,5—8 拍踏步 4 次。

上肢动作:1—4 拍双臂自然摆动,5 拍击掌,6 拍还原,7—8 拍同 5—6 拍。

5—8×8 动作同 1—4×8 拍,但是方向相反。

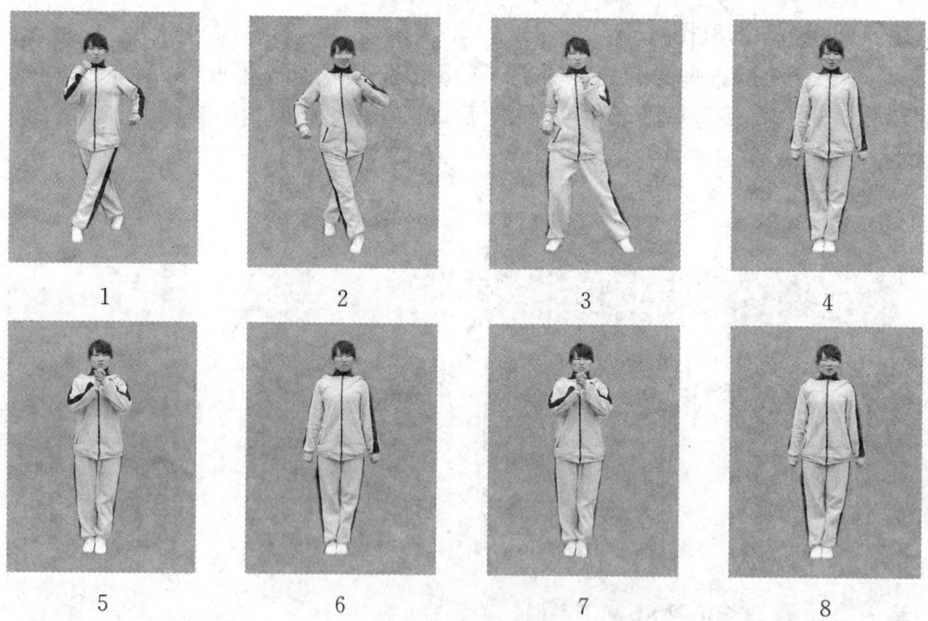

图 8-5

(三) 第二个组合

1. 第二个组合 1×8(图 8-6)

下肢动作:1—8 拍右脚开始前点地 4 次。

上肢动作：1 拍双臂屈臂右摆，2 拍还原，3 拍双臂屈臂左摆，4 拍还原，5 拍右摆成右臂侧斜上举，左臂胸前平屈，6 拍还原，7—8 拍同 5—6 拍，但方向相反。

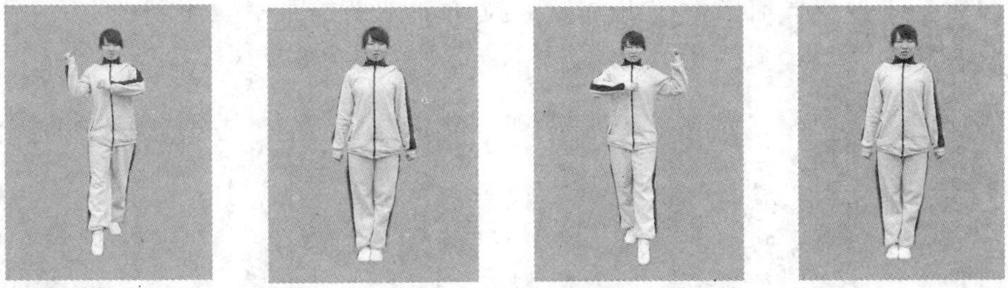

1 2 3 4

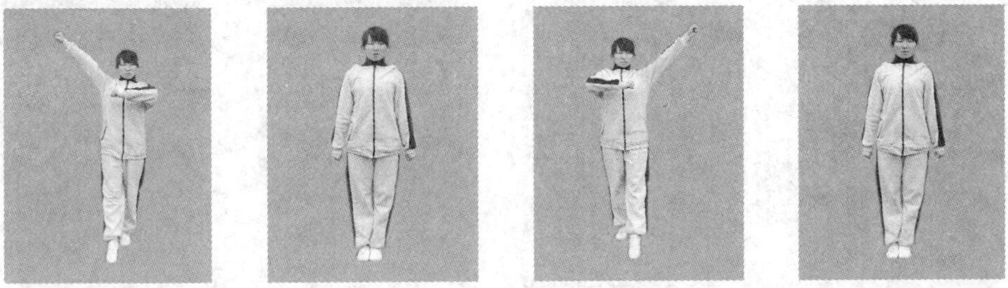

5 6 7 8

图 8-6

2. 第二个组合 2×8(图 8-7)

下肢动作：1—4 拍右脚开始弧形走 270 度，5—8 拍并腿半蹲 2 次。

上肢动作：1—4 拍双臂自然摆动，5 拍双臂前举，6 拍右臂胸前平屈同时上体右转，7 拍双臂前举，8 拍放于体侧。

1 2 3 4

5 6 7 8

图 8-7

3. 第二个组合 3×8(图 8-8)

下肢动作：1—4 拍左脚上步吸腿同时转体 90 度，5—8 拍右脚上步吸腿。

上肢动作：1 拍双臂前平举，2 拍屈臂后拉，3 拍双臂前平举，4 拍还原，5—8 拍同 1—4 拍。

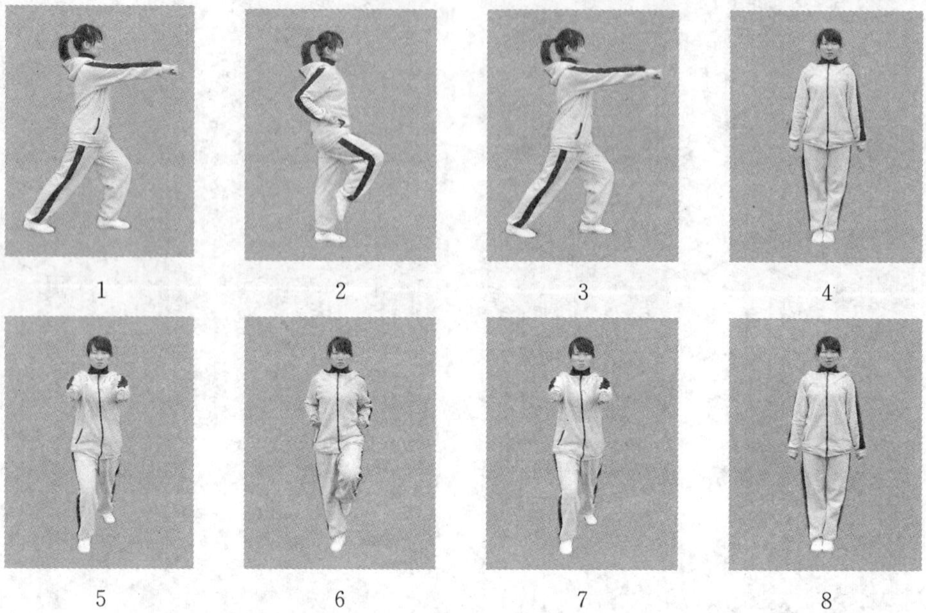

图 8-8

4. 第二个组合 4×8(图 8-9)

下肢动作：1—2 拍左脚后屈腿，3—4 拍右脚后屈腿，5—8 拍同 1—4 拍。

上肢动作：1—8 拍双臂自然摆动，5—8×8 动作同 1—4×8 拍，但是方向相反。

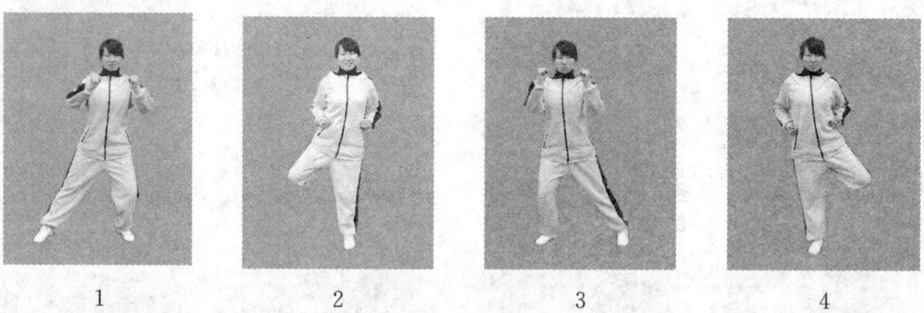

图 8-9

(四) 第三个组合

1. 第三个组合 1×8(图 8-10)

下肢动作：1—4 拍右脚交叉步，5—8 拍左脚半蹲后并拢。

上肢动作：1—3 拍双臂经侧至上举，4 拍胸前平举，5—6 拍双臂前平举，7—8 拍放于体侧。

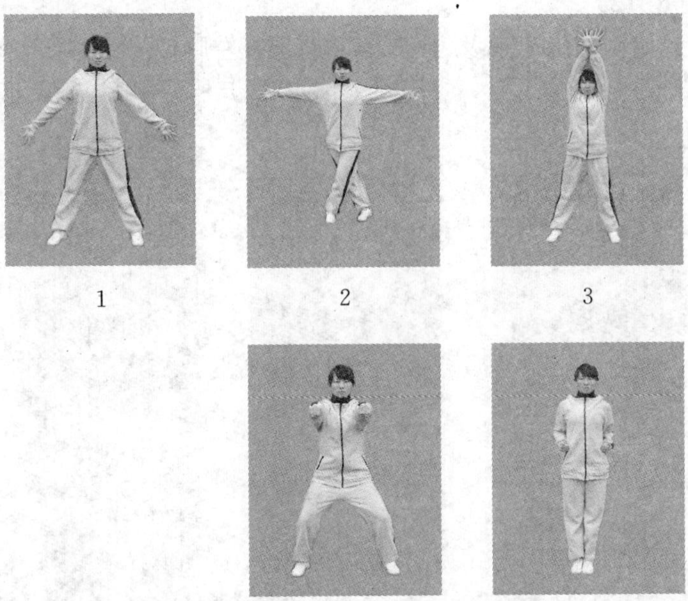

1 2 3 4

5—6 7—8

图 8-10

2. 第三个组合 2×8(图 8-11)

下肢动作:1 拍右脚侧点地,2 拍还原,3 拍左脚侧点地,4 拍还原,5—8 拍右脚连续 2 次侧点地。

上肢动作:1 拍右手直臂左前拳,左臂屈肘于腰间,2 拍双臂屈肘于腰间,3—4 拍同 1—2 拍但动作相反,5—8 拍同 1—2 拍重复 2 次。

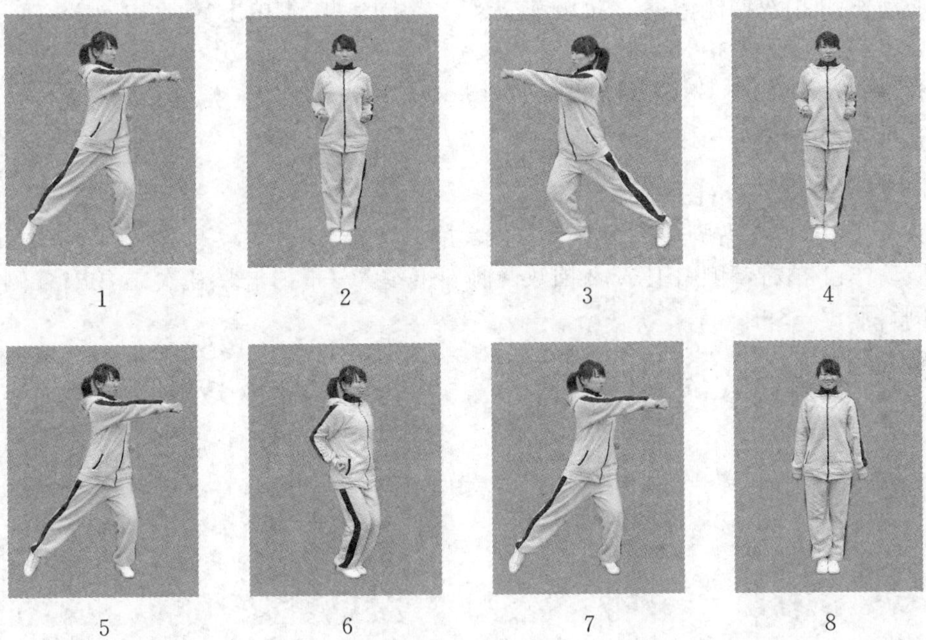

1 2 3 4

5 6 7 8

图 8-11

3. 第三个组合 3×8(图 8-12)

下肢动作：1—4 拍右脚开始向前走三步吸腿，5—6 拍原地吸左腿，7—8 拍原地吸右腿。

上肢动作：1 拍双臂侧弯举，2 拍胸前交叉，3 拍同 1 拍，4 拍击掌，5 拍同 1 拍，6 拍左腿下击掌，7—8 拍同 3—4 拍。

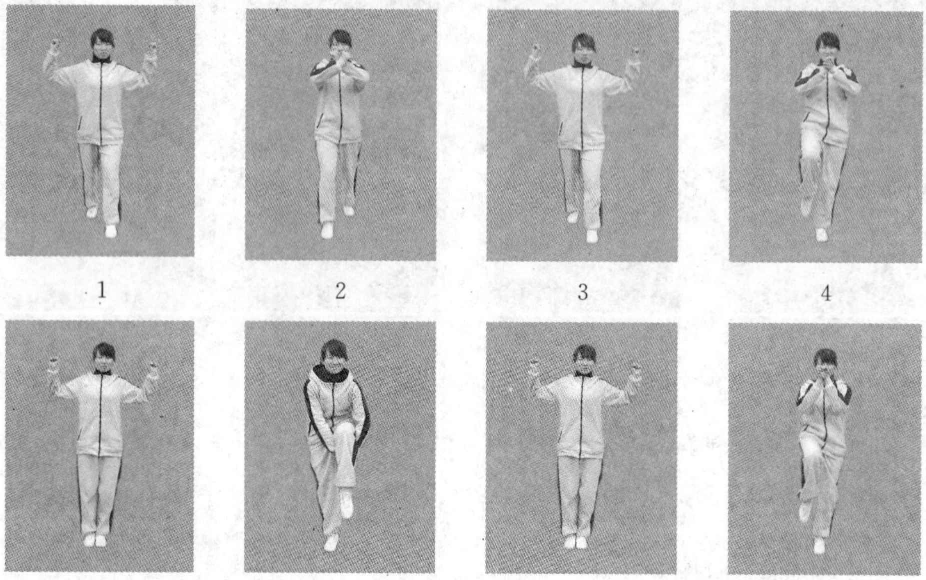

1 2 3 4 5 6 7 8

图 8-12

4. 第三个组合 4×8(图 8-12)

下肢动作：1—4 拍右脚开始向后走三步吸腿，5—6 拍原地吸左腿，7—8 拍原地吸右腿。

上肢动作：1 拍双臂侧弯举，2 拍胸前交叉，3 拍同 1 拍，4 拍击掌，5 拍同 1 拍，6 拍左腿下击掌，7—8 拍同 3—4 拍。

5—8×8 动作同 1—4×8 拍，但是方向相反。

(五) 第四个组合

1. 第四个组合 1×8(图 8-13)

下肢动作：1—4 拍右脚开始 V 字步，5—8 拍 A 字步。

上肢动作：1 拍右臂侧斜上举，2 拍双臂侧斜上举，3—4 拍击掌 2 次，5 拍右臂侧斜下，6 拍双臂侧斜下，7—8 拍击掌 2 次。

1 2 3 4

5　　6　　7　　8

图 8-13

2. 第四个组合 2×8(图 8-14)

下肢动作：1—2 拍右脚弹踢腿，3—4 拍左脚弹踢腿，5—8 拍右脚连续 2 次弹踢腿后并脚。

上肢动作：1 拍双臂前平举，2 拍下摆，3—4 拍同 1—2 拍，5 拍同 1 拍，6 拍胸前平屈，7—8 拍同 1—2 拍。

1　　2　　3　　4

5　　6　　7　　8

图 8-14

3. 第四个组合 3×8(图 8-15)

下肢动作：1—8 拍左脚开始曼波步 2 次。

上肢动作：1—8 拍双臂自然摆动。

1—2　　3—4　　5—8

图 8-15

4. 第四个组合 4×8(图 8-16)

下肢动作:1—8 拍迈步后点地 4 次。

上肢动作:1 拍右臂胸前平屈,2 拍右臂左下压,3—4 拍同 1—2 拍但动作相反,5 拍右臂侧斜上举,6 拍右臂左下压,7—8 拍同 5—6 拍但动作相反。

5—8×8 动作同 1—4×8 拍,但是方向相反。

图 8-16

(六) 有氧部分结束动作(图 8-17)

图 8-17

二、2 级规定套路(动作演示:杨盼盼)

(一) 预备姿势(图 8-18)

图 8-18

(二) 第一个组合

1. 第一个组合 1×8(图 8-19)

下肢动作:1—4 拍右脚十字步,5—8 拍向后走 4 步。

上肢动作:1 拍右臂侧举,2 拍左臂侧举,3 拍双臂上举,4 拍下举,5—8 拍屈臂自然摆动。

2. 第一个组合 2×8(图 8-19)

下肢动作:1—4 拍右脚十字步,5—8 拍向前走 4 步。

上肢动作:1 拍右臂侧举,2 拍左臂侧举,3 拍双臂上举,4 拍下举,5—8 拍屈臂自然摆动。

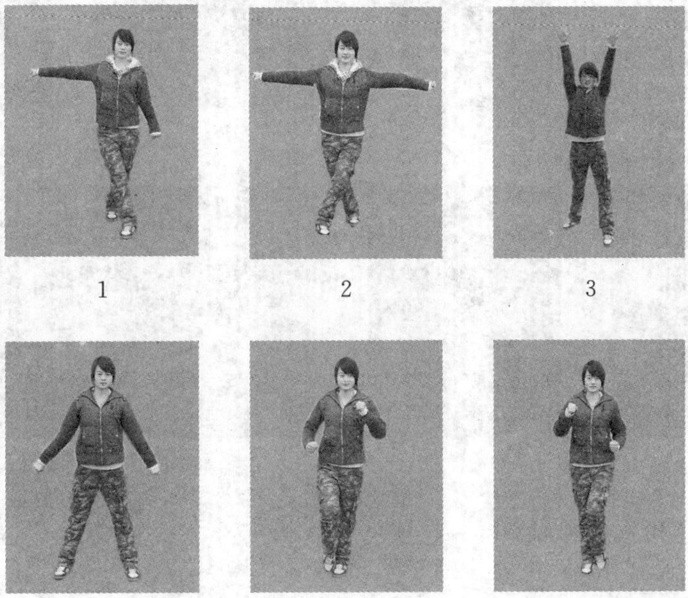

1 2 3

4 5—7 6—8

图 8-19

3. 第一个组合 3×8(图 8-20)

下肢动作:1—6 拍 6 拍漫步,7—8 拍 1/2 曼波步。

上肢动作:1—2 拍右手分指前举,3 拍双手叉腰,4—5 拍左手分指前举,6 拍双手胸前交叉,7—8 拍双臂侧后下举。

1—2 3 4—5 6 7—8

图 8-20

4. 第一个组合 4×8(图 8-21)

下肢动作：1—2 拍右脚向右并步跳，3—8 拍左脚向右前方做 6 拍前、侧、后漫步。

上肢动作：1—2 拍屈左臂自然摆动，3—4 拍前平举弹动 2 次，5—6 拍侧平举，7—8 拍后斜下举。

5—8×8 动作同 1—4×8 拍，但是方向相反。

1　　—　　2　　3

—　　4　　5—6　　7—8

图 8-21

(三) 第二个组合

1. 第二个组合 1×8(图 8-22)

下肢动作：1—2 拍右脚向右侧滑步，3—4 拍 1/2 后曼波步，5—8 拍左脚开始想左前方做侧并步 2 次。

上肢动作：1—2 拍右臂侧上举，左臂侧平举，3—4 拍双臂屈臂后摆，5—6 拍击掌 3 次，7—8 拍双手叉腰。

1—2　　3—4　　5

6

7

8

图 8-22

2. 第二个组合 2×8(图 8-23)

下肢动作:1—4 拍左脚开始向左后方做侧并步 2 次,5—6 拍左脚向左侧滑步,7—8 拍 1/2 后曼波步。

上肢动作:1—2 拍拍击掌 3 次,3—4 拍双手叉腰,5—6 拍左臂侧上举,右臂侧平举,7—8 拍双臂屈臂后摆。

1

2

3

4

5—6

7—8

图 8-23

3. 第二个组合 3×8(图 8-24)

下肢动作:1—4 拍右转 90 度,上步吸腿 2 次,5—8 拍 V 字步左转 90 度。

上肢动作:1—4 拍双臂向前冲拳,向后下冲拳 2 次,5—8 拍双臂由右向左水平摆动。

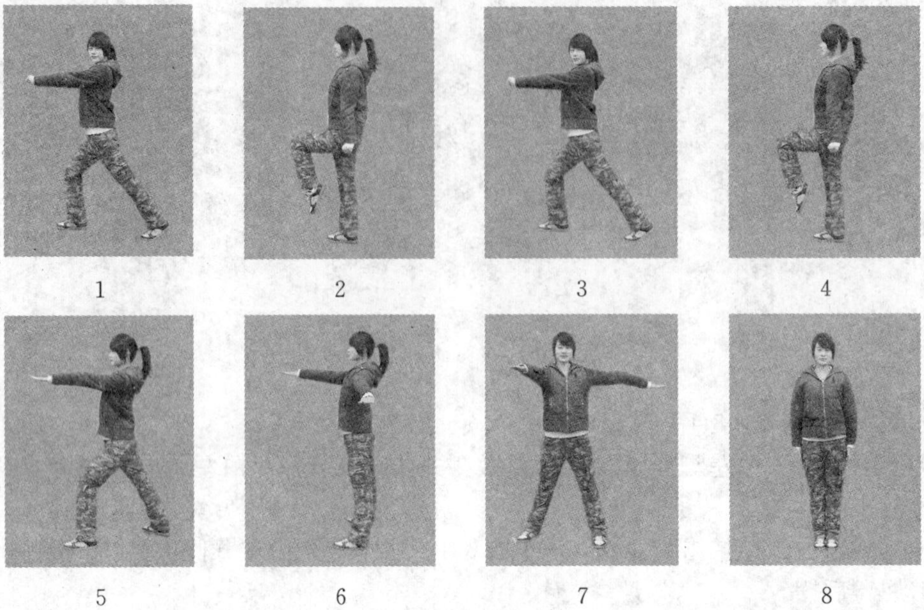

1 2 3 4 5 6 7 8

图 8-24

4. 第二个组合 4×8(图 8-25)

下肢动作：1—4 拍左腿吸腿侧点地再吸腿后还原，5—8 拍动作同 1—4 拍但方向相反。

上肢动作：1 拍双臂胸前平举，2 拍左臂上举右臂下举，3 拍同 1 拍，4 拍还原，5 拍同 1 拍，6 拍同 2 拍但方向相反，7—8 拍同 3—4 拍。

5—8×8 动作同 1—4×8 拍，但是方向相反。

1 2 3 4 5 6 7 8

图 8-25

(四) 第三个组合

1. 第三个组合 1×8(图 8-26)

下肢动作:1—4 拍右脚侧并步跳,5—8 拍右转 90 度侧交叉步。

上肢动作:1—4 拍双臂上举后置于腰间,5—7 拍双臂屈臂自然摆动,8 拍双臂侧下举,上体向左扭转 90 度,朝正前方。

1—4 动作同 1×8 的 1—4 拍,但方向相反。

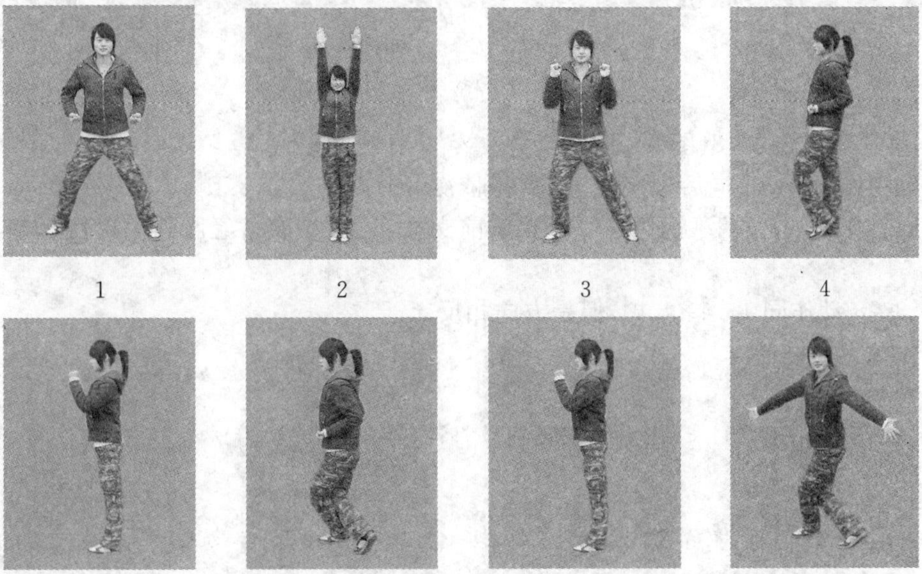

5　6　7　8

图 8-26

2. 第三个组合 2×8(图 8-27)

下肢动作:1—4 拍右脚侧并步,5—8 拍左转 90 度,左脚开始侧并步跳 2 次。

上肢动作:1—4 拍双臂上举后置于腰间,5—6 拍右臂前下举,7—8 拍左臂前下举。

5　6　7　8

图 8-27

3. 第三个组合 3×8(图 8-28)

下肢动作:1—4 拍左脚向前一字步,5—8 拍依次分并腿。

上肢动作:1 拍双臂侧弯举,2 拍双臂下举,3—4 拍双臂胸前屈,5—6 拍双臂上举,7—8

拍双手放膝上。

1　2　3　4　5—6　7—8

图 8-28

4. 第三个组合 4×8(图 8-29)

下肢动作：1—4 拍向后一字步，5—8 拍依次分并腿 2 次。

上肢动作：1—2 拍手侧下举，3—4 拍胸前交叉，5—8 拍双臂经胸前一次侧上举，一次侧下举。

5—8×8 动作同 1—4×8 拍，但是方向相反。

1　2　3　4

5　6　7　8

图 8-29

(五) 第四个组合

1. 第四个组合 1×8(图 8-30)

下肢动作：1—8 拍右脚开始小马跳 4 次，向侧向前成梯形。

上肢动作：1—8 拍单臂体侧向内绕环，5—8 拍同 1—4 拍。

1　　2　　3—4

图 8-30

2. 第四个组合 2×8(图 8-31)

下肢动作:1—4 拍向右后方弧形跑 4 步,右转 270 度,5—8 拍开合跳一次。

上肢动作:1—4 拍屈臂自然摆动,5—6 拍双手放腿上,7 拍击掌,8 拍放于体侧。

1　　2　　3　　4

5—6　　7　　8

图 8-31

3. 第四个组合 3×8(图 8-32)

下肢动作:1—4 拍右脚向右前上步后屈腿,5—8 拍右转 90 度,左脚向左前上步后屈腿。

上肢动作:1 拍双臂胸前交叉,2 拍右臂侧举左臂上举,3 拍同 1 拍,4 拍双手叉腰,5—8 拍同 1—4 拍但方向相反。

1　　2　　3　　4

5　　6　　7　　8

图 8-32

4. 第四个组合 4×8(图 8-33)

下肢动作：1—4 拍向右、左边各点地一次，5—8 拍右脚上步转髋后还原。

上肢动作：1 拍右手左前下举，2 拍双手叉腰，3—4 拍同 1—2 拍但方向相反，5 拍双臂胸前平举，6 拍双臂前推，7 拍同 5 拍，8 拍放于体侧。

5—8×8 动作同 1—4×8 拍，但是方向相反。

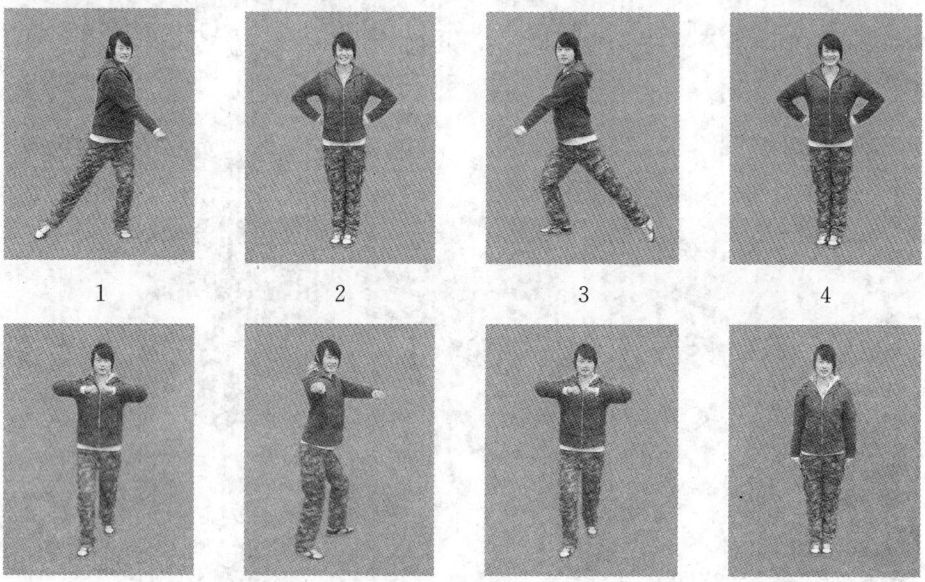

1　　2　　3　　4

5　　6　　7　　8

图 8-33

(六) 有氧部分结束动作(图 8-34)

图 8-34

第九章　体育舞蹈

第一节　体育舞蹈运动概述

体育舞蹈是融体育与舞蹈为一体的新型体育运动项目，是体育与舞蹈的叠加，是舞蹈的运动化，又是运动化的舞蹈。国际上也把国际标准交际舞称为体育舞蹈。体育舞蹈有别于其他艺术舞蹈，它也有严格的规范教程，规定的基本动作和技术规范。教师上课必须严格按英国皇家舞蹈教师协会和中国体育舞蹈运动协会规定的教材施教。动作是从铜牌、银牌和金牌动作循序渐进、由易到难、由低级到高级地完成。国际标准交谊舞已形成两大类，10 个舞种。其中，5 种摩登舞：华尔兹、探戈、狐步舞、快步舞、维也纳华尔兹；5 种拉丁舞：伦巴、恰恰、桑巴、帕索多不列（斗牛舞）、加依夫（牛仔舞）。

一、体育舞蹈起源与发展

体育舞蹈的前身是交际舞，起源于欧洲、拉丁美洲，经历圈舞、对舞、集体舞等民间舞蹈演变过程，成为流传广泛的社交舞蹈。1924 年，由英国皇家舞蹈教师协会发起的欧美舞蹈界人士在广泛研究传统宫廷舞、交谊舞和拉美国家的各式土风舞的基础上，对此进行了规范和美化加工，于 1925 年正式颁布了华尔兹（慢三步）、探戈、狐步、快步等舞种的步伐，总称摩登舞。

1950 年，由英国 ICBD（摩登舞国际理事会）主办了首届世界性的大赛——黑池舞蹈节，并把规范后的舞蹈命名为国际标准交谊舞，我国简称“国标”。此后每年的五月底，在英国的“黑池”都举办一届世界性的大赛。

国际标准交谊舞通过比赛在世界各地不断推广，其自身也得到了发展。1960 年由英国皇家舞蹈教师协会又整理了拉丁舞蹈，也将它纳入国际标准交谊舞范畴。这样就形成了具有统一舞步的两大系列十个舞种的国际标准交谊舞。

体育舞蹈的发展离不开体育舞蹈组织的管理、组织以及推广工作。目前国际上存在两个国际体育舞蹈组织：世界舞蹈及体育舞蹈理事会和国际体育舞蹈联合会。

世界舞蹈及体育舞蹈理事会（World Dance and Dancesport Council，简称 WDDSC），1950 年 9 月 22 日在英国苏格兰的爱丁堡成立，现有 52 个会员协会，注册地为英国伦敦。主要管理职业体育舞蹈事务和比赛。

国际体育舞蹈联合会（International Dancesport Federation，简称 IDSF），1935 年成立于布拉格，现有 79 个会员协会，注册地为瑞士洛桑，主要管理业余体育舞蹈事务和比赛。该组织于 1997 年获得国际奥委会的正式承认，并且成为唯一的代表体育舞蹈的国际组织。1992年体育舞蹈被国际奥委会列入比赛项目，2000年成为悉尼奥运会表演项目。我国体育总局已正式公布2006年把它列入全国体育大会比赛项目、2008年奥运会表演项目、2010年亚运会项目。目前，世界各国将国际标准交谊舞易名为"体育舞蹈"，成为体育运动项目之一。

两个组织拟将合并成立世界舞蹈运动联合会(WDSF)。

国际标准交谊舞于20世纪30年代传入中国，自1986年正式引进后，发展迅速。1991年5月，中国体育舞蹈运动协会成立。中国现在是世界舞蹈及体育舞蹈理事会(WDDSC)的准会员，国际体育舞蹈联合会(IDSF)的正式会员。协会至今举办了一系列的国内国际体育舞蹈大赛。

近年来，"国际标准交谊舞"已统一称为"体育舞蹈"。虽然交谊舞历尽沧桑改名换姓，舞姿舞步日趋规范严谨，与传统的交谊舞比较已发生了根本变化，但是万变不离其宗，其源头仍然是交谊舞。

二、体育舞蹈的分类和特点

体育舞蹈按舞蹈的风格和技术结构，分为摩登舞和拉丁舞两大类。按竞赛项目可分成三类：摩登舞、拉丁舞和团体舞。其中摩登舞包括华尔兹、维也纳华尔兹、探戈、狐步和快步。拉丁舞包括伦巴、恰恰恰、桑巴、牛仔和斗牛舞。体育舞蹈是由属于文艺范畴的舞蹈演变而来的体育项目，因此，它是兼有文艺和体育特点的边缘项目，是以竞赛为目的、具有自娱性和表演观赏性的竞技舞蹈。它具有以下三大特点。

(一) 严格的规范性

规范性首先表现在体育舞蹈是一个完整的舞蹈系统，它是经过数百年历史的锤炼，几代人的加工而成的。其次表现在技术的规范性上，它严格到多一分嫌过，少一点欠火。

(二) 表演观赏性

体育舞蹈融音乐、舞蹈、服装、风度、体态美于一体，既有观赏的价值又有参与的可能，被认为是一种"真正的艺术"。

(三) 体育性

1. 竞技性

即比成绩、拿冠军、为国争光。

2. 锻炼价值

科研人员对体育舞蹈对人体生理和心理的作用研究显示：华尔兹最高平均心率为142.8次/分钟，探戈舞最高平均心率为142.6次/分钟，恰恰舞最高平均心率为145.2次/分钟，牛仔舞最高平均心率为172.8次/分钟，可见，体育舞蹈促进人体生理变化是明显的。它是陶冶情操、锻炼体魄的一种极好形式。

三、体育舞蹈的价值

体育舞蹈运动是一项新兴的体育项目，是体育与舞蹈的结合，具有运动与艺术的双重性。因此体育舞蹈极赋时代气息，具有健身价值、欣赏价值和社会价值。

(一) 健身价值

1. 健美体形

经常参加体育舞蹈锻炼,可以对人的形体进行"生物学"改造,使体形符合一定的健美标准。还可以减肥瘦身,保持健美的体型和良好的体态。

2. 健身

长期进行体育舞蹈锻炼,能使人的心肌发达,有效提高心肺机能。

3. 健心

经常参加体育舞蹈锻炼能使人调整身心,促进人际交往,消除情绪障碍,以取得心态平衡,保持乐观的心情,促进心理健康。

(二) 观赏价值

体育舞蹈具有独特的艺术表演价值,给舞蹈者和观赏者以美的享受,提高人们的艺术修养和审美情趣。如体育舞蹈中表现出来的人体美、运动美、音乐美、服饰美、礼仪美等。

(三) 社会价值

体育舞蹈是人们交流思想,抒发情感,消除障碍,相互沟通的最好形式之一。能把不同阶层、不同年龄、不同性别的人融合在一起。

第二节 体育舞蹈技术与练习方法

一、基本知识

(一) 场地

舞者在 15 米×23 米、平坦、光滑的场地上按照舞程线进行比赛。舞程线是指舞者沿着共同的逆时针方向移动的路线。

(二) 竞赛形式

体育舞蹈分摩登舞和拉丁舞两种比赛。两个舞种又各分甲组、乙组、丙组和长青组等多种比赛形式。

(三) 简要规则

(1) 基本技术正确。

(2) 对音乐的表现力。

(3) 对体育舞蹈风格的表现。

(4) 体育舞蹈的编排既要体现出舞种的基本风韵,又要含有一定的技术难度。体育舞蹈的临场表现和赛场效果。

(四) 角度与方位

在每个舞步开始、结束时所站立的方向,旋转过程中的方位、角度,都有一定的规定。旋转角度的认定：旋转时以每转 360 度为一周，旋转 90 度为 1/4 周，旋转 135 度为 3/8 周，旋转 180 度为 1/2 周，旋转 225 度为 5/8 周。在做旋转动作时，均标明旋转的方向，即左转或右转，然后标明旋转角度。跳舞时，为了便于辨别方位和检查旋转的角度，根据国际上记录各种舞蹈的惯例，在舞场上要规定一定的方位：一般多以乐队演奏台的一面规定为基点，定为"1 点"，然后男伴每右转 45 度所向的点依次定为 2 点、3 点、4 点、5 点、6 点、7 点和 8 点（图 9-1）。

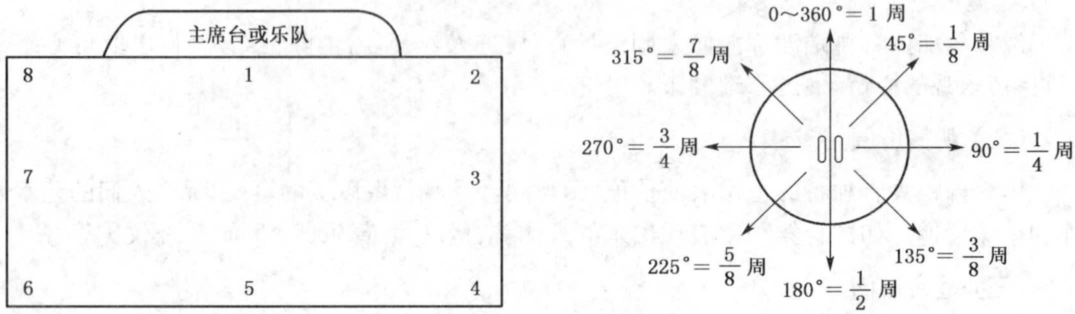

图 9-1

（五）握姿与舞姿

1. 摩登舞的握抱姿势

（1）闭式舞姿。男女舞伴的身体相互错开三分之一，在腹部横膈膜处，微微相贴。女伴上身打开，侧面看成 V 字形。双方的头均向左偏，透过双方的肩部，形成一个"瞭望台"。男伴右大臂平伸，右小臂下斜，右手掌轻轻托住女伴后背的左肩胛骨下方，不超过中线处。女伴左臂平抬，肘部自然向里弯曲，左手虎口张开，轻放在男伴右大臂三头肌处，大拇指放在男伴上臂内侧，其他 4 指均放在上臂外侧，腕部不可突起，同时，右臂的肘部适当弯曲，右小臂向上抬起，右手大拇指握于男伴左手大拇指外缘，其余 4 指并拢弯曲轻置于男伴左手大拇指与食指间的"虎口"处（图 9-2）。

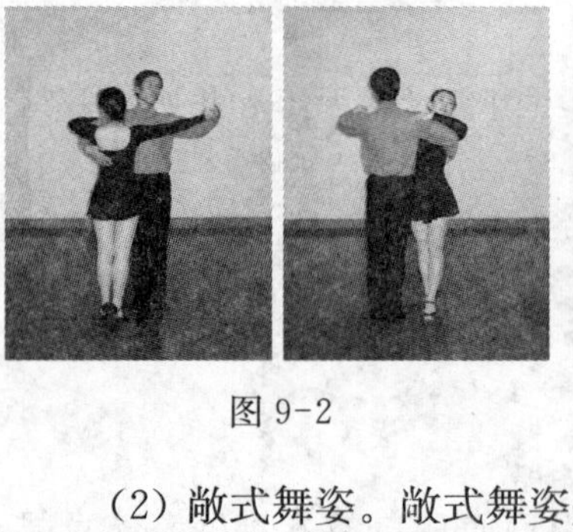

图 9-2

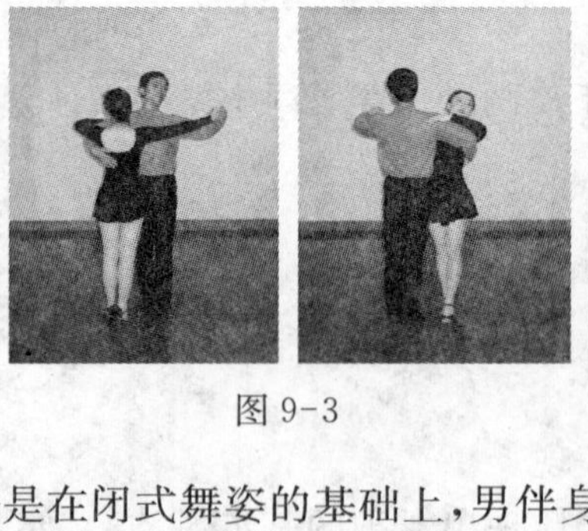

图 9-3

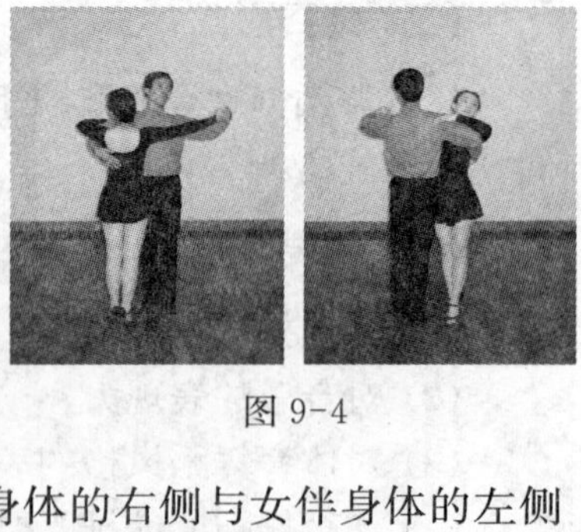

图 9-4

（2）敞式舞姿。敞式舞姿是在闭式舞姿的基础上，男伴身体的右侧与女伴身体的左侧互相接触，另一侧的身体向外打开成 V 字形，即男伴的上身及头部略向左打开，女伴的上身及头部向右打开（图 9-3）。

（3）外侧舞姿。亦称右外侧舞姿。指男伴在女伴身体的右边外侧前进的姿态。此外，还有左外侧舞姿、后退外侧舞姿等（图 9-4）。

2. 拉丁舞的握抱姿势

(1) 闭式舞姿。舞伴相对而立，站立时，男女舞伴上体稍前倾，头正直，两眼平视前方。

男伴左臂与女伴右臂，小臂相靠呈 90 度。男伴右手扶在女伴左肩胛处。女伴左手搭在男伴右肩膀处。双方重心向前顷，侧看成 A 字型。男伴左手虎口张开，握住女伴右手外缘。女伴右手四指并拢，搭在男伴左手食指的上方(图 9-5)。

(2) 开式舞姿。男女相对而立，不交手握持，分离较远。或单手相拉，或双手相拉，或不拉手(图 9-6、图 9-7)。

图 9-5

图 9-6

图 9-7

(3) 并行舞姿。在拉丁舞中，男女握抱交手而不贴身，相当于现代舞侧行位舞姿，即并行位舞姿。在闭式舞姿的基础上，男女舞伴分别向左向右转体 90 度，两脚一前一后，相握的手向前平伸。形成并列行进的态势(图 9-8)。

(4) 并肩舞姿。以男伴为基准，男伴左肩与女伴右肩相并的叫“左并肩位”，男伴右肩与女伴左肩相并的叫“右并肩位”(图 9-9、图 9-10)。

(5) 影位舞姿。女伴在男伴的前方偏右或偏左位置，并靠近男伴，就像男伴为女伴的影子一样，女伴居前偏右的是右影位，居前偏左的是左影位(图 9-11、图 9-12)。

图 9-8

图 9-9

图 9-10

图 9-11

图 9-12

二、体育舞蹈基本动作

体育舞蹈有 10 个舞种，它们的基本动作各不相同，由于篇幅有限，本节仅介绍摩登舞中华尔兹和拉丁舞中伦巴的基本动作。

(一) 华尔兹的基本动作

华尔兹属旋转型舞步，其特点是舞姿华丽高雅，秀美潇洒，动作流畅，旋转性强，热烈兴奋。它以此起彼伏，连续不断的潇洒转体，至今保持“舞蹈之王”的美称。

华尔兹的舞曲是 3/4 拍，每分钟约 30～32 小节。其基本舞步是一拍跳一步，每小节跳三步，但也有每小节跳两步或四步的特定步法。

第一拍一般用大步，第二拍与第三拍一般用小步，舞步的升降一般为“降、次升、升”。

1. 左脚并换步(图 9-13)

准备姿势：闭式舞姿。

第一拍　男：左脚前进；
　　　　女：右脚后退。

第二拍　男：右脚向侧并稍向前；
　　　　女：左脚向侧并稍后退。

第三拍　男：左脚并右脚；
　　　　女：右脚并左脚。

2. 右脚并换步(图 9-14)

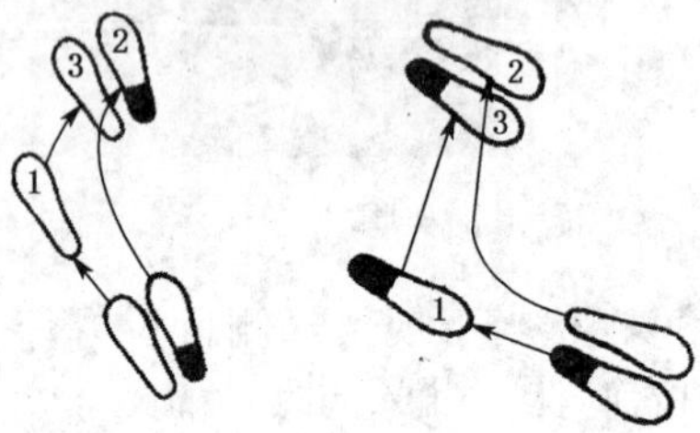

图 9-13

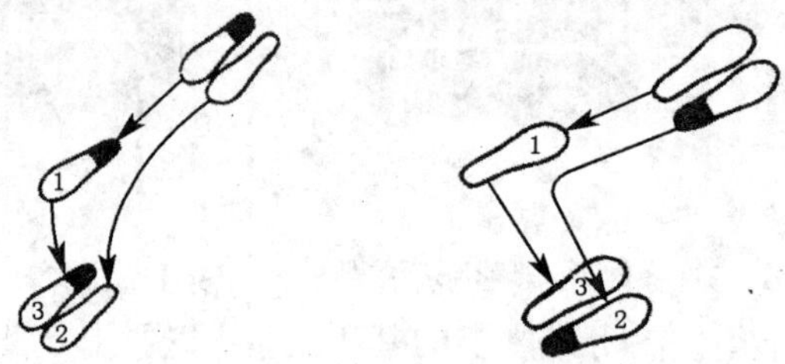

图 9-14

准备姿势：闭式舞姿。

第一拍　男：右脚前进；
　　　　女：左脚后退。

第二拍　男：左脚向侧并稍向前；
　　　　女：右脚向侧并稍向后。

第三拍　男：右脚并左脚；
　　　　女：左脚并右脚。

3. 右转步(图 9-15)

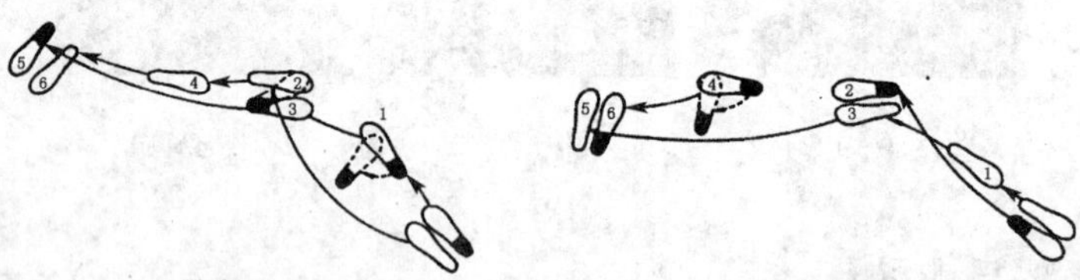

男步　　女步

图 9-15

该步法由 6 小节构成，每小节向左转 3/8(135 度)，共 3/4(270 度)。

第一拍　男：右脚前进，开始右转；
　　　　女：左脚后退，开始右转。

第二拍　男：左脚向前，右转 1/4；
　　　　女：右脚向侧，右转 3/8。

第三拍　男：右脚并左脚同时右转 1/8；
　　　　女：左脚并右脚，身体完成转动。
第四拍　男：左脚右腿，继续右转；
　　　　女：右脚前进，继续右转。
第五拍　男：右脚向侧，右转 3/8；
　　　　女：背左脚向侧，右转 1/4。
第六拍　男：左脚并右脚，身体完成转动；
　　　　女：右脚并左脚，右转 1/8。

4. 左转步(图 9-16)

第一拍　男：左脚前进，开始左转；
　　　　女：右脚后退，开始左转。
第二拍　男：右脚向侧，左转 1/4；
　　　　女：左脚向侧，左转 3/8。
第三拍　男：左脚并右脚，左转 1/8；
　　　　女：右脚并左脚，身体完成转动。
第四拍　男：右脚后退，继续左转；
　　　　女：左脚前进，继续左转。
第五拍　男：左脚向侧，左转 3/8；
　　　　女：右脚向侧，左转 1/4。
第六拍　男：右脚并左脚，身体完成转动；
　　　　女：左脚并右脚，左转 3/8。

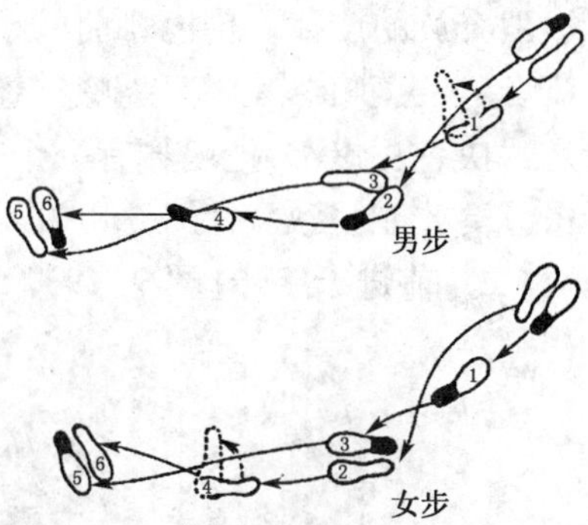

图 9-16

5. 外侧换步(图 9-17)

第一拍　男：左脚后退；
　　　　女：右脚前进。
第二拍　男：右脚后退，开始左转；
　　　　女：左脚前进，开始左转。
第三拍　男：左脚向侧，并稍向前，转 1/4，身体稍转；
　　　　女：右脚向侧，并稍后，转 1/4，身体稍转。
第四拍　男：在反身位置和外侧舞伴中，右脚前进；
　　　　女：在反身动作位置中，左脚后退。

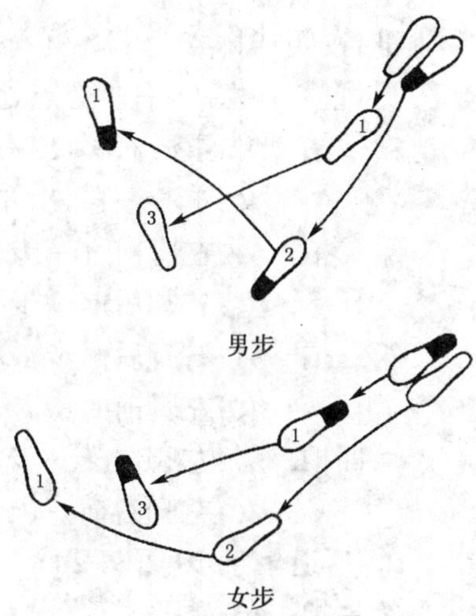

图 9-17

6. 扫步(图 9-18)

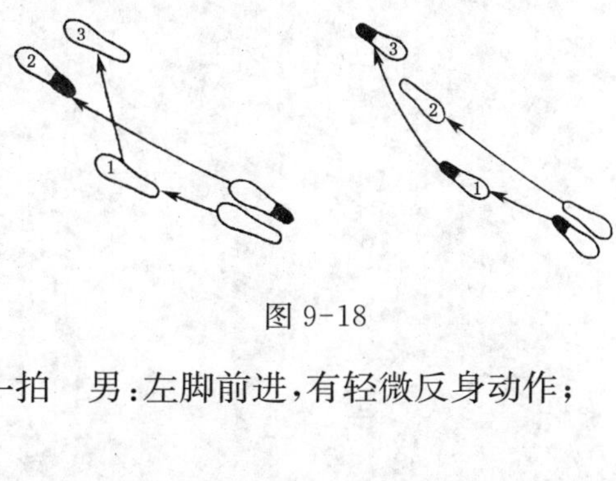
图 9-18

第一拍　男：左脚前进，有轻微反身动作；

　　　　　女：右脚后退。

第二拍　男：右脚向侧，并稍前进；

　　　　女：左脚斜退，右转 1/4，身体少转。

第三拍　男：左脚在侧行位置交叉于右脚后；

　　　　女：右脚在侧行位置交叉于左脚后，身体完成转动。

（二）伦巴的基本技术

在拉丁舞系列中，伦巴的历史最悠久，舞型最成熟，被称为“拉丁舞之王”。伦巴动作舒展，舞姿优美，配上缠绵婉转的音乐，使舞蹈充满浪漫情调，令人陶醉。

伦巴舞曲节奏较缓慢，曲调抒情。近年来，随着伦巴舞的广泛流传，舞曲也出现了较为热烈奔放的旋律。伦巴舞曲的节奏为每分钟 28～31 小节，节奏型 4/4 拍，重音在第一拍上。节奏：//：蓬嚓　嚓嚓　蓬嚓　蓬嚓：//拍子：1 2 3 4 拍音乐走 3 步胯部摆动 5 次。基本韵律是：“快、快、慢”。伦巴舞有一个非常重要的特点：“先出胯，后出步”。这样，舞步的节拍和音乐节奏才能一致。

1. 前进十字步(图 9-19)

图 9-19

准备：闭式舞姿。

男：重心在左脚，右脚旁点地；女：重心在右脚，左脚旁点地。

第一拍　男：重心右移，出右胯；

　　　　女：重心左移，出左胯。

第二拍　男：左脚前进一步；

　　　　女：右脚后退一步。

第三拍　男：右脚后回步；

　　　　女：左脚前回步。

第四拍　男：左脚左横一步；

　　　　女：右脚右横一步。

2. 后退十字步(图 9-20)

第一拍　男：重心左移，出左胯；

　　　　女：重心右移，出右胯。

第二拍　男：左脚后退一步；

　　　　女：左脚前进一步。

第三拍　男：左脚前进一步；

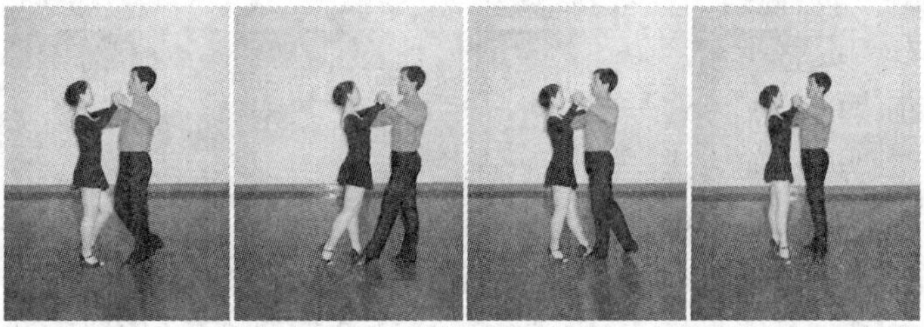

图 9-20

女:右脚后退一步。

第四拍　男:右脚右横一步;

女:左脚左横一步。

3. 前进十字步(图 9-21)

图 9-21

第一拍　男:重心右移,出右胯;

女:重心左移,出左胯。

第二拍　男:左脚前进一步;

女:右脚后退一步。

第三拍　男:右脚后回一步,左手放到腰际处;

女:左脚前回步。

第四拍　男:左脚左横一步;

女:右脚前进一步,右脚尖在男伴双脚中线,准备做扇形步。

4. 扇形步(图 9-22)

图 9-22

第一拍　男:出左胯,右脚收向左脚;

女:出右胯,右转身 90 度。

第二拍　男:右脚退一步;

女:左脚向斜前方进一步。

第三拍　男:左脚向左前方进一步;

女:右脚向右后方退一步。

第四拍　男:右脚右横一步,身体展开成扇形位置;

女:左脚向左后方横步,重心左移,身体展开成扇形位置。

5. 开式扭胯(图 9-23)

图 9-23

第一拍　男:出右胯重心在右脚,后半拍左脚并向右脚;

女:出左胯重心在左脚,后半拍右脚擦地向左脚靠拢。

第二拍　男:左脚前进一步;

女:右脚掌向右转 45 度,同时左脚跟离地,双膝并拢,左胯扭向左前方。

第三拍　男:右脚后回步,左手带领女伴前进;

女:左脚前进一步。

第四拍　男:左脚左横步,左手上举;

女:右脚进一步,右转身 90 度,右脚尖对男伴双脚中线,左脚旁点地。

6. 阿里曼娜(图 9-24)

图 9-24

第一拍　男:出左胯,重心左移;

女:出右胯,重心右移。

第二拍　男:右脚后退,左手带领女伴右转;

女:左脚前进,右转身 90 度。

第三拍　男:左脚前回步,继续带领女伴右转;

　　　　女：右脚收向左脚，同时右转身。
第四拍　男：右脚右横步，与女伴成双拉手势；
　　　　女：左脚左横步，右转 90 度与男伴相对。

7. 扫步(图 9-25)

图 9-25

第一拍　男：出右胯，重心右移，左反身；
　　　　女：出左胯，重心左移，右反身。
第二拍　男：左脚后退一步，左转身 90 度，右手向前单拉手势；
　　　　女：右脚后退一步，右转身 90 度，左手向前单拉手势。
第三拍　男：右脚前进一步，右肩与女伴左肩相靠；
　　　　女：左脚前回步，左肩与男伴右肩相靠。
第四拍　男：左脚左横步，右转 90 度，成双拉手势；
　　　　女：右脚右横步，左转身 90 度，成双拉手势。
第五拍　男：出左胯，重心左移，右反身；
　　　　女：出右胯，重心右移，左反身。
第六拍　男：右脚后退一步，右转身 90 度，成单拉手势，左手向前伸出；
　　　　女：左脚后退一步，左转身 90 度，成单拉手势，右手向前伸出。
第七拍　男：左脚前回步，左肩与女伴右肩相靠；
　　　　女：右脚前回步，右肩与男伴左肩相靠。
第八拍　男：右脚右横步，左转身 90 度，成双拉手势；
　　　　女：左脚左横步，右转身 90 度，成双拉手势。
第九拍　男：出右胯，重心右移，左反身；
　　　　女：出左胯，重心左移，右反身。
第十拍　男：左脚后退一步，左转身 90 度，右手向前，单拉手势；
　　　　女：右脚后退一步，右转身 90 度，左手向前，单拉手势。

第十一拍　男：右脚前回步，右肩与女伴左肩相靠；
　　　　　女：左脚前回步，左肩与男伴右肩相靠。
第十二拍　男：左脚左横步，左转身 90 度，成双拉手势；
　　　　　女：右脚右横步，左转身 90 度，成双拉手势。

8. 点步转(图 9-26)

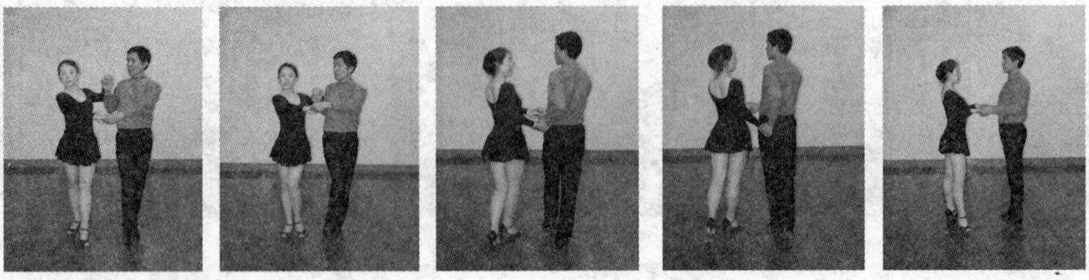

图 9-26

第一拍　男：重心左移，出左胯；
　　　　女：重心右移，出右胯。
　　　　男：右脚向前点步，向左反身；
　　　　女：左脚向前点步，向右反身。
第二拍　男：左转 90 度；
　　　　女：右转 90 度。
第三拍　男：左转，重心移向左脚；
　　　　女：右转，重心移向右脚。
第四拍　男：左转身 180 度，成双拉手势；
　　　　女：左转身 180 度，成双拉手势。

9. 组合

(1) 十字步第 1～2 小节。
(2) 扇形步接开式扭胯第 3～4 小节。
(3) 阿里曼娜第 5 小节。
(4) 扫步第 6～8 小节。
(5) 点步转身第 9 小节。

第三节　体育舞蹈比赛的欣赏

体育舞蹈融艺术、体育、音乐、舞蹈于一体，被人们称为“健”与“美”相结合的典范。作为一种艺术形式，它有独特的观赏性，强烈的艺术感染力使它在众多的体育项目中鹤立鸡群。而作为一项体育运动，它又有极强的竞技性，使它有别于崇尚表演的舞蹈艺术。同时，体育舞蹈还是一项老少皆宜的健身和娱乐方式。正因为如此，体育舞蹈自问世之日起，就很受大众喜爱并很快风靡世界。我们可以从以下几个方面来观赏。

一、观赏形体美

在比赛中，几乎所以的选手不仅技艺超群，而且都以其优美的形体外貌使裁判和观众为之倾倒，优美的身体造型与音乐的协调配合能够极大地满足人类的审美心理要求。因此，在这样一个较量美的运动项目中，优美的身体形态也就成为夺取好成绩的必要条件。

二、欣赏音乐美

音乐是体育舞蹈的重要组成部分，体育舞蹈一定要在音乐的伴奏下进行。音乐是一种表现艺术；它以声音来表达创造者和表演者的内心世界。因此，我们在观赏时，可以随着音乐的旋律产生联想与想象，进而在自己头脑形成富有一定情感的臆想，在情绪中受到感染和陶冶。我们观看体育舞蹈比赛，要欣赏音乐与动作的有机结合，动作必须符合音乐的特点，巧妙地把技术动作、乐曲的旋律、节奏以及个人的风格和谐地组织起来。

三、观赏动作美

根据体育竞赛的竞技性特点，由动作、技术和战术综合表现的动作美，是观赏体育竞赛的核心内容。当代体育舞蹈的发展，要求运动员在不同的舞种表演中，寻求和表现不同的风格。体育舞蹈比赛中，运动员利用自己的身体条件和表演风格，把具有各自特色的动作表演得那样娴熟、完成足够数量的精彩的难度动作组合，做到动中有静，静中有动，舒展流畅，连绵不断，使外表的动作与内在的情感融为一体，加上优美动听的音乐，使人陶醉在美的艺术之中，充分得到美的享受。

第十章 武 术

第一节 武术基本功和基本动作

基本功和基本动作是掌握武术技法的基础功法和武术拳术中最基础、最具代表性的动作，一般包括肩、臂、腰、腿、手、步的基本攻防方法，以及跳跃、平衡等动作。

一、手形、手法

(一) 手形

手形包括：拳、掌、勾。

拳：四指并拢卷握，拇指压于食指和中指的第二指节上。要求与要点：拳握紧、拳面平、直腕。

掌：四指并拢伸直，拇指弯屈紧扣于虎口处。要求与要点：掌心开展、竖指。

勾：五指第一指节捏拢在一起，屈腕。

(二) 手法

手法包括：冲拳、架拳、推掌、亮掌。

冲拳：两脚左右开立，与肩同宽，两拳抱于腰间，挺胸、收腹、立腰，拳从腰间向前猛力冲出，转腰、顺肩，在肘关节过腰后右前臂内旋，力达拳面。冲拳分平拳和立拳两种：平拳拳心向下、立拳拳眼向上。

架拳：两脚左右开立，与肩同宽，两拳抱于腰间，右拳经头前向右上方划弧并在右前上方架起，拳眼向下。要求与要点：松肩、肘微屈、前臂内旋。

推掌：两脚左右开立，与肩同宽，两拳抱于腰间，右拳变掌，前臂内旋，并以掌根为力点，向前猛力推击。推击时要转腰、顺肩，臂要伸直，高与肩平。

亮掌：右拳变掌，经体侧向右、向上划弧，至头部右前上方时抖腕亮掌，臂成弧形。掌心向前，虎口朝下。

二、步型、步法

(一) 步型

步型包括：弓步、马步、虚步、仆步、歇步。

弓步：前脚向前一大步，脚尖稍内扣，腿屈膝半蹲，膝与脚尖垂直，后腿挺膝伸直，脚尖内扣斜向前方,两脚全脚着地。上体正对前方,眼向前平视,两手抱拳于腰间。弓右腿为右弓步,弓左腿为左弓步。

马步:两脚平行开立(约为本人脚长的三倍),脚尖正对前方,屈膝半蹲,膝部不超过脚尖,大腿接近水平,全脚着地,身体重心落于两腿之间,两手抱拳于腰间。

虚步:两脚前后开立,后脚外展45度,屈膝半蹲,前脚脚跟离地,脚面绷平,脚尖稍内扣,虚点地面,膝微屈,重心落于后腿上,两手叉腰,眼向前平视。左脚在前为左虚步,右脚在前为右虚步。

仆步:两脚左右开立,一腿屈膝全蹲,大腿和小腿靠紧,全脚着地,脚和膝外展,另一腿平铺接近地面,全脚掌着地,脚尖内扣。仆左腿为左仆步;仆右腿为右仆步。

歇步:两腿交叉靠拢全蹲,前脚全脚掌着地,脚尖外展,后脚前脚掌着地,臀部外侧紧贴后小腿。两手抱拳于腰间。左脚在前为左歇步,右脚在前为右歇步。

(二)步法

步法包括:插步、击步。

插步:开步站立,两手叉腰,右脚向左脚后横插一步,两腿交叉。

击步:两脚前后开立,同肩宽,上体前倾,后脚离地提起,前脚随即蹬地前纵。在空中时,后脚向前碰击前脚。落地时,后脚先落,前脚后落。眼向前平视。

三、腿法

腿法分为直摆性、屈伸性和扫转性腿法。直摆性腿法包括正踢腿、外摆腿、里合腿;屈伸性腿法包括弹腿、蹬腿、侧踹腿;扫转性腿法包括前扫腿和后扫腿。

正踢腿:两脚并立,两手成立掌或握拳侧平举,左脚向前上半步,左腿支撑,右脚勾起脚尖向前额处猛踢。两眼向前平视,练习时左右腿交替进行。

外摆腿:左脚向前方上半步,右脚脚尖勾紧,向左侧踢起,经面前向右侧上方外摆,直腿落于左腿旁。眼向前平视。双掌可在面前依次迎击脚面。练习时左右腿交替进行。

里合腿:左脚向前方上半步,右脚脚尖勾紧,向右侧踢起,经面前向左侧上方摆动,直腿落于左腿旁。眼向前平视。左掌可在面前迎击脚掌。练习时左右腿交替进行。

弹腿:两腿并立,两手叉腰。支撑腿直立,另一腿由曲到伸向前弹出,力达脚尖。

蹬腿:两腿并立,两手叉腰。支撑腿直立,另一腿由曲到伸向前蹬出,力达脚跟。

侧踹腿:两手叉腰,成叉步,支撑腿伸直支撑,踹出腿由曲到伸,脚尖里扣,用脚掌猛力踹出,高与腰平,上体倾斜。左右腿可交替进行。

后扫腿:左脚向前开步,左腿屈膝半蹲,右腿挺膝伸直,成左弓步;同时两掌从两腰侧向前平直推出,掌指朝上;随后左脚尖内扣,左腿屈膝全蹲,成右仆步姿势,同时上体右转并前俯,两掌随身体右转在右膝内侧扶地。随着两手撑地,上体向右后拧转的惯性力量,以左脚前掌为轴,右脚贴地向后扫转一周。

四、跳跃动作

跳跃动作主要有大跃步前穿、腾空飞脚、旋风脚、腾空外摆莲、旋子、侧空翻等。

大跃步前穿:并步站立,左脚上一步蹬地向前跃出,两臂依次向上划弧摆起,右、左脚依次落地成仆步，右拳变掌抱于腰间，左掌下落停于右胸前成立掌，目视左掌。

腾空飞脚：右脚上步，左腿向前上摆踢，两臂由下向前、向头上摆起，右手背迎击左手掌。在空中，右腿向前、向上弹踢，脚面绷直，右手迎击右脚面；同时左腿屈膝，左脚收控于右腿侧，脚面绷直，脚尖向下。左手在击响的同时摆至左侧方变勾手，上体微前倾，两眼平视前方。

第二节　擒拿散打自卫术

擒拿散打自卫术，是我国历代劳动人民在抵御敌人和强身练艺实践中逐渐产生、形成和发展起来的一项具有中华民族独特风格和攻防技巧的武术项目。擒拿，顾名思义就是把握住对方的某个部位，使其反关节受力，并出其意料地使对方被我控制而无法逃脱、无法反抗，达到以"发四两拨千斤、施小计收大效"的方式制服对方之目的。

经常练习擒拿散打自卫术，可以使人的感觉灵敏、反应迅速、动作有力和机智勇敢。它对大脑的中枢神经系统和身体各部位肌肉、关节、骨骼，以及各器官系统形态结构及生理功能，都能起到良好的作用；它对增强体质、提高抗病和适应能力，以及磨砺意志、陶冶情操与武德和防身自卫均有重要意义。

擒拿散打自卫术包括：脚踢、拳打、摔跌、擒拿、肘击、膝顶、格挡、抱腿、闪躲等基本技术。擒拿散打自卫术是擒俘与解脱、控制与反控制之争，在复杂和千变万化的实践过程中，必须头脑清醒，并遵循其原理与方法才能克敌取胜。

一、擒拿散打自卫术基本技术

(一) 上肢动作

拳：除拇指外，其余四指并拢向掌心握紧，大拇指压在食、中指上。拳包括直拳、摆拳、勾拳、盖拳和反背拳。

掌：五指并拢收紧、伸直。掌包括击掌、插掌、托掌、按掌、劈掌和砍掌。

肘：大小臂收紧屈成肘尖。肘包括前肘、后肘、砸肘、横肘和抬肘。

抓(鹰爪或虎爪)：五指张开并使劲屈曲各指关节。

掏(掏裆)：抓的翻腕向对方裆部掏抓捏。

(二) 腿部动作

弹踢腿：踝关节紧张，绷脚尖，以膝关节为轴，小腿发力并带动脚，以脚背弹踢。弹踢腿包括正弹腿和侧弹腿。

踹腿：踝关节紧张、勾脚，以髋关节为轴，大腿带动小腿和脚，以脚掌或脚外侧蹬踹。踹腿包括正踹腿和侧踹腿。

勾踢：踝关节紧张，勾脚尖，以膝关节为轴，大腿带动小腿，脚像勾一样勾踢。

绊腿：以髋关节发力，带动大小腿，以脚后跟领先向后侧绊踢。

扫腿：重心放在支撑腿上成半蹲或全蹲，以髋关节发力，大腿带动小腿，踝关节紧张，以脚内侧或脚后跟领先，直腿横扫。扫腿包括前扫腿和后扫腿。

顶膝：以髋关节发力，大小腿屈曲收紧，以膝关节顶撞。顶膝包括前顶膝和侧顶膝。

撩腿：重心放在支撑腿上为轴，踝关节紧张，勾脚，以髋关节发力，大腿带动小腿，以脚后跟领先向后撩打。

腾空飞脚：单或双脚蹬地而跃起腾空，踝关节紧张，绷脚，大小腿屈曲。以膝关节发力，小腿带脚，用脚面弹踢对方。飞脚包括腾空飞脚和腾空侧踹（用脚掌蹬踹）。飞脚后落地要稳。

旋风腿：单或双脚蹬地而跃起腾空，以腰带动身体向左（右）旋转 90 度～360 度，以髋关节发力，大腿带动小腿，以脚内侧击打对方。

二、擒拿散打自卫术常用方法

（一）防守反击方法

（1）缠腕：当对方以右（左）手出击时，迅速向左（右）闪躲的同时，以右（左）手格挡，并顺势反抓握其右（左）手腕反拧缠腕于体后。随即，以左（右）手抓推其手背，折其手关节。最后以右（左）脚掌蹬踩窝，使对方就擒。

（2）推肩绊摔：当对方以右（左）手出击时，迅速向左（右）闪躲，以左（右）手格防，并即反抓握其右（左）手腕，狠力反缠拧成反关节，用右（左）手狠推抓其肩后倒。随之以右（左）腿绊其前腿倒下就擒。

（3）击肘顶肋拉臂摔：当对方以右（左）击我时，立即左（右）闪躲，并以右（左）手格防的同时，狠抓其手腕侧拉。左（右）腿迅速上步别住其前腿，快速以左（右）肘尖撞击其肋部，紧接着左（右）肘变掌狠抓其右（左）大臂根部。在屈体、顶臀和拉臂的合力下把对方摔倒在地就擒。

（4）别肘抓肩：当对方以右（左）手出击时，当即向左（右）闪躲，并以右（左）手格防，左（右）手立即主动去与右（左）手同时狠抓其手腕反拧于体后，左（右）手紧接着快速直前插抓住其肩部前推，并以右（左）脚蹬踩其窝跪下就擒。

（5）锁喉：当对手以右（左）手出击时，立即左（右）闪躲，以右（左）手格防并狠抓其右（左）手腕顺势后拉，左（右）腿插人对方背后两腿之间，右（左）腿后撤一步，左（右）臂迅速锁住对方喉结向后拖，左（右）脚蹬踩其腿窝使其跪下就擒。

（二）解脱反击方法

（1）腕被抓住解脱反击：当右（左）手腕被对方抓住时，被抓的右（左）突然发力上提反缠狠抓对方手腕，并顺势反拧成反关节，接着以“缠腕”反击方法制服对方。

（2）被锁喉反击：当对方以左（右）臂锁住喉结时，我立即用左（右）手狠抓对方锁喉的手腕，以减轻锁喉的力量，右（左）臂在腰力的带动下猛力抽回屈臂成肘，并狠力撞击对方胸肋部，紧接着仍用左（右）手抓住对方颈部，在体前屈、顶臀合力作用下，将对方过背摔倒在地上就擒。

（3）肘被别住反击：一旦被对方别住肘时，立即顺势左（右）腿后撤一步向后转身，并用左（右）肘撞击其胸肋部，紧接着仍用左（右）手掐住对方喉结后推，解脱后用左（右）腿侧踹其胸腹部。

（4）头发被抓解脱反击：当头发被对方右（左）手抓住时，立即以左（右）手抓住其抓头发的手腕，并以右(左)腿绊摔其前腿倒下，以右手推其右(左)肘关节向上再转向下按其反关节就擒。

(5) 手腰被抱住解脱反击：当被对方连手带腰抱住时，立即向后仰头，以后脑攻击对方前额，与此同时又臂上提屈肘猛撞击对方两肋。接着体前屈体，用双手通过裆部拖住其前腿，使其倒下就擒。

第三节　简化二十四式太极拳

一、太极拳概述

太极拳，是一种武术项目，也是体育运动和健身项目，在中国有着悠久的历史。太极拳起源于古代骑兵的枪法、长柄大刀法。其基本用法是：开、合、发。踩着高跷来使用长枪、长柄大刀。太极始于无极，分两仪。由两仪分三才，由三才显四象，演变八卦。依据“易经”阴阳之理、中医经络学、道家导引、吐纳综合地创造一套有阴阳性质、符合人体结构、大自然运转规律的一种拳术，古人称为“太极”。

中华人民共和国成立后，在杨式太极拳的基础上创编了简化二十四式和八十八式太极拳，对太极拳的传播和普及起到了重要作用。如今，打太极拳的人遍及全国，仅北京市公园、街头和体育场就设有太极拳辅导站数百处，吸引了大批爱好者。卫生、教育、体育各部门都把太极拳列为重要项目来开展，出版发行了上百万册的太极拳书籍、挂图。太极拳在国外，也受到普遍欢迎。欧美、东南亚、日本等国家和地区，都有太极拳活动。据不完全统计，仅美国就已有 30 多种太极拳书籍出版，许多国家成立了太极拳协会等团体，积极与中国进行交流活动。太极拳作为中国特有的民族体育项目，已经引起很多国际朋友的兴趣和爱好。

太极拳是中华民族辩证的理论思维与武术、艺术、引导术的完美结合，是高层次的人体文化。其拳理来源于《易经》、《黄帝内经》、《纪效新书》等中国传统哲学、医术、武术等经典著作，并在其长期的发展过程中又吸收了道家、儒家等文化的合理内容，故太极拳被称为“国粹”。

太极拳的运动特点：中正安舒、轻灵圆活、松柔慢匀、开合有序、刚柔相济，动如“行云流水，连绵不断”。这种运动既自然又高雅，可亲身体会到音乐的韵律，哲学的内涵，美的造型，诗的意境。

二、简化二十四式太极拳基本技术

(一) 动作名称

第一组　第一式：起势
　　　　第二式：左右野马分鬃
　　　　第三式：白鹤亮翅
第二组　第四式：左右搂膝拗步
　　　　第五式：手挥琵琶

第六式:左右倒卷肱

第三组　第七式:左揽雀尾

第八式:右揽雀尾

第四组　第九式:单鞭

第十式:云手

第十一式:单鞭

第五组　第十二式:高探马

第十三式:右蹬脚

第十四式:双峰贯耳

第十五式:转身左蹬脚

第六组　第十六式:左下势独立

第十七式:右下势独立

第七组　第十八式:左右穿梭

第十九式:海底针

第二十式:闪通臂

第八组　第二十一式:转身搬栏捶

第二十二式:如封似闭

第二十三式:十字手

第二十四式:收势

(二) 简化二十四式太极拳图解及动作要领

1. 第一式:起势

(1) 身体自然直立,两脚开立与肩同宽,两臂自然下垂,两手放在大腿两侧。眼向前平视(图 10-1)。

要点:头颈正直,下颏微向后收,不要故意挺胸或收腹。精神要集中。

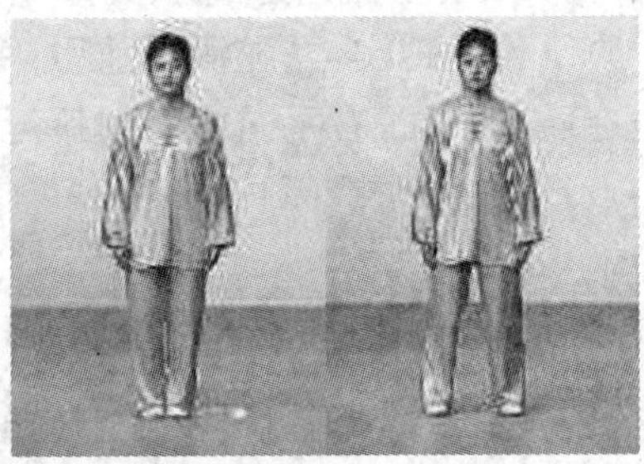

图 10-1

(2) 两臂慢慢向前平举,两手高与肩平,与肩同宽,手心向下(图 10-2)。

(3) 上体保持正直,两腿屈膝下蹲;同时两掌轻轻下鞍,两肘下垂与两膝相对;眼平看前方(图 10-3)。

要点:两肩下沉,两肘放松下垂,手指自然分开微屈,重心落于两腿中间,屈膝松腰。

图 10-2

图 10-3

2. 第二式:左右野马分鬃

(1) 上体微向右转,身体重心移至右腿上;同时右臂收在胸前平屈,手心向下,左手经体前向右下划弧至右手下,手心向上,两手心相对成抱球状;左脚随即收到右脚内侧,脚尖点地;眼看右手(图10-4)。

图 10-4

(2) 上体微向左转,左脚向左前方迈出,右脚跟后蹬,右腿自然伸直,成左弓步;同时上体继续向左转,左右手随转体慢慢分别向左上、右下分开,左手高与眼平(手心斜向上),肘微屈;右手落在右胯旁,肘也微屈,手心向下,指尖向前;眼看左手(图 10-5)。

图 10-5

(3) 上体慢慢后坐,身体重心移至右腿,左脚尖翘起,微向外撇(约 45 度~60 度),随后脚掌慢慢踏实,左腿慢慢前弓,身体左转,身体中心再移至左腿;同时左手翻转向下,左臂收在胸前平屈,右手向左上划弧至左手下,两手心相对成抱球状;右脚随即收到左脚内侧,脚尖点地;眼看左手(图 10-6)。

图 10-6

(4) 右腿向右前方迈出,左腿自然伸直,成右工部;同时上体右转,左右手随转体分别慢慢向左下、右上分开,右手高与眼平(手心斜向上),肘微屈;左手落在左胯旁,肘也微屈,手心向下,指尖向前;眼看右手(图 10-7)。

图 10-7

与(3)解同,只是左右相反(图 10-8)。

图 10-8

与(4)解同,只是左右相反(图 10-9)。

要点:上体不可前俯后仰,胸部必须宽松舒展。两臂分开时要保持弧形。身体转动时要以腰为轴。弓步动作与分手的速度要均匀一致。做弓步时,迈出的脚先是脚跟着地,然后脚掌慢慢踏实,脚尖向前,膝盖不要超过脚尖;后腿自然伸直;前后脚夹角约成 45 度～60 度(需要时后脚脚跟可以后蹬调整)。野马分鬃式的弓步,前后脚的脚跟要分在中轴线两侧,它们之间的横向距离(即以动作进行的中线为纵轴,其两侧的垂直距离为横向)应该保持在 10～30 厘米。

图 10-9

3. 第三式:白鹤亮翅

(1) 上体微向左转,左手翻掌向下,左臂平屈胸前,右手向左上划弧,手心转向上,与左手成抱球状;眼看左手(图 10-10)。

(2) 右脚跟进半步,上体后坐,身体重心移至右腿,上体先向右转,,面向右前方,眼看右手；然后左脚稍向前移，脚尖点地，成左虚步，同时上体再微向左转，面向前方，两手随转体慢慢向右上、左下分开，右手上提停于右额前，手心向左后方，左手落于左胯前，手心向下，指尖向前；眼平看前方（图 10-11）。

图 10-10

图 10-11

要点：完成姿势胸部不要挺出，两臂都要保持半圆形，左膝要委屈。身体重心后移和右手上提、左手下按要协调一致。

4. 第四式：左右搂膝拗步

（1）右手从体前下落，右下向后上方划至右肩外，手与耳同高，手心斜向上；左手由左下向上、向右划弧至右胸前，手心斜向下；同时上体先微向左再向右转；左脚收至右脚内侧，脚尖着地，眼看右手（图 10-12）。

图 10-12

（2）上体左转，左脚向前（偏左）迈出成弓步；同时右手屈回由耳侧向前推出，高与鼻尖平，左手向下由左膝前搂过落于左胯旁，指尖向前；眼看右手手指（图 10-13）。

图 10-13

(3) 右脚慢慢屈膝，上体后坐，身体重心移至右腿，左脚尖翘起微向外撇，随后脚掌慢慢踏实，右脚前弓，身体左转，身体重心移至左腿，右脚收到左脚内侧，脚尖着地；同时左手向外翻掌由左后向上划弧至左肩外侧，肘微曲，手与耳同高，手心斜向上；右手随转体向上、向下划弧落于左胸前，手心斜向下；眼看左手(图 10-14)。

图 10-14

(4) 与(2)解同，只是左右相反(图 10-15)。

(5) 与(3)解同，只是左右相反(图 10-16)。

图 10-15

图 10-16

(6) 与(2)解同(图 10-17)。

要点：前手推出时，身体不可前仰后俯，要松腰松胯。推掌时要沉肩垂肘，坐腕舒掌，同时松腰、弓腿上下协调一致。搂膝拗步成弓步时，两脚跟横向距离保持 30 厘米左右。

图 10-17

5. 第五式：手挥琵琶

右脚跟进半步，上体后坐，身体重心转至右腿上，上体半面向右转，左脚略提起稍向前移，变成左虚步，脚跟着地，脚尖翘起，膝部微屈；同时左手由左下向上挑举，高与鼻尖平，掌心向右，臂微屈；右手收回放在左肘里侧，掌心向左；眼看左手食指(图 10-18)。

要点：身体要平稳自然，沉肩垂肘，胸部放松。左手上起时不要直向上挑，要由左向上、向前，微带弧形。右脚跟进时，脚掌先着地，再全脚踏实。身体重心后移和左手上起、右手收要协调一致。

图 10-18

6. 第六式：左右倒卷肱

(1) 上体右转，右手翻掌(手心向上)经腹前由下向后上方划弧平举，臂微屈，左手随即翻掌向上；眼的视线随着向右转体先向右看，再转向前方看左手(图 10-19)。

图 10-19

(2) 右臂屈肘折向前，右手由耳侧向前推出，手心向前，左臂屈肘后撤，手心向上，撤至左肋外侧；同时左腿轻轻提起向后(偏左)退一步，脚掌先着地，然后全脚慢慢踏实，身体重心移到左腿上，成右虚步，右脚随转体以脚掌为轴扭正；眼看右手(图 10-20)。

图 10-20

(3) 上体微向左转，同时左手随转体向后上方划弧平举，手心向上，右手随即翻掌，掌心向上；眼随转体先向左看，再转向前方看右手(图 10-21)。

(4) 与(2)解同,只是左右相反(图 10-22)。

图 10-21

图 10-22

(5) 与(3)解同,只是左右相反(图 10-23)。

(6) 与(2)解同(图 10-24)。

(7) 与(3)解同(图 10-25)。

图 10-23

图 10-24

图 10-25

(8) 与(2)解同,只是左右相反(图 10-26)。

(9) 上体微向右转,同时右手随转体向后上方划弧平举,手心向上,左手放松,手心向下;眼看左手(图 10-27)。

要点:前推的手不要伸直,后撤拖泥带水不可直向回抽,参转体仍走弧线。前推时,要转腰松胯,两手的速度要一致,避免僵硬。退步时,脚掌先着地,再慢慢全脚踏实,现时,前脚随转体以脚掌为轴扭正。退左脚略向左后斜,退右脚略向右后斜,避免使两脚落在一条直线上。后退时,眼神随转体动作先向左或右看,然后再转看前手。最后退右脚时,脚尖外撇的角度略大些,便于接做“左揽雀尾”的动作。

图 10-26

图 10-27

7. 第七式:左揽雀尾

(1) 身体继续向右转,左手自然下落逐渐翻掌经腹前划弧至左肋前,手心向上;左臂屈肘,手心转向下,收至右胸前,两手相对成抱球状;同时身体重心落在右腿上,左脚收到右脚内侧,脚尖点地;眼看右手(图 10-28)。

(2) 上体微向左转,左脚向左前方迈出,上体继续向左转,右腿自然蹬直,左腿屈膝,成左弓步;同时左臂向左前方掤出(即左臂平屈成弓形,用前臂外侧和手背向前方推出),高与肩平,手心向后;右手向右下落于右胯旁,手心向下,指尖向前;眼看左前臂(图 10-29)。

图 10-28

图 10-29

要点:掤出时,两臂前后均保持弧形。分手、松腰、弓腿三者必须协调一致。揽雀尾弓步时,两脚跟横向距离上超过 10 厘米。

(3) 身体微向左转,左手随即前伸翻掌向下,右手翻掌向上,经腹前向上,向前伸至左前臂下方;然后两手下捋,即上体向右转,两手经腹前向右后上方划弧,直至右手手心向上,高与肩齐,左臂平屈于胸前,手心向后;同时身体重心移至右腿;眼看右手(图 10-30)。

图 10-30

要点:下捋时,上体不可前倾,臀部不要凸出。两臂下捋须随腰旋转,仍走弧线。左脚全掌着地。

(4) 上体微向左转,右臂屈肘折回,右手附于左手腕里侧(相距约 5 厘米),上体继续向左转,双手同时向前慢慢挤出,左手心向右,右手心向前,左前臂保持半圆;同时身体重心逐渐前移变成弓步;眼看左手腕部(图 10-31)。

要点:向前挤时,上体要正直。挤的动作要与松腰、弓腿相一致。

图 10-31

(5) 左手翻掌,手心向下,右手经左腕上方向前、向右伸出,高与左手齐,手心向下,两手左右分开,宽与肩同;然后右腿屈膝,上体慢慢后坐,身体重心移至右腿上,左脚尖翘起;同时两手屈肘回收至腹前,手心均向前下方;眼向前平看(图 10-32)。

图 10-32

(6) 上式不停,身体重心慢慢前移,同时两手向前、向上按出,掌心向前;左腿前弓成左弓步;眼平看前方(图 10-33)。

图 10-33

要点:向前按时,两手须走曲线,腕部高与肩平,两肘微屈。

8. 第八式:右揽雀尾

(1) 上体后坐并向右转,身体重心移至右腿,左脚尖里扣;右手向右平行划弧至左肋前,手心向上;左臂平屈胸前,左手掌心向下与右手成抱球状;同时身体重心再移至左腿上,右脚收至左脚内侧,脚尖点地;眼看左手(图 10-34)。

图 10-34

(2) 同"左揽雀尾"(2)解(图 10-35)。

图 10-35

(3) 同“左揽雀尾”(3)解，只是左右相反(图 10-36)。

图 10-36

(4) 同“左揽雀尾”(4)解(图 10-37)。

图 10-37

(5) 同“左揽雀尾”(5)解，只是左右相反(图 10-38)。

图 10-38

(6) 同“左揽雀尾”(6)解，只是左右相反(图 10-39)。

图 10-39

9. 第九式:单鞭

(1) 上体后坐,身体重心逐渐移至左腿上,右脚尖里扣;同时上体左转,两手(左高右低)向左弧形运转,直至左臂平举,伸于身体左侧,手心向左,右手经腹前运至左肋前,手心向后上方;眼看左手(图 10-40)。

图 10-40

(2) 身体重心再逐渐移至右腿上,上体右转,左脚向右脚靠拢,脚尖点地;同时右手向右上方划弧(手心由里转向外),至右侧方时变勾手,臂与肩平;左手向下经腹前向下划弧停于右肩前,手心向里;眼看左手(图 10-41)。

图 10-41

(3) 上体微向左转,左脚向左前侧方迈出,右脚跟后蹬,成左弓步;在身体重心向左腿的同时,左掌随上体的继续左转慢慢翻转向前推出,手心向前,手指与眼齐平,臂微屈;眼看左手(图 10-42)。

要点:上体保持正直,松腰。完成式时,右肘稍下垂,左肘与左膝上下相对,两肩下沉。左手向外翻掌前推时,要随转体边翻边推出,不要翻掌太快或最后突然翻掌。全部过渡动作,上下要协调一致。如面向南起势,单鞭的方向(左脚尖)应向东偏北(约 15 度)。

图 10-42

10. 第十式:云手

(1) 身体重心移至右腿上,身体渐向右转,左脚尖里扣;左手经腹前向右上划弧至右肩前,手心斜向后,同时右手变掌,手心向右前;眼看左手(图 10-43)。

图 10-43

(2) 上体慢慢左转,身体重心随之逐渐左移;左手由脸前向左侧运转,手心渐渐转向左方;右手由右下经腹前向左上划弧至左肩膀前,手心斜向后;同时左脚靠近左脚,成小开立步(两脚距离约 10～20 厘米);眼看右手(图 10-44)。

图 10-44

(3) 上体再向右转,同时左手经腹前向大踏步划弧至右肩前,手心斜面向后;右手右侧运转,手心翻转向右;随之左腿向左横跨一步;眼看左手(图 10-45)。

图 10-45

(4) 同(2)解。

(5) 同(3)解。

(6) 同(2)解。

要点:身体转动要以腰脊为轴,松腰、松跨,不可忽高忽低。两臂随腰的转动而运转,要自然圆活，速度要缓慢均匀。下肢移动时，身体重心要稳定，两脚掌先着地再踏实，脚尖向前。眼的视线随左右手而移动。第三个“云手”的右脚最后跟步时，脚尖微向里扣，便于接“单鞭”动作。

11. 第十一式：单鞭

(1) 上体向右转，右手随之向右运转，至右侧方时变成勾手；左手经腹前向右上划弧至右肩前，手心向内；身体重心落在右腿上，左脚尖点地；眼看左手(图 10-46)。

图 10-46

(2) 上体微向左转，左脚向左前侧方迈出，右脚跟后蹬，成左弓步；在身体重心移向左腿的同时，上体继续左转，左掌慢慢翻转向前推出，成“单鞭”式(图 10-47)。

图 10-47

12. 第十二式：高探马

(1) 右脚跟进半步，身体重心逐渐后移至右腿上；右手变掌，两手心翻转向上，两肘微屈；同时身体微向右转，左脚跟渐渐离地；眼看左前方(图 10-48)。

(2) 上体微向左转，面向前方；右掌经右耳旁向前推出，手心向前，手指与眼同高；左手收至左侧腰前，手心向上；同时左脚微向前移，脚尖点地，成左虚步；眼看右手(图 10-49)。

图 10-48

图 10-49

要点：上体自然正直，双肩要下沉，右肘微下垂。跟步移换重心时，身体不要有起伏。

13. 第十三式：右蹬脚

（1）左手手心向上，前伸至右腕背面，两手相互交叉，随即向两侧分开并向下划弧，手心斜向下；同时左脚提起向左前侧方进步（脚尖略外撇）；身体重心前移，右腿自然蹬直，成左弓步；眼看前方（图 10-50）。

图 10-50

（2）两手由外圈向里圈划弧，两手交叉合抱于胸前，右手在外，手心均向后；同时右脚向左脚向左脚靠拢，脚尖点地；眼平看右前方（图 10-51）。

（3）两臂左右划弧分开平举，肘部微屈，手心均向外；同时右腿屈膝担起，右脚向右前方慢慢蹬出；眼看右手（图 10-52）。

图 10-51

图 10-52

要点：身体要稳定，不可前俯后仰。两手分开时，腕部与肩齐平。蹬脚时，左腿微屈，右脚尖回勾，劲使在脚跟。分手和蹬脚须协调一致。右臂和右腿上下相对。如面向南起势，蹬脚方向应为正东偏南（约 30 度）。

14. 第十四式：双峰贯耳

（1）右腿收回，屈膝平举，左手由后向上、向前下落至体前，两手心均翻转向上，两手同时向下划弧分落于右膝两侧；眼看前方（图 10-53）。

图 10-53

（2）右脚向右前方落下，身体重心渐渐前移，成右弓步，面向右前方；同时两手下落，慢慢变拳，分别从两侧向上、向前划弧至面部前方，成钳形状，两拳相对，高与耳齐，拳眼都斜向下（两拳中间距离约 10～20 厘米）；眼看右拳(图 10-54)。

图 10-54

要点:完成式时,头颈正直,松腰松胯,两拳松握,沉肩垂肘,两臂均保持弧形。双峰贯耳式的弓步和身体方向与右蹬脚方向相同。弓步的两脚跟横向距离同“揽雀尾”式。

15. 第十五式:转身左蹬脚

(1) 左腿屈膝后坐,身体重心移至左腿,上体左转,右脚尖里扣;同时两拳变掌,由上向左右划弧分开平举,手心向前;眼看左手(图 10-55)。

图 10-55

(2) 身体重心再移至右腿,左脚收到右脚内侧,脚尖点地;同时两手由外圈向里圈划弧合抱于胸前,左手在外,手心均向后;眼平看左方(图 10-56)。

图 10-56

(3) 两臂左右划弧分开平举,肘部微屈,手心均向外;同时左腿屈膝提起,左脚向左前方慢慢蹬出;眼看左手(图 10-57)。

要点:与左蹬脚式相同,只是左右相反。左蹬脚方向与右蹬脚成 180 度(即正西偏北,约 30 度)。

图 10-57

16. 第十六式:左下势独立

(1) 左腿收回平屈,上体右转;右掌变成勾手,左掌向上、向右划弧下落,落于右肩前,掌心斜向后;眼看右手(图 10-58)。

图 10-58

(2) 右腿慢慢屈膝下蹲,左腿由里向左侧(偏后)伸出,成左仆步;左掌下落(掌心向外)向左下顺左腿内侧向前穿出;眼看左手(图 10-59)。

(3) 身体重心前移,左脚跟为轴,脚尖尽量向外撇,左脚前弓,右腿后蹬,右脚尖里扣,上体微向左转并向前起身;同时左臂继续向前伸出(立掌),掌心向右,右勾手下落,勾尖向后;眼看左手(图 10-60)。

图 10-59

图 10-60

(4) 右腿慢慢提起平屈,成左独立势;同时右手变掌,并由后下方顺右腿外侧向前弧行摆出,屈臂立于右腿上方,肘与膝相对,手心向左;左手立于左胯旁,手心向下,指尖向前;眼看右手(图 10-61)。

图 10-61

要点：上体要正直，独立的腿要微屈，由腿提起时脚尖自然下垂。

17. 第十七式：右下势独立

(1) 右脚下落于左脚前，脚掌着地；然后左脚前掌为轴，脚跟转动，身体随之左转同时左手向后平举变成勾手，右掌随着转体向左侧划弧，立于左肩前，掌心斜向后，眼看左手（图 10-62）。

图 10-62

(2) 同"左下势独立"(2)解，只是左右相反（图 10-63）。

(3) 同"左下独立势"(3)解，只是左右相反（图 10-64）。

图 10-63

图 10-64

(4) 同"左下独立势"(4)解，只是左右相反（图 10-65）。

要点：右脚尖触地后必须稍微提起，然后再向下仆腿，其他均与"左下独立势"相同，只是左右相反。

图 10-65

18. 第十八式:左右穿梭

(1) 身体微向左转,左脚向前落地,脚尖外撇,右脚跟离地,两腿屈膝成半坐盘式;同时两手在左胸前成抱球状(左上右下);然后右脚收到左脚的内侧,脚尖点地;眼看左前臂(图10-66)。

图 10-66

(2) 身体右转,右脚向右前方迈出,屈膝弓腿,成右弓步;同时右手由脸前向上举并翻掌停在右额前,手心斜向上;左手先向左下再经体前向前推出,高与鼻尖平,手心向前;眼看左手(图 10-67)。

图 10-67

(3) 身体重心略向后移,右脚尖稍向外撇,随即身体重心再移至右腿,左脚跟进,停于右脚内侧,脚尖点地;同时两手在右胸前成抱球状(右上左下);眼看左前臂(图 10-68)。

(4) 同(2)解,只是左右相反(图 10-69)。

图 10-68

图 10-69

要点：完成姿势面向斜前方（如面向南起势，左右穿梭方向分别为正本偏北和正偏南，均约 30 度）。手推出后，上体不可前俯。手向上举时，防止引肩上耸。一手上举一手前推要与弓腿松腰上下协调一致。做弓步时，两脚跟的距离同搂膝拗步式，保持在 30 厘米左右。

19. 第十九式：海底针

右脚向前跟进半步，身体重心移至右腿，左脚稍向前移，脚尖点地，成左虚步；同时身体稍向右转，右手下落经体前向后、向上提抽至肩上耳旁，再随身体左转，由右耳旁斜向前下方插出，掌心向左，指尖斜向下；与此同时，左手向前、向下划弧落于左胯旁，手心向下，指尖向前；眼看前下方（图 10-70）。

图 10-70

要点：身体要先向左转，再向右转。完成姿势，面向正西。上体不可太前倾。避免低头和臀部外凸。左腿要微屈。

20. 第二十式：闪通臂

上体稍向右转，左脚向前迈出，屈膝弓腿成左弓步；同时右手由体前上提，屈臂上举，停于右额前上方，掌心翻转斜向上，拇指朝下；左手上起经胸前向前推出，高与鼻尖平，手心向前；眼看左手（图 10-71）。

图 10-71

要点：完成姿势上体自然正直，松腰、松胯；左臂不要完全伸直，背部肌肉要伸展开。推掌、举掌和弓腿动作要协调一致。弓步时，两脚跟横向距离同“揽雀尾”式（不超过10厘米）。

21. 第二十一式：转身搬拦捶

（1）上体后坐，身体重心移至右腿上，左脚尖里扣，身体向后转，然后身体重心再移至左腿上；与此同时，右手随着转体和右、向下（变拳）经腹前划弧至左肋旁，拳心向下；左掌上举于头前，掌心斜向上；眼看前方（图10-72）。

图10-72

（2）向右转体，右拳经胸前向前翻转撇出，拳心向上；左手落于胯旁，掌心向下，指尖向前；同时右脚收回后（不要停顿或脚尖点地）即向前迈出，脚尖外撇；眼看右拳（图10-73）。

图10-73

（3）身体重心移至右腿上，左脚向前迈一步；左手上起经左侧向前上划弧拦出，掌心向前下方；同时右拳向右划弧收到右腰旁，拳心向上；眼看左手（图10-74）。

图10-74

（4）左腿前弓成左弓步，同时右拳向前打出，拳眼向上，高与胸平，左手附于右前臂里侧;眼看右拳(图 10-75)。

图 10-75

要点:右拳不要握得太紧。右拳回收时,前臂要慢慢内旋划弧,然后再外旋停于右腰旁,拳心向上。向前打拳时,右肩随拳略向前引伸,沉肩垂肘,右臂要微屈。弓步时,两脚横向距离同“揽雀尾”式。

22. 第二十二式:如封似闭

(1) 左手由右腕下向前伸出,右拳变掌,两手手心逐渐翻转向上并慢慢分开回收;同时身体后坐,左脚尖翘起,身体重心移至右腿;眼看前方(图 10-76)。

图 10-76

(2) 两手在胸前翻掌,向下经腹前再向上、向前推出,腕部与肩平,手心向前;同时左腿前弓成左弓步;眼看前方(图 10-77)。

图 10-77

要点:身体后坐时,避免后仰臀部不可凸出。两臂随身体回收时,肩、肘部略向处松开,不要直着抽回。两手推出宽度不要超过两肩。

23. 第二十三式:十字手

(1) 屈膝后坐,身体重心移向左腿,左脚尖里扣,向右转体;右手随着转体动作向右平摆划弧,与左手成两臂侧平举,掌心向前,肘部微屈;同时右脚尖随着转体稍向外撇,成右侧弓步;眼看右手(图 10-78)。

(2) 身体重心慢慢移至左腿,右脚尖里押,随即向左收回,两脚距离与肩同宽,两腿逐渐蹬直,成开立步;同时两手向下经腹前向上划弧交叉合抱于胸前,两臂撑圆,腕高与肩平,右手在外,成十字手,手心均向后;眼看前方(图 10-79)。

要点:两手分开和合抱时,上体不要前俯。站起后,身体自然正直,头要微向上顶,下颏稍向后收。两臂环抱时须圆满舒适,沉肩垂肘。

图 10-78

图 10-79

24. 第二十四式:收势

两手向外翻掌,手心向下,两臂慢慢下落,停于身体两侧;眼看前方(图 10-80)。

要点:两手左右分开下落时,要注意全身放松,同时气也徐徐下沉(呼气略加长)。呼吸平稳后,把左脚收到右脚旁,再走动休息。

图 10-80

第十一章 跆 拳 道

第一节 跆拳道运动概述

一、跆拳道运动简介

跆拳道(TAEKWONDO)是一项起源于朝鲜半岛的古老的竞技体育运动。跆(TAW)是指脚踢、摔撞;拳(KWQN)是以拳击打,是力量的象征;道(DO)是一种艺术方法,是跆拳道追求的最高境界。在有记载的朝鲜民族史上,跆拳道已有三千多年的历史。跆拳道在历史长河中,有其自身的演变和发展,1966年3月"国际跆拳道联盟"(ITF)成立,跆拳道进入国际社会。此后,跆拳道在技术、规则、派别等方面做了进一步的改进和统一,促进了其国际化发展的步伐。1973年5月世界跆拳道联盟(WTF)在韩国首尔(当时称"汉城")成立,为跆拳道的国际化传播和进入奥运会奠定了基础。1975年跆拳道加入国际单项体育联合会,1980年世界跆拳道联盟获得国际奥委会的承认,由此跆拳道运动进入国际奥委会大家庭。1988年、1992年、1996年三次列为奥运会表演项目,最终在2000年悉尼奥运会上,跆拳道被列为正式比赛项目,男、女各设8枚金牌。目前有180多个国家近亿人参与这项运动。跆拳道已成为奥运会、世界大学生运动会、世界军人运动会、亚运会以及中国全运会的正式比赛项目,因而被世界公认为"世界第一搏击运动"。

1992年10月7日,中国跆拳道筹备小组成立,这标志着我国跆拳道运动的正式开始。1994年9月,在云南昆明举行了第1届全国跆拳道比赛,1995年5月,在北京体育大学举行了第1届全国跆拳道锦标赛,从此,跆拳道运动在中国迅速发展起来。2000年9月,在第27届悉尼奥运会上,我国选手陈中获得了女子67公斤以上级的冠军,这是我国首枚跆拳道奥运会金牌,是中国跆拳道发展历程中的里程碑。在2004年雅典奥运会,我国运动员陈中和罗薇,分别在67公斤级和67公斤以上级别中摘得金牌。2008年北京奥运会中吴静钰获得49公斤级冠军。

目前跆拳道在世界上开展的非常普及,跆拳道协会有150多个会员国,并在27届悉尼奥运会上成为正式项目。我国开展此项运动才十余年时间,发展很快,深受青少年们的喜爱,跆拳道运动的特点是以腿法为主,拳脚并用,发力快而硬,并辅以发声助威,给自己增强斗志,因此跆拳道有很高的竞技性和观赏价值。跆拳道突出一个"礼"字,任何练习者在不同的场合都要行礼鞠躬,强调"以礼始、以礼终"的武道精神。练习跆拳道能增强人的各种力量,使身体素质全面发展,培养无畏坚毅的意志品质。

为了正确评价跆拳道的技术、人格、耐性、勇气、诚实性和精神,跆拳道分为十级和九段。

初级选手从最低级10级开始依次往上到1级;高级选手从最低段开始依次往上到九段。一段到三段为学习阶段,四段到六段为步入行家阶段,从七段开始为精通技术和精神阶段。

区别跆拳道选手的级别主要从腰带上来看,具体如下:

10级和9级为白带:表示空白,根本没有跆拳道知识,意味着入门阶段。

8级和7级为黄带:表示大地,草木在大地生根发芽,意味着学习基础阶段。

6级和5级为绿带:表示草木,成长中的绿色草木,意味着技术的进步阶段。

4级和3级为蓝带:表示蓝天,草木向着蓝天茁壮成长,意味着技术已达到相当高的阶段。

2级和1级为红带:表示危险,已具备相当的威力,意味着克己和警告对手不要接近。

黑带:表示白色的对立,相对白色技术已经熟练,意味着黑暗中也能发挥自身能力。

区别跆拳道的段位还要看道服和肩章:一段至三段的道服衣边有黑色带条,四段以上道服的衣袖和裤腿两边有黑色带条。根据道服上的肩章和腰带上的罗马数字Ⅰ到Ⅸ可区别段位和级别。

二、跆拳道的特点

(一)以腿法为主,拳脚并用

跆拳道技术以腿法为主,腿法技术在整体运用中约占3/4,跆拳道运动认为"一寸长,一寸强",因为腿的长度和力量是人体中最长、最大的。腿的技法有许多种形式,可高可低、可近可远、可直可屈、可转可旋,威胁力极大,是比赛得分和克敌制胜的有效方法。而拳法的招式,一般偏重于防守和格挡。

(二)方法简捷,刚直相向

无论是在比赛还是实战中,跆拳道不讲究花架子,所有动作都以技击格斗为核心,要求速度快,力量大,击打效果好。对抗时双方都是直接接触,以刚制刚,用简练硬朗的方法直接击打对方,或拳或脚,速度快,变化多;防守动作也是以直接的格挡为主,很少使用躲闪防守法,追求刚来刚往,硬拼硬打,尽可能保持或缩短双方间的距离,以增加击打的有效性。

(三)内外兼修,方法独特

跆拳道理论认为,经过专门训练的人,其拳、肘、膝和脚四个部位技击力量加大,尤以脚和手为甚。长期练习跆拳道,可以使人内功和外功兼修。

三、跆拳道的锻炼价值

(一)改善和增强体质

根据有关调查,国内的大多数青少年,由于学习压力重,营养不均衡等因素,身体长期处于亚健康状态。跆拳道是一项体育运动,通过训练可使学员们增强体质,提高免疫力,拥有真正的健康。

(二)提高防身和自卫的能力

通过跆拳道的练习,不仅可以掌握各种踢法和拳法,提高身体的灵活性和反应能力,还可以通过长期训练后形成一种技能,具备防身和自卫的能力。

(三) 磨练意志，培养品格修养

练习的学员们除了学习跆拳道技术，更注重的是“礼仪、廉耻、克己、忍耐、百折不屈”跆拳道精神的培养，使他们尊重别人，善于学习，做好份内事，提高兴趣，促成良好习惯的养成。

(四) 自信自强

来自社会的压力、家庭的压力、学校的压力，以及中小学生自身的争强好胜，使得他们过早的承受生活的重压，导致孩子们形成了自闭、自封、懦弱、胆小的性格趋势。跆拳道独特的练习方法，如呐喊、对抗等，会使他们发泄的快感，从而减轻压力，增强信心，再加上与同龄人的沟通，能让孩子们找到自我，从而建立起自信，最终达到自强。

(五) 团结合作

21 世纪是建立在团结合作基础上的世纪。然而，独生子女由于家庭环境所制，往往会形成孤傲、冷僻以及内向的性格，导致他们不会与人相处，不愿与人相处。跆拳道训练会给他们一个和同龄人一起生活的“大家庭”氛围，使他们打开心扉，敢于接纳他人，愿意与人沟通，培养他们的团结合作精神，增强他们在团队中的生存能力。

第二节 跆拳道的基本技术

一、基本步型和步法

(一) 基本步型

1. 基本姿势

左脚在前称为左势，右脚在前称为右势(以下以左势为例)。

两脚前后开立与肩同宽，前脚尖斜向右前方，后脚跟抬起，膝关节微屈，重心落在两脚之间；上身自然直立，双手握拳，拳心相对，两臂弯曲置于胸前；头部直立向前，目视正前方。

2. 开立步

两脚开立与肩同宽，身体自然直立，两膝微屈，两脚尖正对前方，两手握拳置于体侧。

3. 马步

两脚开立，较肩宽，两脚尖平行或略内扣，挺胸直背，两腿屈膝半蹲，重心落在两脚之间，收拳放于腰际，拳口朝上。

4. 弓步

弓步又称前屈立。前后脚分立，两脚相距一步半，前腿屈膝，后腿伸直，前腿膝关节与脚尖垂直，重心大部分落在前脚上，左脚在前称左弓步，右脚在前称右弓步。

5. 前探步

前探步又称高前屈立。如走路姿势，两脚之间距离小于弓步，上体略前倾，前腿膝关节略屈，重心大部分落在前脚上。左脚在前称左前探步，右脚在前称右前探步。

6. 虚步

前脚掌点地，脚跟提起，重心落在后脚。左脚在前称右虚步，右脚在前称左虚步。

7. 交叉步

一脚向另一脚的前侧(前交叉步)或后侧(后交叉步)落步，脚尖着地，两腿屈膝交叉。

8. 并步

两腿直立，两脚跟并拢，脚内侧相靠，两臂握拳自然垂于体侧。

(二) 步法

1. 前进步

前进步主要包括前滑步和前跃步，是主动进攻时常常采用的步法，也常运用于假动作过程中的战术配合。从基本姿势开始，两脚成斜马步，两手握拳置于胸前。前进时，后脚蹬地，前脚先向前方滑出一步，后脚迅速跟上一步，称为前滑步；后脚蹬地，前脚向前跳跃称为前跃步。在做跃步和滑步时候，重心不要起伏过大，尽量保持身体重心的平稳移动。

2. 后退步

后退步包括后跃步和后滑步。从基本姿势开始，前脚掌用力蹬地，两脚向后跃起退后一步，称为后跃步。若前脚掌蹬地后，后脚后移一步，前脚随即向后移动一步，两脚以及身体仍保持原来姿势，叫做后滑步。应用此步法可以拉开与对手的距离，避开对方的进攻或准备反击。

从基本姿势开始，以后脚前脚掌为轴，前脚抬起向后经后脚内侧向后撤一步，形成和原来相反的实战姿势。后撤步可根据实战需要左右变化，调整与对方的相对距离，准备进行攻击或反击。

3. 侧移步

从基本姿势开始两脚前脚掌同时向左(右)侧蹬地，使身体向右(左)侧移动，离开原来的位置。向左移称为左移步，向右移称为右移步。侧移步的作用是避开对方有力攻击，移动到对方的侧面，准备进行反击。

4. 跳换步

从基本姿势开始，两脚同时蹬地使身体腾空，空中两脚前后交换，同时转体；落地时身体姿势成另一侧的准备姿势。跳换步的腾空不宜高，略离地即可；换步时要拧腰转髋，迅速敏捷，其目的是干扰对方的攻防思路，选择适宜自己进攻的方位和转换自己身体的得分部位使对方不能得分，同时争取反击的空间和时间，马上转入进攻。

5. 弧形步

从基本姿势开始，前脚的前脚掌原地蹬碾地面，后脚同时向左(右)蹬地后右(左)跨移一脚，成为与原来准备姿势不同方向的准备姿势。向左跨为左弧形步(或左环绕步)，向右跨步为右弧形步(右环绕步)。

6. 上步

上步是为了调整与对方的距离，为准备进攻和反击做准备。左势站立，以左脚前脚掌为轴，右腿上前一步，成为右势基本姿势。

7. 垫步

垫步主要有两种，即前垫步和后垫步。垫步的动作要求快捷、连贯，迅速接近或远离对手。

(1) 前垫步:由基本姿势开始,右脚蹬离地面向左脚的脚跟方向移动一步,左脚随即迅速前移一步,保持基本姿势,主要运用于主动进攻时接近对方。

(2) 后垫步:由基本姿势开始,左脚掌蹬离地面向后快速移动一步落于右脚前,右脚随即迅速后移一步,保持基本姿势不变。后垫步主要运用于防守和防守反击。

8. 组合步

指各种步法之间的不同组合。实际上,跆拳道技术在实战运用的过程中,无不通过各种步法的运用和变化而得到实施,而且使用的步法都是有意或无意地组合起来综合运用的。运用步法的目的是为了调整距离,使自己的动作更加快速灵活,进而达到进退自如、控制节奏、有效攻击和有效防守的目的。步法的组合应根据实际情况的变化而改变,把攻击和反击的技术与步法紧密结合起来,做到在移动中进攻,在移动中防守,在移动中反击,使步法的运用和拳法、腿法融为一体,成为进攻,防守、反击的有机连接技术,从而达到取得实战胜利的目的。

二、基本进攻技术

跆拳道实战的基本进攻技术主要包括拳法、掌法、肘法、膝法和脚踢法,这些技法组成了跆拳道实战的基本形式。只有练好基本进攻技术,才能为以后掌握更高难的动作打好基础,才有可能成为优秀的跆拳道选手和跆拳道实战家。所以,必须认真学习基本进攻技术,体会其动作含义,揣摩研究基本进攻技术的实际运用规律,打下扎实的功底,为今后的提高打下坚实的基础。

(一) 拳的基本进攻技术

拳法是跆拳道实战中最基本而又非常重要的技术。运用拳法时,拳必须握紧,动作发力要迅猛短促,完成击打动作后要立即收回,拳击出的过程中要手臂内旋,拳击至最远端时手臂伸直,拳向下,击打目标后放松收回。下面介绍几种主要的拳法。

1. 冲拳

两脚开立,两手握拳收于腰间,拳心朝上。

左脚向前上步成左弓步,同时右拳从腰间由屈到伸向前平冲。用拳面击打对手的身体。除前冲拳外,还有侧冲拳、后冲拳。

此拳通常用于对面部及下颚作上盘攻击;对胸部及腹部作中盘攻击;对下腹部、下肋部及阴部做下盘攻击。此外,除了向对方攻来的部位施以防御性的自卫外,还可主动击打对方手及脚部的肌肉、关节等,使其无法活动自如,抑制对手的攻势。

2. 弹拳

两脚开立,身体右转,两臂屈肘置于腹前,右拳在外,左拳在内,两拳心均朝下,体左转,同时左臂屈肘提至胸前,以肘关节为轴使左拳由下颚向前弹击。

此拳通常用于攻击人的上唇、人中穴或面部。

3. 鞭拳

两脚前后开立,左手握拳屈肘上提至肩高,左拳置于右肩前方,拳心向内;右手握拳收于腰间。

左臂以肘关节为轴,由里向外用拳背鞭打对手的面部或胸部。

此拳通常用于攻击人的面部或胸部。

4. 劈拳

两脚开立，同时左手握拳置于腹前，拳心朝内，右手握拳收于腰间。

两脚不动，同时左臂由下向上向左直臂抡劈，用拳轮劈击对手的头部、颈部或胸部。

5. 截拳

两脚开立，身体微右转，同时左手握拳，左臂屈肘上提，左拳置于右肩上方，拳心朝内；右手握拳收于腰间。左脚向前上步成左弓步：同时，左臂以肘关节为轴，臂内旋向前，用拳轮横击对方的面部、胸部或肋部。

（二）掌的基本进攻技术

掌法在跆拳道实战中是非常多见的。虽然正式的跆拳道比赛不准使用掌法，但是，掌法在跆拳道品势练习、实战格斗以及防身自卫中，具有非同寻常的攻击效果，轻者致伤，重者致残致命。因此练好掌法对增强实战格斗和防身自卫能力有着重大的意义。

1. 砍掌

两脚开立，右臂屈肘上举，随即边伸臂边用右手刀向前横砍，掌心朝上。右脚向前上步成右弓步；同时右臂由屈到伸向前横砍。

2. 插掌

两脚开立，握拳收于腰间掌心朝上。右脚向前上步成右弓步；同时右拳变掌，掌指朝前，从腰间由屈到伸向前插击。

3. 掌根推击

两脚开立，两手握拳收于腰问拳心朝上。右脚向前上步，同时右手成“熊掌”（四指并拢，第二指节卷屈、拇指扣于虎口处）屈腕向前推出，力达掌根，从腰间向前推击，用掌跟击打对手。

（三）肘的基本进攻技术

肘关节由于骨结构本身的特点，使用肘的骨尖部，其击打的力度和威胁都很大。尤其是在贴身的近距离攻击中，肘的威力能更充分发挥，给对方以强有力的打击。因为肘关节前后左右都可以使用，所以肘的进攻动作可以向多个不同方向击出。

1. 顶肘

从基本姿势开始，左脚向前迈出一步成左弓步，同时左臂屈肘上提至胸前，左拳置于脚前，拳心向下，右拳变掌提到胸前，用右手掌推动左拳，以左肩关节为轴，左肘关节尖领先，将左肘向前顶击。攻击的主要部位是头面部、胸部、腹部和肋部。

2. 挑肘

从基本姿势开始，左脚向前迈一步成左弓步，同时右拳自腰间上举，右肘关节屈曲收紧，肘尖自下向上挑起。挑时动作可用左右肘完成，只是方向相反。攻击的主要部位有下颚和腹部。挑肘时要拧腰顺肩，以增加挑肘的距离和力量。

3. 击肘

从基本姿势开始，右脚向前上步成右弓步。同时，右臂以肘尖领先由外向里弧形摆动，用肘部横击对手的腹腔神经丛。击肘时要尽量将身体重量作用于肘部，增加击肘的力量。

(四) 膝的基本进攻技术

膝关节在跆拳道实战格斗中是近距离攻击对方的主要武器之一,因为膝关节是人体关节武器化中最具力量的一种,而且使用简单,一旦击中会致敌败北。膝关节的主要使用技术是顶膝和撞膝技术。

1. 顶膝

从基本姿势开始,左脚上前迈半步成左弓步,同时双手自腰间前举,由拳变掌抓对方的肩部或衣襟;随即双手用力向下压拉对方的肩部或衣襟,同时提右膝向上顶击。顶膝的主要部位有腹部、裆部、头面部。顶膝时两手的下压、下拉用力和提膝上顶的力量协调进行,形成合力顶击对方。

2. 撞膝

从基本姿势开始,左脚掌为轴碾地,身体左转同时右腿屈膝上提,自右下向左上侧用膝部撞膝,两拳抱于腹前。左脚上步成左弓步,同时,双手抓住对手的双肩,使其身体前倾,右腿屈膝上提,用膝部冲撞对手的头部或腹腔神经丛。

(五) 脚踢的基本进攻技术

跆拳道实战中脚踢进攻时一般使用的部位包括脚前掌、脚趾、脚背、足刀、脚后跟、脚后掌(脚跟底部)。利用这些部位可以进行站立踢、跳动踢、助跑踢、转身踢和飞踢等不同形式的踢法进攻,每种踢法踢击的部位各有不同。实战过程中,要根据具体情况,如对方所处位置、暴露的部位、防守的姿势以及双方的距离,选择不同的踢法。

1. 前踢

从基本姿势开始。右脚蹬地,髋关节向左旋转,同时右腿以髋关节为轴屈膝上提至水平或稍高时,关节向前送,向前顶,小腿以膝关节为轴快速向前上方踢出,力达腿尖,整条腿蹦直。踢击后迅速放松,右腿沿原路线弹回,将右脚放置在左脚前面仍成基本姿势。动作要领:膝关节夹紧,小腿放松,要有弹性;往前送,高踢时往上送,小腿回收与前踢的速度一样快。主要攻击部位有面部、下颏、腹部、裆部。前踢亦可用于防守,将前踢发力部位由脚尖改换为脚跟时,前踢动作就变为前蹬动作,动作方法要点相同,只是脚的形状发生了变化。

2. 侧踢

从基本姿势开始,右脚蹬地以髋关节为轴屈膝提起,两手握拳置于体侧,随即左脚以前脚掌为轴外旋 180 度,髋关节向左旋转,右腿以膝关节为轴向前蹬伸,右脚快速向右前上方直线踢出,力点在脚跟。发力后没起腿路线收腿,放松,重心落下(原处或向前均可),再次回到基本姿势。动作要领:起腿时大小腿,膝关节夹紧;踢出发力时头肩、腰、髋、膝、腿和踝成一直线;大小腿直线踢出,原路线收回。侧踢动作的主要攻击部位有膝部、腹部、肋部、胸部和头面部。

3. 后踢

从基本姿势开始,转身后腿后撤背对对方。重心后移至左脚右脚蹬地后屈膝提起,两手握拳置于胸前,随即左脚蹬地伸直,右脚自左大腿内侧向后方直线踢出,力达脚跟,踏击后右脚沿原路线快速收回,成基本姿势。动作要领:起腿后上体和大小腿折叠收紧:后踢时动作延伸要长,用力延伸;转身、提腿、出脚动作连续一次性完成,不能停顿;击打目标在正后偏右。后踢动作的主要攻击部位有膝部、腹部、裆部、胸部和头面部。

4. 下劈

从基本姿势开始。右脚蹬地，以髋关节为轴屈膝上提，两手握拳置于胸前；随即充分送髋，上提膝关节至胸部，右小腿以膝关节为轴向上伸直，将右腿伸直举于体前，右脚过头。然后放松向下以右脚后跟（或脚掌）为力点劈击，一直到地面，成基本姿势。动作要领：腿尽量往高，往头后举，要向上送髋，重心往高起；脚放松往前落，落地要有控制；起腿要快速，果断；踝关节要放松。劈腿的主要攻击部位有头顶、脸部和锁骨。

5. 勾踢

从基本姿势开始。右腿以髋关节为轴屈膝上提，左脚以前脚掌为轴外旋 180 度，右腿以膝关节为轴继续向前上方伸成直线，顺势右脚的脚掌用力向右侧屈膝鞭打，顺鞭打之势上体右转，右腿屈膝回收，右脚落回原处，成基本姿势。动作要领：提膝，伸直，右侧屈膝鞭打动作要连贯快速，没有停顿；击打点在体前偏右侧，以脚掌为击打点；左脚旋转支撑在保持平衡，踹击后迅速将腿收回。摆踢攻击的主要部位是头面部和腹胸部。

6. 后旋踢

从基本姿势开始。两脚以两脚掌为轴均内旋约 180 度，身体随之右转约 90 度，两拳置于胸前。上体右转，与双腿拧成一定角度。右脚蹬地将蹬地的力量与上体拧转的力量合在一起，右腿继续向右后旋摆鞭打，同时上体向右转，带动右腿弧形摆至身体右侧，右腿屈膝回收；右脚落到右后成基本姿势。动作要领：转身旋转，踢腿连贯进行，一气呵成，中间没有停顿；击打点应在正前方，呈水平弧线；屈膝起腿的旋转速度要快；重心在原地旋转 360 度。后旋踢攻击的主要部位有面额和胸部。

7. 推踢

从基本姿势开始。右脚蹬地，重心前移，右脚以髋关节为轴提膝前蹬，用右脚脚掌向前蹬推，力点在脚掌，推力向正前方。动作要领：提膝后尽量收紧膝关节；重心往前移，利用身体的重量和力量；推的时候腿往前伸展，送髋；推踢的主要攻击目标是腹部。

8. 横踢

从基本姿势开始。右脚蹬地，右脚屈膝上提，两拳置于胸前；左脚前脚掌碾地内旋，髋关节左转，左膝内扣；随即左脚掌继续内旋至 180 度，右腿膝关节向前抬至水平状态，小腿快速向左前横向踢出；击打目标后迅速放松收回小腿。右腿落回原地成基本姿势。动作要领：膝关节夹紧，向前提膝，尽量走直线；支撑脚外旋 180 度；髋关节往前顺，身体与大小腿成直线；严格注意击打的力点在正脚背；踝关节放松，击打的感觉是“面团”“鞭梢”。横踢攻击的主要部位有头部、胸部、腹部和肋部。

9. 跳踢

指先跳起使身体腾空，然后在空中完成各种踢法的攻击技术。跳踢包括旋风踢，双飞踢、腾空后踢、腾空劈腿、腾空后旋踢、跳步横踢等多种方法，是跆拳道高难技术动作，在这里就不一一介绍。

10. 连踢

单腿连踢是指同一条腿连续进行两次以上的进攻方法。双腿连踢是指两条腿连续进行两次以上的进攻。

三、组合技术

组合技术，就是根据比赛中攻防情况的变化，将两个以上的动作组合在一起的连接技术。由于跆拳道比赛日趋激烈，运动员的技术水平越来越接近，可能运动员在进攻的同时就要防守，或是在防守的同时就要反击。使用单个的技术，往往会被有经验的选手化解或反击。为了战胜对手，就必须在熟练掌握单个基本技术的基础上，掌握一些组合技术，使对手在短时间内很难适应。当然这些组合技术也不是一成不变的，运动员在比赛中要根据场上的具体情况，灵活多变地运用组合技术，使得对手摸不清自己技术动作的规律，以达到出奇制胜的目的。

（一）左冲拳两次连击

从基本姿势开始，第一次冲拳轻击，一击即弹回；第二次击打要送肩转髋。

（二）左冲拳—左侧拳

从基本姿势开始，出左拳时，右拳护住右颚；左拳伸直后即屈肘，左臂成勾，左脚跟外转，左膝内扣，身体右转带左单向右横击。

（三）左右侧拳

从基本姿势开始，左脚蹬地，后跟提起，左膝内扣身体右转，同时左臂屈成 135 度左右，左拳拳心向下，随转体向右横击；上动不停，右脚蹬地，身体左转打右侧拳。

（四）四连击

从基本姿势开始，左脚向前一步，同时左冲拳头，右脚跟上半步，重心下降，转腰送肩右冲拳击胸；上动不停，向右转身，重心上升的同时左侧拳向右横击；上动不停，腰微下沉，右拳向前上勾，拳心朝里。

（五）上段左右冲拳

预备势站立。原地出左直拳；左拳收回同时出右拳，出右拳要蹬腿转腿送肩，体重 70% 压在左腿上。

第三节 跆拳道基本战术

运动员在比赛中，根据自己和对手的情况，充分发挥己方特长，限制对方特长，为战胜对手而采取的计策和方法，即为战术。

跆拳道战术的实质在于使运动员能在跆拳道比赛中依据各种可能发生的情况，运用自己平时训练中所练就的各项技能，最有效地发挥自己的优势去战胜对手。在运用战术的过程中，要树立正确的战术思想，体现以我为主、快速灵活的方针，要遵循跆拳道的技术发展变化规律，使战术训练有明确的目的性。

一、跆拳道比赛的战术原则

跆拳道比赛的战术原则，是制定战术计划、实施战术方案必须遵循的准则。主要的战术原则有以下几种：

(一) 根据跆拳道比赛技术特点的功能设计战术

根据跆拳道比赛技术动作的特点和功能设计战术是合理、有效的发挥技术的战术原则之一。它能使我们从跆拳道技术的整体性、相对独立性、相关性、动态性、有序性和互变规律性的系统观点出发，正确地制定战术，而不是孤立地、片面地只考虑某一个战术环节和某一个战术动作的技术因素，产生单一的战术方案。跆拳道比赛的技术以踢法为主，制定战术时根据踢法的不同形式、方位、远近、高低以及动作之间的联结规律，按照不同动作的不同作用、充分运用竞赛规则允许的条件，制定不同的战术方案。

(二) 攻防兼顾的战术原则

攻防兼顾原则的运用是根据比赛时的具体情况灵活应用的，比赛时如果你面对的是强于自己的对手，你就要加强防守，运用防守反击战术与对手对抗；如果你面对的是弱于自己的对手，你就要采取主动进攻战术，争取主动战胜对方。如果两人功力相当时，要攻防兼顾，充分发挥你的智能，运用适当的战术，做到有序进攻，稳妥防守，抓住战机，猛烈进攻。

(三) 利用控制与反控制原则

在跆拳道比赛中，经常会遇到这样的情况：一名运动员虽然具有较好的专项身体素质和较高的技战术水平，但比赛中被对方控制得不能有效发挥，他的一举一动都被对方有效控制，因而导致比赛的失败。这种控制就是运用技战术扼制对方进攻的有效方法。如果你的控制能力好，运用技战术合理，你就会占据比赛的主动和优势；反之，你就会处于劣势和被动。但如果你具有更强的反控制技战术，你就会变被动为主动。

(四) 灵活多变原则

在设计战术和进行战术训练时，要根据比赛中可能发生的情况，多考虑几种战术组合及其相互之间的衔接配合和变化运用。利用多种技战术方法，最大限度地体现不同的进攻方向和进攻点。利用比赛场上的时间、空间、角度、方向和位置，以及真假动作的交替变化，即利用一切可以利用的条件和规则允许，设计和练习灵活多变、多种形式的战术组合、战术意图。而且，这些战术一定要有针对性和实效性，否则，只有华而不实的技术战术动作组合，形式再多，动作再漂亮，也不可能取得最终的胜利。

(五) 根据对方的实际情况设计战术

《孙子兵法》曰："知己知彼，百战不殆。"即只有正确地认识自己，清楚地了解对方的实际情况，才能百战百胜。跆拳道比赛中同样需要运用这一策略。要想战胜对方，就要了解对方的具体实力和各种优缺点，然后针对这些具体情况考虑设计相应的战术，实现运筹帷幄，决胜于比赛之中的战略战术意图。因此，在双方交战前一定要全面了解对手的具体情况。

二、跆拳道比赛的战术种类

跆拳道比赛的战术种类是指运动员在临场复杂多变的比赛中，根据比赛的规律和各方面的情况随机应变，有判断、有目的、有预见地决定自己对付对手的策略思维活动。符合自己特点的战术容易掌握和运用，并可以达到有效使用的目的，而要切实提高战术的质量，则战术要先进，要充分了解战术本身的优点和缺点和对方的适应情况，挖掘发展潜力大的战术，不断地创造新战术。

(一) 技术战术

利用技术全面、熟练、有效果的特点，变化运用各种技术，发挥自己的得意技术，掌握比赛的主动权，抑制对手，达到取胜对手的目的。

(二) 假动作或假象战术

用逼真的假动作或假象欺骗对手，引其上当，分散其注意力，使其露出破绽，利用这个机会猛烈攻击而得分。

(三) 心理战术

比赛开始前，利用情绪、动作和表情等威慑对手，比赛中用气势压倒对手，或利用规则允许和基本允许的各种手段，干扰对方情绪，给对方造成心理负担，使对手技能战术发挥失常，挫伤对方的锐气，发挥自己的优势，在气势上战胜对方。

(四) 破坏战术

使用黑招重招使对手先受伤，失去正常比赛的能力，或用技术破坏对手技术，控制其动作发挥，使对方进攻无效并且消耗体力，丧失信心，导致比赛的失败。

(五) 防守反击战术

利用防守好的特点，在防守的基础上利用反击技术打击对方。

(六) 体力战术

对于耐力好的运动员来说，要充分发挥体力比对方要好的优势，让对手和自己一直处于运动之中，与对方比拼体力，耗掉对方的体力而战胜对手。

(七) 规则战术

在竞赛中，有对攻击部位和攻击方法的限制，但也有规则限制模糊的地方，可以利用规列允许或基本允许使用的各种的制胜办法攻击对手，也可以利用规则的漏洞。

(八) 步法战术

利用自己步法灵活和动作敏捷的优势，围绕对手游斗，引对手上当或扰乱其情绪；待对方反击时又迅速撤退或靠近对手，扰乱对手的情绪和攻防意图，破坏对手进攻而战胜对手。

(九) 优势战术

在比赛平分的情况下，利用规则上允许的技术，靠主动进攻次数或使用高难技术而取胜。规则中规定，在比赛平分的情况下，裁判员根据双方主动进攻的次数和使用高难技术的多少进行判定，进攻次数或使用高难技术多的一方为胜方。

(十) 特长发挥战术

利用自己的特长、优势技术不断得分的战术。

（十一）空间战术

充分利用赛场的空间，攻击对手不同的得分部位或同一部位，或故意露出某一部位引诱对手进攻，实行反击。

（十二）语言战术

教练员和运动员达成默契的配合，用语言引诱对手上当受骗；但要注意语言的隐蔽性和合理性，即能够使对方上当，又不要触犯规则。